大国车志

中国一汽创新创业70年（1953—2023）

葛帮宁　著

国际文化出版公司

·北京·

图书在版编目（CIP）数据

大国车志：中国一汽创新创业70年：1953-2023 / 葛帮宁著. -- 北京：国际文化出版公司，2023.8

ISBN 978-7-5125-1568-0

Ⅰ. ①大… Ⅱ. ①葛… Ⅲ. ①汽车工业－工业史－长春－1953-2023 Ⅳ. ① F426.471

中国国家版本馆 CIP 数据核字 (2023) 第 125572 号

大国车志：中国一汽创新创业 70 年（1953—2023）

作　　者	葛帮宁
责任编辑	侯娟雅
出版发行	国际文化出版公司
经　　销	全国新华书店
印　　刷	文畅阁印刷有限公司
开　　本	710 毫米 ×1000 毫米　　16 开
	26.5 印张　　350 千字
版　　次	2023 年 8 月第 1 版
	2023 年 8 月第 1 次印刷
书　　号	ISBN 978-7-5125-1568-0
定　　价	95.00 元

国际文化出版公司
北京朝阳区东土城路乙 9 号　　邮编：100013
总编室：（010）64270995　　传真：（010）64270995
销售热线：（010）64271187
传真：（010）64271187-800
E-mail：icpc@95777.sina.net

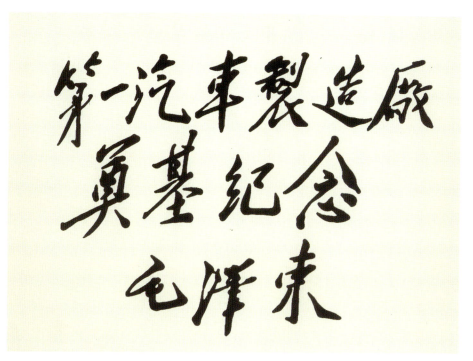

1953 年 6 月，毛泽东主席为第一汽车制造厂奠基纪念题词。

1953 年 7 月 15 日，第一汽车制造厂奠基，开启民族汽车工业新纪元。

新中国成立后的第一座现代化汽车制造厂。

1956 年 7 月 13 日，第一辆解放牌卡车驶下总装配线，结束了新中国不能制造汽车的历史。

1958 年 5 月 12 日，国产第一辆东风牌小轿车试制成功，开启了中国人自己生产轿车的时代。

1958 年 8 月 1 日，中国一汽仅用 33 天时间，通过"赶庙会"方式，研制出新中国第一辆红旗牌高级轿车。

1958 年 9 月 20 日，国产第一辆解放三轴传动越野车试制成功。

为摘掉不会造汽车的"白帽子"，
一汽的创业者们利用工余时间刻苦
学习。

1966年，中国一汽承担了二汽11个专业厂和热处理、电镀2个系统的包建任务，并把全厂所有管理干部、技术业务骨干分成3股队伍，由二汽任选其一，前后共支援二汽4200人。

1966 年 4 月 21 日，红旗 CA770 三排座轿车研制成功，成为我国国家级礼宾车和副总理以上领导人用车，赢得了"国车"美誉。

解放卡车源源不断地运送到祖国各地，支援社会主义新中国建设。至解放 CA141 投产前，一汽共生产老解放卡车超过 128 万辆。

1978 年 5 月 20 日至 11 月 6 日，中国一汽代表赴日本考察汽车工业，看到了与国际汽车工业的差距，率先在国内引入精益生产方式。

1980 年 5 月 27 日，第一汽车制造厂第六次党代会作出老车换型决定，开始自筹资金进行产品换型、工厂改造。

1986 年 2 月 14 日，在换型转产万人动员大会上，一汽人发出"愚公移山、背水一战、万无一失、务求必胜"的誓言。

1986 年 7 月 15 日，第二代解放 CA141 卡车批量试生产，结束了解放卡车 30 年一贯制的历史。

1996 年，红旗轿车服务全国两会。

1990 年 11 月 20 日，中国一汽和大众汽车集团年产 15 万辆轿车合资项目在人民大会堂签约，这是当时我国机电行业最大合资项目。

2002 年 8 月 29 日，中国一汽与丰田公司合作协议签字仪式在人民大会堂举行。

2003 年 1 月 18 日，一汽解放汽车有限公司成立，标志着中国一汽基本完成公司化改革。

2004 年，中国一汽成为首个年产销量突破 100 万辆的中国汽车企业。

2006 年奔腾品牌创立。8 月 18 日，其首款车型奔腾 B70 量产上市。

2009 年 10 月 20 日，中国汽车工业年产销第 1000 万辆汽车下线庆典在中国一汽举行。图为代表第 1000 万辆汽车的解放 J6 卡车驶下装配线。

2017 年 9 月 18 日，中国一汽召开深化改革动员会，开展以"干部能上能下、员工能进能出、薪酬能高能低、机构能增能减"为核心的"四能"改革，转换企业发展动能，队伍精神面貌焕然一新。

2018 年 1 月 8 日，中国一汽在人民大会堂发布新红旗品牌战略，吹响新红旗品牌振兴号角，开启打造"中国第一、世界著名"新高尚品牌征程。

2018 年 4 月 18 日，第七代解放 J7 下线。

2018年4月19日，"中国梦 劳动美"心连心走进一汽。

2019年2月4日，央视春晚中国一汽分会场，红旗、解放、奔腾等自主品牌组成汽车矩阵，为全国观众奉上一场视觉盛宴。

中国一汽加快走出去步伐，深耕"一带一路"重点市场，其南非库哈工厂项目入选2022年"一带一路"企业建设案例。图为2022年11月，中国一汽南非库哈工厂第9000辆解放卡车下线。

2023 年 1 月 8 日，中国一汽在广州发布红旗品牌新能源汽车全球战略，开启红旗品牌第二阶段跃迁式发展。红旗品牌定位于"中国式新高尚精致主义"，先后推出 L5、E-HS9、H9、H5、HS5 等 14 款新产品。从 2018 年到 2022 年，中国一汽创造了红旗品牌销量 5 年增长 65 倍的产业奇迹。

中国一汽在广西河池市凤山县文里村打造的高山蔬菜种植项目。

2020 年 5 月，中国一汽定点帮扶及对口支援的 5 个国家级贫困县均提前摘帽。2021 年，中国一汽被党中央、国务院授予"全国脱贫攻坚先进集体"荣誉称号。

中国一汽第 25 届职工运动会开幕式，展现出新时代一汽人争创世界一流、勇当时代先锋的精神风貌。

2023年4月18日，中国一汽在上海车展上发布红旗金葵花、红旗新能源和红旗节能车三大子品牌，红旗E202、E001等新能源系列新产品亮相。

中国一汽 2023 年品牌价值为 4291.57 亿元，位居中国汽车行业第一。其中，红旗品牌价值 1155.29 亿元，位列乘用车品牌行业第一，解放品牌价值 1187.76 亿元，位列商用车品牌行业第一。图为红旗制造中心生产线。

中国一汽 NBD 大楼气势恢宏。2020 年 7 月 23 日，中国一汽迎来了一个闪耀时刻。

目　录

前言

站在时间的入口

这并非一部完整的中国一汽创业史。

中国一汽(中国第一汽车集团有限公司,简称"中国一汽")的70年历程,就是新中国汽车工业70年历程的缩影,也是新中国制造业70年历程的缩影。70年,似乎只是弹指一挥间,但对一个民族而言,却是沧桑巨变、换了人间的70年;对一家企业而言,则是从小到大、从弱到强、从追赶到引领的70年。

1953年,荒原启大幕。

1978年,万象绘新局。

2012年,沸腾新时代。

2023年,一汽再出发。

历经世界百年未有之大变局,全球汽车产业正在被重塑。站在时间的入口,站在全球汽车舞台中央,中国一汽抑或中国汽车工业比以往任何时候都更加自豪和自信。

中国一汽的70年历程,既厚重又深刻,既波澜壮阔又荡气回肠,亦因此,写作它和记录它本身就充满挑战,甚至是极其痛苦的过程。我只能力所能及地把我所寻找、所见证、所思考的历史片段记录下来。

本书由六个章节构成。从风景这边独好的高光时刻，到创业成长、改革转型、创新发展三个建设时期，再到 70 年成就与经验，前五部分呈现的是中国一汽的过去和现在。往事不可谏，来者犹可追。从沸腾新时代到"All in"新能源，第六部分描绘的是新汽车时代中国一汽正在展开的画卷。

追溯中国一汽 70 年的创业史，我希望能部分廓清这些严肃命题——中国一汽之所以成为"共和国的长子""中国汽车工业的摇篮"，中国一汽之所以能成为"中国一汽"，除天时、地利、人和等外在因素外，还有哪些因素共同成就了今日之一汽？ 70 年的创业过程中，中国一汽得以安身立命且生生不息的根本原因究竟是什么？放眼未来，中国一汽通向可持续发展抵达世界一流目标的路径又有哪些？

正是这个充满不确定性的时代，这个拥有"改变世界的机器"的行业，这群生动具象的创业者，构成了中国汽车工业波澜壮阔的叙事篇章。同样，也正是一个个细小的观察、一次次翔实的记录、一个个典型的样本，组成了这些宏大叙事篇章的基本素材。我希望本书能为中国汽车工业提供一个参考视角，为其宏大叙事留存一份历史底稿。

写下这些文字的时候，长春华灯初上，我又去了中国一汽集团的 1 号门。历史在这里回响，往事一幕幕涌现，留下的记忆却弥足珍贵。

谨以此书，献给所有为中国一汽建设的奋斗者。他们创造和推动了历史，我们才有机会体味和记录。

现在，让我们走进中国一汽，沿着 1 号门，沿着新红旗大街，沿着建设者们的足迹，寻找中国一汽的成长密码。

第一部分

风景这边独好

2020 年 7 月 23 日。

当天下午，正在吉林省考察的习近平总书记来到中国一汽集团研发总院，走进实验室了解企业技术研发情况，并察看了红旗等自主品牌最新款式整车产品。

现场有几位是当年毕业的大学生，习近平总书记关切地询问他们是哪所学校毕业的？收入怎么样？来这里工作满意吗？当得知 2020 年中国一汽共招聘 1115 名应届高校毕业生，工资水平在长春地区还是很有吸引力，在汽车行业也处于中上游时，习近平总书记十分高兴。

他说，受疫情影响，今年高校毕业生、农民工等群体面临就业困难，各级党委和政府十分关心，将其作为重大民生工作任务，积极创造条件确保高校毕业生就业。广大高校毕业生也要改变择业观、就业观，找到自己的定位，投入踏踏实实的工作中，实现自己的人生理想。

习近平总书记还走进整车硬件测试实验室，了解企业科研攻坚情况。他说，看了一汽技术创新和自主品牌建设成果展示，感到眼前一亮。现在，国际上汽车制造业竞争很激烈，信息化、智能化等趋势不断发展，对我们来讲有危有机，危中有机。在一汽，我们就看到了这样一个前景。你们今年的发展，风景这边独好。一定要把关键核心技术掌握在自己手里，我们要立这个志向，把民族汽车品牌搞上去。

这些殷殷嘱托，让 13 万中国一汽人备受鼓舞，也倍感自豪。

习近平总书记视察当天，时任中国一汽集团研发总院智能网联开发院院长助理兼电子电气研究所所长周时莹带领 7 名刚入职的大学毕业生作现场展示。在她印象中，"习近平总书记就像一位慈祥的长者，专注倾听 L3 自动驾驶仿真测试的技术介绍，尤其关注仿真场景的内容、仿真精度、整车验证周期的压缩情况。"她说，这套 L3 自动驾驶仿真系统由中国一汽自主开发，实现了核心技术突破，摆脱了对进口技术的依赖，保证了自动驾驶系统投产前测试的充分性和完备性。

心跳方向盘是实时监控驾驶员健康的新技术。中国一汽集团研发总院智能网联开发院电子电气研究所网络测试员张天现场演示时，监控显示其心率达到每分钟 168 次，她说："有幸为习近平总书记汇报并演示我们的新技术，与他面对面交流，是我人生的高光时刻，当时太紧张、太激动了。"

中国一汽董事、党委副书记王国强迄今仍清楚地记得习近平总书记视察的每个环节。他回忆道，习近平总书记格外关注两大事项，一是新产品和新技术，这关乎企业乃至中国制造业高质量发展方向。二是大学生就业情况，因受疫情影响，2020 年被称为"史上最难毕业季"，稳就业任务繁重，无时无刻不牵动着国家领导人的心。当年 7 月，习近平总书记还给中国石油大学克拉玛依校区的毕业生们回信，肯定他们到边疆基层工作的选择，对广大高校毕业生提出殷切期望。这种时刻，中央企业当义不容辞地承担起社会责任。

对中国东北地区和身处这片热土的中国一汽来说，这次考察意义重大。于前者，深入推进东北振兴发展，是党中央作出的重大战略部署。党的十八大以来，习近平总书记多次到东北地区调研，为东北振兴发展倾注了大量心血。于后者，作为东北重工业的典型代表，中国一汽的改革与创新，无疑就是实施东北振兴战略，推动其高质量发展的缩影。

"习近平总书记用'自主掌控关键核心技术''树立民族汽车品牌''打造世界一流企业''为汽车强国作贡献'等殷切期望，明确指出中国一汽和中国汽车工业未来发展方向，深刻解答了建设什么样的中国一汽，以及怎么建设中国一汽的发展之问，既有理论概括，又有实践要求；既有目标定位，又有路径导向，是中国一汽转型升级和高质量发展的强大思想武器和行动指南。"中国一汽集团党委领导班子在学习习近平总书记重要讲话精神时总结道。

在中国一汽 NBD（New Business District）研发总院展览厅，这些科技创新成果渐次展开。平台展区展示的是全新电动化智能网联技术平台——FME 平台，以及此平台上搭载的全新智能化电子电气技术平台架构 FEEA2.0。FME 平台是中国一汽于 2019 年打造的首个纯电动汽车平台，动力电池能量从 85 千瓦·时到 120 千瓦·时，续航里程可达 700 公里，寿命达 10 年或 30 万公里。FEEA2.0 架构具有高智能、高安全、强网联、多场景等技术特点。

新技术展区展示的是最新动力总成：一是高效双电机混动系统，它打破了丰田汽车和本田汽车在混合动力领域的技术垄断，节油率达到 40%。二是高功率 HEV 动力电池系统。三是高功率氢燃料电池发动机。四是黄金动力 CA4GC20TD 发动机，国内首款量产 2.0 升高压缩比米勒循环发动机。五是超大功率 CA12GV60 发动机，获得中国机械工业科学技术一等奖。

整车展区里，8 辆红旗品牌新产品一字排开，分别是红旗 E-HS9、红旗 H9、红旗 H9+、红旗超级跑车 S9、红旗智能小巴、红旗 H5-FCEV、红旗 E-QM5 和红旗 HS5。

这些新产品无一例外是中国一汽最近几年汽车"四化"（电动化、智能化、网联化、共享化）技术的集大成者，其关键指标均达到国内领先、世界比较先进水平，而且中国一汽拥有自主知识产权。

中国一汽NBD总部园区位于长春市绿园区，外形就像一座巨型球场，占地面积51.23万平方米，总建筑面积46.34万平方米，东靠湖水，南邻东风大街，北对一汽物流有限公司，西望长春绕城高速公路。2010年做总策划时，建设者便充分考虑到长春的气候因素和地理因素，其初衷是将最先进的设计工程概念与中国传统楼宇文化相结合，借鉴国际成熟经验打造，2013年主体工程动工，2017年交付使用。

如外界所见，这栋气势恢宏的建筑拥有办公楼、实验室、造型评审中心、会议中心、动能中心、仓储物流中心和停车楼等14座楼宇，可同时满足6400人办公需求。最被中国一汽人津津乐道的是，其主楼楼顶主体造型借鉴了红旗检阅车要素，呈现品质、技术、创新视觉效果，办公楼则采用通透玻璃与钢筋框架混搭方式，体现出解构主义设计理念，其红色楼体与主楼相呼应，在湖面呈现倒影相接的空间延伸感。

2018年，中国一汽集团总部在新建成的NBD园区安营扎寨。碧空蓝天下，主楼顶左面的"中国一汽"蓝色字样和右面的"红旗"红色字样分外醒目。从搬进NBD园区那一刻起，总部便订下新规则——只有红旗品牌汽车才能进入。但让人始料不及的是，这里不但成为中国一汽新中枢神经系统，而且还成为一处网红打卡点：每当夜幕降临，办公大楼里灯光次第亮起，来来往往的人们披星戴月、忙碌依旧，NBD园区的独特夜景成为一道独特的风景。

中国一汽集团决定以更大的努力和更优秀的成绩来回报习近平总书记对其"风景这边独好"的肯定与激励。沿着习近平总书记的足迹，位于研发总院中厅的新技术展示区成为中国一汽人的精神图腾。前所未有的创业激情弥漫在NBD园区，有些房间里的灯光常常彻夜不灭。

奥地利著名传记作家斯蒂芬·茨威格（Stefan Zweig，1881—1942）曾在《人类的群星闪耀时》（生活·读书·新知三联书店2015年出版，舒昌善译）序言中写道：“一个真正具有世界历史意义的时刻——一个人类的群星闪耀时刻出现以前，必然会有漫长的岁月无谓地流逝。不过，诚如在艺术上一旦有一位天才产生就会流芳百世一样，这种具有世界历史意义的时刻一旦发生，就会决定几十年乃至几百年的历史进程。”

中国一汽在 2020 年 7 月 23 日迎来了这样一个闪耀时刻，这个时刻可借茨威格的一句名言来描述：“宛若星辰一般永远散射着光辉，普照着终将消逝的黑夜。”没有人能否认，这个中国一汽发展史上具有里程碑意义的重大时刻，必将对新时代中国一汽的改革发展产生重大而深远的影响。

“共和国长子”的荣光与艰难

如果要对中国一汽进行全景式描述，不妨看看下面这段文字：中国第一汽车集团有限公司（以下简称“中国一汽”）是中央直接管理的国有特大型汽车企业集团，前身为第一汽车制造厂，是我国第一个五年计划期间苏联援建的 156 项重点工程之一，毛泽东同志亲笔题写厂名。1953 年奠基兴建，1956 年建成投产。中国一汽的建设，开创了新中国汽车工业的历史。

经过 70 年发展，中国一汽已建立东北、华北、华东、华南、西南等 5 大生产基地，构建全球化研发布局，拥有红旗、解放、奔腾等自主品牌和大众（奥迪）、丰田等合资品牌，累计产销汽车超过 5400 万辆，销量规模位列中国汽车行业第一阵营。

需要提醒的是，外界往往将中国一汽动工开建之日——1953 年 7 月 15日——作为新中国汽车工业的发端，但事实并非如此。中国科学院学部委员（现在的院士）、中国汽车工业奠基人之一孟少农曾在其手稿和日记中还原过这段史实：“中国汽车工业是在中华人民共和国成立之初开始创建的，第一汽车制造厂的建设是创建的主体工程，创建筹备工作比正式建厂早3年。"

根据孟少农的记录，1950年3月，汽车工业筹备组成立，隶属中央人民政府重工业部。是年12月，苏联设计专家组到北京援建汽车厂，此后，汽车工业筹备工作转入具体建设一汽的准备阶段。亦因此，中国汽车工业"如果从汽车工业筹备组的组建开始算起，到1956年7月15日止，是6年半；如果从设计专家组开始工作算起，是5年半。在这段时间里，中国用引进技术和设备的办法，从无到有，成功地建设起自己的汽车工业"。

中国一汽与中国汽车工业血脉相连、相伴成长，且始终在其中占据举足轻重的地位，这是中国一汽70年成长史告慰我们的部分事实。另一部分事实是，中国一汽被誉为"共和国的长子""中国汽车工业的摇篮"，它的创建与发展、繁荣与振兴、蜕变与新生，都是中国汽车工业这棵大树上结出的时代之果。某种程度上，中国一汽就是中国汽车工业的一面旗帜和一个缩影。

厘清这段史实后，倘若以1952年652厂（第一汽车制造厂代号）成立、郭力担任厂长为起点进行梳理就会发现，70年来，在一代又一代建设者的带领和推动下，中国一汽从长春孟家屯那片荒野之地起步，经过荒原建厂、自主换型、结构调整、自主创新等建设阶段，现在正处于创新驱动、转型发展的关键时期。展望未来，其长远目标亦相当清晰——打造世界一流汽车企业，实现中国式现代化。

中国一汽需要积蓄怎样的力量，才能穿越70年的时光之门，成长为今日之模样？在这样一个巨变时代，它将如何继续赢得时间的青睐，抵达中国式现代化这个目的地？

每个时代都有与之相对应的梦想与荣光。回到中国一汽第一个建设时期，随着国家一声号令，来自五湖四海的中国第一代汽车工业建设者们云集长春，他们怀揣产业报国、工业强国的初心，怀着昂扬的斗志和必胜的信念，克服诸多难以想象的困难，硬是用 3 年时间完成了一项看似不可能的任务——在长春荒野上建成一座现代化汽车工业城，开启了新中国体系生产汽车的新篇章。

中国一汽这段创业史自然不能脱离时代大背景。汽车工业筹备组工程师、后来担任中国一汽副总工程师的陆孝宽对此做过解读：纵观 3 年经济建设恢复时期，国家非常困难。连续几十年的战争，使我国原来极为薄弱的工农业基础遭到严重破坏，百废待兴……在这样艰难的条件下，能在短短的 3 年期间，使全国经济得到恢复，抗美援朝取得胜利，为全面开展经济建设做好周密规划和充分准备，这在世界各国经济发展史上都是罕见的。我国汽车工业建设就是在这种环境中开始孕育的……

3 年后，一汽这个"新生儿"呱呱坠地。现年 90 多岁高龄的一汽原副厂长范恒光认为，当年中国一汽能 3 年建成，主要原因有 4 个：一是国家领导人重视；二是全国人民支援；三是以饶斌、郭力、孟少农为首的建厂班子非常优秀；四是苏联的大力援助。

一盘气象万千的中国汽车工业棋局就此展开。

他们研发制造了一批新产品：第一辆解放牌卡车、第一辆东风牌小轿车、第一辆红旗牌高级轿车、第一辆解放牌军用越野汽车，以及红旗 CA772 保险车、60 吨矿用自卸车等。他们建设了红旗和越野车两个生产阵地，突破建厂初期年产 3 万辆设计纲领，逐步达到年产 6 万辆生产能力。他们白天是厂长和工人，下班后成为学生和老师，很多人既当老师又当学生，学习政治、技术、业务、管理、文化等，建设工地热火朝天，学习风气蔚然成风。

在那场众所周知的十年动乱中，他们突破重重阻碍，义不容辞地承担起包建二汽（第二汽车制造厂，东风汽车集团有限公司前身）11 个专业厂和热处理、电镀两个系统的建设任务，前后抽调技术业务骨干和技术工人 4200 多人支援二汽建设；遵照中央指示，开展"工业学大庆"活动；承担朝鲜、古巴、罗马尼亚、阿尔巴尼亚等国家的 5 个援外项目……中国一汽人用"长子"的情怀，在一片废墟上绘就了最美的汽车工业图景。

担任过汽车工业筹备组主任、汽车工业管理局副局长的江泽民（1903—1989 年，与中国共产党第三代中央领导集体的核心江泽民同志同名，新中国成立后担任中国驻苏联第一任商务参赞）曾填《卜算子》一首："北国冰三开，一座车城现。'解放'飞轮遍九州，十亿黎民赞。喜布运输网，更缩里程线。敢与异国较短长，誓教风云变。"他的判断和观察，正是对中国汽车第一个建设时期的生动刻画。

继郭力、饶斌之后，刘守华自 1964 年 8 月至 1982 年 1 月担任中国一汽厂长，时长近 18 年。刘守华受命于危难之际，他参加和领导了中国一汽破土动工、设备安装调试、"红旗"阵地扩建、"解放"生产与改进、越野车和红旗车的研制开发、学习世界先进技术、推进企业现代化管理等艰苦创业过程。在其任期内，中国一汽开始谋划解放卡车换型改造工作。

中国一汽第四任厂长是李刚。作为新中国汽车工业的开拓者之一，早年他被派到莫斯科加入中国一汽工作组，在驻苏大使馆负责苏联援建中国一汽的联络工作，曾先后参与一汽建立、"红旗"研发、"解放"换型前期工作以及筹建中汽公司等。

1982 年 7 月，李刚调任中国汽车工业公司（简称"中汽公司"）总经理，黄兆銮接任中国一汽厂长。1953 年，黄兆銮作为二汽筹备组成员到一汽实习，结果被孟少农留在一汽，成为我国汽车工业工具管理创始人，他也因此自嘲为"不懂汽车制造的汽车制造厂厂长"。跟他搭档的党委书记是徐元存，颇有意思的是，两人先后在一汽工具分厂和一汽总厂两度搭班子共事，这在一汽 70 年的历史中，可谓绝无仅有。

"我们一汽人有两个梦"

时代转折点出现在 1978 年。

当年 12 月 18 日，具有深远意义的党的十一届三中全会召开，会议高度评价关于"实践是检验真理的唯一标准"问题的讨论，作出把国家工作中心转移到经济建设上来、实行改革开放的历史性决策。新时代的大门訇然洞开。改革开放的春风吹拂着渴望改变的中国面孔，万物恣意生长，时代欣欣向荣，中国开始激动人心的改革开放实践。

从 1978 年起，中国一汽进入第二个建设时期。万象更新的新时代气息从 1979 年年初就开始弥漫，1 月 24 日，全厂员工认真学习党的十一届三中全会精神，确定"三个"奋斗目标，将重点转移到向汽车生产现代化进军。

具体做法如下：一是，掀起"三个高潮"，均衡生产高潮；技术革新、技术革命高潮；学经济、学技术、学管理高潮。二是，实现"三个第一流"，产品质量、主要经济技术指标、科学管理达到国内同行业第一流水平。三是，向"三个方向"进军，向产品换型进军，向年产 8 万辆进军，向培养具有现代科学文化水平的职工队伍进军。

紧接着是两场战役。第一场战役是换型改造。这项艰巨而浩大的工程已经迫在眉睫。一方面，老解放车因为 30 年一贯制而饱受诟病，中国一汽因此承受着巨大的舆论压力和责难。另一方面，换型改造工程量丝毫不逊色于重建一座新工厂，其工程难度和复杂性甚至还超过前者。

一汽人没有退路。他们破釜沉舟、背水一战，采用"单轨制垂直转产"

方式，用 6 年时间完成换型改造工程。其中，从 1980 年年底到 1983 年 7 月，用近 3 年时间进行技术准备——完成解放 CA141 的设计、试制、试验和定型工作。从 1983 年 7 月到 1986 年年底，又用 3 年时间完成生产准备和工厂改造。

带领一汽人啃下换型改造硬骨头的是第六任厂长耿昭杰，业界公认的中国汽车工业继往开来的企业家标杆人物。耿昭杰于 1954 年毕业于哈尔滨工业大学，1985 年 7 月担任中国一汽厂长，1992 年一汽改制后，担任董事长兼总经理，前后执掌中国一汽 14 年。但因长期积劳成疾，1998 年，他在办公室加班时突发脑出血，病愈后造成身体偏瘫，于 63 岁时带着巨大遗憾和未酬壮志退休。

1987 年 1 月，中国一汽顺利实现垂直转产，7 月解放 CA141 通过国家验收。1988 年，解放 CA141 研制及换型投产项目获国家科技进步奖一等奖。中国一汽闯出一条适合中国国情的老企业技术改造新路径。

颇有意思的是，在建设工程验收大会上，国家验收委员会副主任、时任中国汽车工业联合会理事长陈祖涛说："我在 1983 年一汽换型改造开始时说过，一汽换型改造胜利完成后，要给一汽发一个 1 吨重的奖章。我回北京后即办手续，要很好地纪念一汽同志们为汽车工业发展和国家做出的贡献。"

他兑现了诺言。1993 年，中国一汽 40 周年厂庆日，一座镶嵌着换型改造奖章的纪念碑被安放在厂区中轴线中央大道旁，并在其后 30 年里见证着汽车工业的风云变幻。

但还来不及松口气，第二场战役又接踵而至——抓住中国汽车工业结构调整的机遇，中国一汽将发展重点转向轻型车和轿车。

全部起因源于 1987 年 5 月，国务院发展研究中心在位于湖北省十堰市的二汽召开"中国汽车工业发展战略讨论会"，会议旨在研讨中国如何发展轿车工业这一重大战略问题。日后我们将看到，在发展轿车模式上，一汽和二汽这两家中央企业采取了两种截然不同的方式，其悲喜得失，仍有待观察。

时任二汽厂长陈清泰在会上提出，以大企业为依托、出口导向、合资办厂、自筹资金，一次建成30万辆规模的轿车工业基地的发展战略。时任一汽厂长耿昭杰先后七易讲稿，最终结合实际，提出从中高级轿车起步，轻轿结合，挡住进口，一次规划，分期实施，最终达到30万辆经济规模的发展战略。

具体分两步走。第一步，结合上轻型车，引进国外技术，改造红旗轿车生产阵地，形成年产3万辆中高级轿车生产能力。第二步，再选择国外合作伙伴，建设符合规模经济的轿车生产基地。"这样做，投资省，见效快，可以在'七五'期间形成一定国产化轿车生产能力，赶在进口轿车更新高潮到来之前挡住进口"。（耿昭杰语）

主题演讲结束前，耿昭杰动情地说："我们一汽人有两个梦：一个是甩掉老解放30年一贯制的落后帽子，经过6年的艰苦奋斗，这个梦想实现了；还有一个就是什么时候大批量生产国产轿车，我们正为此而努力，我深信这个梦想一定也能实现！"现场听者无不动容，掌声几度响起。

时年8月，在北戴河会议上，中央财经领导小组作出关于轿车发展的重大战略决策：在一汽、二汽和上海市建设三大轿车生产基地。中国轿车工业至此迎来了春天。手握轿车这张至关重要的入门票，中国一汽的策略是——充分利用存量资产建设3万辆先导工程，进而瞄准国际、国内两个市场，建设一个符合经济纲领的现代化轿车工业基地。

现实问题是，产品从哪里来？经过对美国克莱斯勒和德国大众汽车集团的综合对比，中国一汽最终选择跟后者合作，引进奥迪100系列产品。1988年5月，中德双方在长春同时签订技术转让、购买二手模具和KD组装轿车三个合同。

值得注意的是，在技术转让协议中有一条重要规定：协议有效期6年后，中国一汽可以在引进产品奥迪100的基础上，通过消化吸收、国产化和自我开发等方式，形成具有自主知识产权及自主品牌轿车。这条规定为后来开发红旗CA7220（小红旗）乃至红旗世纪星等埋下伏笔，中国一汽人的红旗情结由此可见一斑。

3万辆先导工程推动了中国一汽和德国大众汽车集团之间的长期合作。经过11个月的6轮商务谈判后，1990年11月20日，15万辆轿车合资项目在人民大会堂签署。1991年2月8日，一汽-大众汽车有限公司（以下简称"一汽-大众"）合资公司成立，在耿昭杰提出的"两个全心全意"——一汽全心全意支持一汽-大众，一汽-大众全心全意依靠一汽——建设方针指导下，1996年7月，15万辆现代化轿车工业基地全面建成。

宏大叙事总被湮没在烦琐细节中。其中衍生出的一个细节是，一汽-大众合资项目中原本没有奥迪系列产品，当初引进的奥迪产品只有奥迪100一种车型。1995年7月，江泽民同志访问德国之际，随团访问的耿昭杰与时任大众汽车集团董事长费迪南德·皮耶希（Ferdinand Piech，2019年8月25日去世）提前做好准备，双方根据中国市场需求，将最新开发的奥迪A6轿车加长90毫米并在慕尼黑市展示。江泽民同志听过介绍后，表示支持双方走联合开发道路，生产这种加长版奥迪A6轿车。同年12月，国家计划委员会（以下简称"国家计委"）正式批准将奥迪轿车纳入合资企业，此事自然得以解决。

深耕中国市场30多年，一汽-大众稳坐中国汽车市场"华山之巅"数年，一览众山，累计生产汽车2500万辆，累计上缴利税6000亿元。它不仅在经济效益上为中国一汽发展做出重要贡献，为中国一汽乃至中国汽车行业培养出诸多优秀人才，甚至还为中国一汽的体制改革提供了可以借鉴的模式。

在滚滚车流中，中国一汽实现了大批量生产轿车的第二个梦想。

有人青丝染白发，有人青春刚开始

1999 年 3 月，38 岁的竺延风突然被推到职业生涯的高处。他被任命为中国一汽总经理，成为中国一汽史上，同时也是全国特大型企业中最年轻的掌门人。

竺延风是一汽子弟，1983 年从浙江大学化工系自动化仪表专业毕业，分配进入一汽热电厂仪表车间。1994 年 4 月，他被破格提拔为一汽对外经济贸易处处长兼进出口公司总经理，1997 年，升任中国一汽副总经理，成为最年轻的领导班子成员。

2000 年 8 月的最后一天，中国一汽新一届领导班子诞生，开启建设"三化"新一汽征程。所谓"三化"新一汽，是中国一汽贯彻落实党的十六大精神的最重要举措。党的十六大把"三个代表"重要思想写入党章，提出全面建设小康社会的奋斗目标，结合中国一汽实际情况，中国一汽提出建设"规模百万化、管理数字化、经营国际化"的新一汽奋斗目标。

规模百万化，就是要建设百万量级的现代化企业，企业在做强的基础上做大，在做大的同时做强。管理数字化，就是通过对企业信息资源的开发、整合和利用，借助计算机和网络，依托信息技术，建立以"市场链"为导向的科学管理机制。经营国际化，就是将企业融入世界经济循环的大环境之中，增强企业参与国际竞争和国际分工的能力，将中国一汽建设成为一个具有国际竞争实力的汽车工业集团。

冲锋号角再次吹响。中国一汽刀刃向内，大刀阔斧地推进公司化体制改革。公司化体制改革由来已久，它从剥离企业办社会职能起步。早在1994年4月，中国一汽实业总公司就在生活福利处、子弟教育处等6个非生产性经营单位基础上成立，实行整体剥离，统一管理。2001年5月，按照管干分开原则，中国一汽实业总公司被改制为全资子公司。

相关数据显示，从1998年冬天到2000年春天，中国一汽将所有毛坯、零部件、辅助生产厂和技术后方等相关部门全部剥离，先后组建富奥汽车零部件有限公司、一汽铸造有限公司、一汽锻造有限公司、一汽模具制造有限公司、一汽启明信息技术股份有限公司、机械工业第九设计研究院有限公司（简称"九院"）等十多个分公司、全资或控股子公司，对其实行独立核算、自主经营，涉及员工3.5万多人。

最具魄力也最具匠心的是解放中重型车生产基地独立。也有相当一部分人认为，"解放"是中国一汽的根，根深才能叶茂，应当由中国一汽集中管理。但中国一汽最终选择让其独立，理由是"独立核算，自负盈亏，不是没有了根，而是把根养好养大，中重型这个根强壮了，集团公司这棵大树才能蓬勃生长"。

2002年10月，中国第一汽车集团公司商用车制造中心成立，模拟全资子公司运行，自负盈亏，分灶吃饭。3个月后，2003年1月18日，集中优良资产，以一汽商用车制造中心为基础，一汽解放汽车有限公司（简称"一汽解放"）在长春挂牌成立。至此，从20世纪50年代运营至今的大而全工厂型企业结构寿终正寝，焕然一新的一汽解放开始快速奔跑。

中国一汽总部职能部门随之调整。2000年年初，总部职能部门从47个优化为22个，机构减少53%，人员精减30%。2002年，总部仅留下18个职能部门，负责宏观管理，微观管理职能下沉到子公司和分公司。

到2003年，公司化体制改革任务基本完成，中国一汽拥有3个分公司、30个全资子公司、15个控股子公司和26个参股公司。同时，现代化母子公司整体框架和成本、利润、投资决策 3 个中心结构初步形成，以"1233"（一个产品开发中心，采购和营销两大网络，焊装、油漆、总装 3 大工艺和发动机、变速箱、桥 3 大总成）为主导的投资重点得以明确。

21 世纪初，国内竞争国际化的特点已成行业共识，引进来，走出去，不仅符合时代发展潮流，而且有望抢占市场先机。这种背景下，中国一汽对外坚持"民族品牌，开放发展"，坚持有所为、有所不为，通过与天津汽车集团公司联合、与日本丰田汽车公司联手、控股四川旅行车制造厂等系列举措，将素以保守著称的丰田汽车引入中国。

这的确是一场天作之合。2002 年，聚光灯两次不约而同地打在中国一汽身上，它在 6 个月内实施了两次重组活动。

第一次是"天一合一"。当年 6 月，中国一汽采取股份转让方式重组天津汽车集团公司，被业界评论为"中国汽车工业加入 WTO 后，为求生存、求发展，在兼并重组方面做出的一次重大改革"。

第二次是控股川旅。当年 8 月，中国一汽以 2 亿元代价，将四川丰田（由四川旅行车制造厂与日本丰田汽车公司各出资 50% 组成合资公司）的中方伙伴四川旅行车制造厂纳入麾下。

这两场战役后，丰田汽车顺理成章地与中国一汽进行全面合作，这就是备受业界瞩目的"一丰合作"。8 月 29 日，中国一汽和丰田汽车在人民大会堂签约，就 5 大项目展开合作，媒体称为"中日汽车企业迄今规模最大、涉及车型系列最多的一次强强联合"。21 天后，东风公司与日产汽车公司全面合作签约，这场全面合资堪称业界之最（投资规模最大、合作层次最深、业务范围最广），迄今未有出其右者。

此后，不管是中国一汽，还是丰田汽车，都已经有了新注解。一方面，中国一汽借此补充和完善了乘用车产品线，并在地域布局上突破山海关，形成东北、华北和西南 3 大战略基地。另一方面，中国一汽孜孜以求的是，拥有大众汽车集团和丰田汽车两大跨国合作伙伴后，后续可在国际合作和自主发展中赢得更多主动权。

2003 年 7 月 15 日，中国一汽迎来奠基 50 周年纪念日。"五十而知天命"，当年的建设者大多青丝染成了白发，另一部分新加入者青春才刚刚开始。

在这个特殊的日子里，中国一汽用一种特殊方式——3 个新基地的奠基和一个新公司的成立——进行纪念。前者包括一汽轿车股份有限公司、一汽 - 大众汽车有限公司、解放卡车 3 大新基地同时开工建设，后者指一汽丰越（汽车有限公司）成立，作为"一丰合作"的重要成果之一，陆地巡洋舰落户长春。

这场声势浩大的纪念活动其实从 7 月 12 日就已启动。在当天举行的"轿车进入员工家庭首发仪式"上，竺延风不无兴奋地说："一汽作为中国汽车工业的领头羊，不但是轿车进入家庭的倡导者，更要做实践者，要率先圆自己的轿车梦。"

圆梦提速。截至 2004 年年底，中国一汽职工私人汽车拥有量达到 1.7 万辆。同样在这一年，中国一汽销量突破百万辆，在中国汽车行业率先迈上百万辆台阶，实现了几代创业者和建设者的夙愿。令人瞩目的是，这百万辆汽车构成中，由解放、红旗、夏利、佳宝组成的自主品牌占据 50% 份额。中国一汽时任党委书记赵方宽感慨地说："这一年我们干得很艰苦、很悲壮，但是大家一致感到干得很充实、很振奋、很有成就感。"

站在百万辆新起点上，中国一汽定下 2009 年实现自主百万辆目标。某种程度上，1978—2012 年是中国一汽又一个重要建设时期，是其再次成为汽车行业领军企业的奋斗期，是其克服诸多困难、走出困境，完成浴火重生的奋斗过程，也是其从传统计划经济下的生产工厂，转型为一个在市场经济条件下按照现代公司制度运营的市场经济组织的过程。

这一时期，中国一汽战略布局积极进取，坚持商用车自主发展道路，乘用车利用合资体系培育人才、学习管理、积累实力，为做强红旗和奔腾这两个品牌蓄根夯基。这一时期的变革，为中国一汽提出"规模百万化、管理数字化、经营国际化"目标实现提供了组织保障、制度设计和人才储备。

之后，中国一汽的发展出现了一段沉闷徘徊的局面。

一个艰难时刻

上海历来是领风气之先、立时代潮头之地。2021 年 4 月 17 日晚，漫步在黄浦江畔的人们突然被夜空中熠熠生辉的壮丽画卷所吸引：2000 多架无人机腾空而起，在星空中排列出不同图形——红旗品牌立体标识、红旗 H9、红旗 E-HS9 交相辉映，江天一色，美轮美奂。与此同时，红旗品牌的标识在有着中国第一高楼之誉的上海中心大厦的"上海之巅"点亮。

一场"旗"迹灯光秀惊艳了上海外滩。这是中国一汽在外滩地标性建筑罗斯福公馆举办的"2021 上海·红旗夜话"高端圈层品鉴活动的压轴戏。主办方希望，通过"双 9"（红旗 H9、红旗 E-HS9）联动，以上海为突破点，建立红旗品牌与高端消费圈层的沟通平台，让民族品质走进人们的出行生活。

征战 2022 年北京冬奥会，并获得短道速滑项目混合团体接力金牌的中国男子短道速滑奥运金牌第一人武大靖，不仅是红旗车的粉丝，也是红旗车主，他由衷地说，每每看到马路上越来越多的红旗车，让人打心底感到骄傲、自豪，"国车"这一称号当之无愧。

故宫博物院研究室主任王子林非常认可红旗品牌在传承中国传统文化上所做的努力。在他看来，红旗与故宫开启战略合作，把故宫承载的 600 年文化注入民族工业品牌崛起中，有望成为车圈乘风破浪的国潮新力量。

当晚首次亮相的红旗 E-HS9 敦煌艺术版将在两天后的上海国际车展上展出。敦煌研究院丝绸之路与敦煌研究中心主任张元林认为，这款车的设计将敦煌独有的色彩与现代元素、现代工业产品相结合，让红旗与敦煌文化碰撞出独特的火花，有一种别样的美。他还希望红旗品牌与敦煌继续携手，做出更多、更好的文创产品，再现国潮风采。

两天后，第十九届上海国际车展开幕，吸引了 1000 多家企业参展，因全球疫情仍在持续，这届车展成为 2021 年全球规模最大，也是全球唯一一个超大型国际车展。红旗品牌以"1+10"阵容参展，包括 1 套完整产业生态创新解决方案，3 款全新整车产品——纯电动轿车红旗 E-QM5、概念车红旗 EV-Concept 和红旗 L-Concep，5 项关键技术和总成，以及 2 款接受预订产品——红旗超级跑车 S9 和红旗 H9+ 白玉兰定制版。

红旗品牌以一种让人意料不到的方式重新定义了自己。"近几年，红旗以中国式新高尚精致主义为理念，以打造世界著名、中国第一品牌为目标而努力奋斗，开启了脱胎换骨式的改革转型、极致而无止境的创新创造。"中国一汽总经理、党委副书记（现任中国一汽董事长、党委书记）邱现东在"红旗夜话"开场时提及的这句话无疑是最好的注释。

中国一汽已经因为脱胎换骨式的创新改革而声名在外。

2017 年 8 月 2 日，随着一纸调令，53 岁的徐留平北上赴任中国一汽董事长、党委书记。执掌中国一汽 5 年半后，他于 2023 年 2 月 23 日履新中华全国总工会党组书记，开启新的职业生涯。

徐留平被外界熟知始于其在中国长安汽车集团股份有限公司（简称"长安汽车"）的经历。他从 2006 年开始担任长安汽车董事长，10 年后的 2016 年，长安汽车以 170 万辆销量摘取中国自主品牌桂冠。外界对他的普遍印象是勇于进取、重视创新、行事不拘一格。2017 年 4 月 7 日晚，在长安设计理念发布会上，他骑着一匹高头大马登场，当时场景令人印象深刻。

在徐留平之前，2015 年 5 月 7 日，58 岁的徐平调任中国一汽董事长、党委书记，当时他已为东风公司效力 33 年，并自 2010 年起出任东风汽车公司董事长、党委书记。徐平为人低调内敛，不苟言笑，不喜置身镁光灯下，几乎从不接受媒体采访，但其"组织协调能力强"，向外界呈现的管理风格是"无为而治"。

世事就是这么难料。徐平调任至一汽的前一天，即 2015 年 5 月 6 日，原吉林省委副书记、常务副省长竺延风重回汽车行业，接替徐平执掌东风汽车公司。当天，两人挽手相送的图片刷爆了微信朋友圈。

再往前追溯，徐平之前，中国一汽工作由时任中国一汽总经理许宪平主持。许宪平自 2011 年 10 月起担任总经理，他的影响力和说服力来自两次临危受命。

第一次是 2002 年，他担任天津一汽夏利汽车股份有限公司（简称"一汽夏利"）总经理。面对士气低沉、人心不稳的现实情况，他上任后做的第一件事就是将夏利定义为国民车，先后推出 N3、C1、D1 等多款自主研发车型。一年后，一汽夏利扭亏为盈，2005 年销量达到 20 万辆，创下单一品牌销量冠军。

第二次是 2006 年，他调任一汽解放总经理。当时一汽解放亏损近 4 亿元，他通过推出以奥威、悍威牵引和自卸、骏威载重以及 FM 自卸、FK 载货等 5 个系列 34 类产品为代表的"521"产品战略（打造 26 个精品，其中 5 个五星级车型，21 个四星级车型），以及解放 J6 重型卡车，实现解放体系产品结构调整目标。2007 年，一汽解放销量达 12.5 万辆，2009 年至 2010 年，一汽解放净利润从不足 3 亿元增长到超过 20 亿元。

2014 年 4 月，许宪平在北京国际车展上表示，未来 10 年，一汽自主品牌要实现"中国第一，世界第十"奋斗目标。在国内，一汽要做行业发展的排头兵，确保国家汽车产业安全；在国际，一汽要作为央企代表国家参与国际竞争，要在全球汽车竞争中有影响力、有竞争力，有排名、有地位。"这是一汽的责任和使命，也是一汽的理想和抱负"。

要实现这一目标，主要有两大任务：一是，集中资源做好3大品牌，即中国一汽乘用车品牌、中国一汽商用车品牌和红旗品牌。二是，集中精力过好产品的"三关"，即质量关、成本关和技术关，提升一汽自主产品竞争力。具体实施手段有三，一是改革，向改革要效率、要效益。二是创新，包括技术创新、管理创新和文化创新。三是开放合作，充分利用全球资源，提高自主技术的集成能力，快速发展一汽自主品牌。

2015年5月徐平上任之际，中国一汽正处于一个艰难的历史时期——既有内忧，又有外患。内忧涉及企业反腐，背景是中央加大反腐力度。过去几年，中国一汽陷入反腐风暴之中，整肃干部队伍、加强廉政建设迫在眉睫。外患与行业竞争态势有关，2007年中国一汽销量被上海汽车集团股份有限公司（简称"上汽集团"）超越，排名行业第二。4年后，又被东风汽车公司超越，排名行业第三。又4年后，甚至被偏隅重庆的长安汽车超越。这让"共和国长子"情何以堪？

徐平将改革重点放到干部廉洁教育和自主品牌建设上面。他在初期调研时就多次强调，"红旗品牌是我们的金字招牌，一定要做好""一汽轿车是一汽自主轿车的主战场，干好自主是一汽未来发展的需要"。

履新3个月后，他重新调整自主品牌组织架构：构建乘用车、商用车和红旗3个事业部，明确各板块集团层面负责人，并赋予各事业部相对独立权。对于正在进行的中国一汽"十三五"规划编制工作，他提出要"聚焦创新、品牌、质量、效益、国内和国际市场，坚定做强自主，开放合作的信心和决心"。

以此视之，在中国一汽处境维艰之际，徐平起到稳定大局，重构生产经营秩序，使合资企业成长，自主品牌进步，党政及党风廉政建设加强的作用。

2017 年 7 月，徐平履新中国兵器装备集团公司董事长、党组书记。一个月后，中国一汽权杖交至徐留平手中。11 个月后的 2018 年 6 月，奚国华调任中国一汽总经理、党委副书记。奚国华在轨道交通系统从业 30 多年，曾参与南车北车融合，并担任合并后的中国中车股份有限公司首任总裁。业界对奚国华的印象是行事较为沉稳，他在中国一汽改革过程中起到平衡作用。

改革不是温良恭俭让

履新 47 天后，徐留平便以雷霆之势开启一场声势浩大的组织革命：打破原有制度，重塑管理体系、人事体系、组织架构、研发体系和品牌架构。

第一步棋是"四能"改革。采用全体起立、全员竞聘方式，让干部能上能下、员工能进能出、薪酬能高能低、机构能增能减，同时抽调包括一汽 - 大众、一汽丰田等合资企业优秀人才进入集团总部，其幅度之大、调整之剧、牵涉之广出乎意料。结果是，8000 多人在一周内重新完成竞聘上岗，高级经理平均年龄下降 3 岁，年轻干部占比提升 13.3%。

"四能"改革激发了员工的危机意识，也激发了他们干事创业的热情，此后，竞争上岗在中国一汽成为普遍共识，全面推进市场化选聘、契约化管理成为常态。3 年后的 2020 年 9 月，中国一汽更上一层楼，实施更系统化的高级经理新三年任期改革，先定目标再选人、先接目标再上岗，鼓励挑战高目标，以实绩定去留。高级经理匹配亦在一周内完成，干部平均年龄降低 1.4 岁。

第二步棋是以市场为导向，重组中国一汽技术中心。中国一汽技术中心拥有 67 年历史，被喻为"中国汽车研发人才的摇篮"。几经重组调整，成立中国一汽研发总院，主要聚焦红旗品牌，下设造型设计院、整车开发院、新能源开发院和智能网联开发院等。原有的商用车研究院划归一汽解放管理，这样红旗、奔腾和解放 3 大自主品牌板块，皆有其独立的研产供销体系，运行模式更专业、更精细，也更扁平化。

第三步棋是推动红旗品牌复兴，明确集团总部直接运营红旗品牌。对于红旗品牌，中国一汽人心态可谓百味杂陈。自 1958 年第一辆红旗诞生以来，尽管创造过无数辉煌时刻，但更多的是一种符号和一种图腾。中国一汽历任掌门人都怀揣复兴红旗之梦而来，结果往往铩羽而归。

红旗凝聚着中国一汽人的情感，曾在中国一汽工作过的第十五届中共中央政治局常委、国务院原副总理李岚清在为"中国汽车人口述历史系列丛书"《红旗》（中国工人出版社 2017 年版）作序时这样写道："我想，世界上如果有这样一辆轿车，能够赢得整个民族的骄傲，能够承载整个民族的情感，能够牵动整个民族的关注，那么她只能是红旗。"

红旗市场化举步维艰，这是不争的事实。而这一次，中国一汽誓将红旗品牌打造成中国第一、世界著名新高尚品牌。2018 年 1 月 8 日，中国一汽在人民大会堂发布新红旗品牌战略，推出 L、S、H、Q 四大产品系列，自此开启复兴之战。

从 2018 年到 2022 年，红旗品牌销量狂飙猛进，分别达到 3.3 万辆、10 万辆、20 万辆、30 万辆和 31 万辆，5 年来增长 65 倍，稳居二线豪华品牌榜首，创造了中国汽车行业乃至全球汽车行业高端品牌发展奇迹。

红旗品牌初战告捷的背后，是解放品牌提供的坚强后盾。耿昭杰曾经有句名言，他"这一辈子就干了两个品牌，一个解放，一个红旗"。长期以来，"解放"被喻为根，"红旗"被喻为魂，由此可见两者在中国一汽人心中的重要地位。这次改革，中国一汽坚决擦亮红旗、解放两块金字招牌，着力把解放品牌打造成中国第一、世界一流商用车品牌，同时还要把奔腾品牌打造成中国新锐主流乘用车优秀品牌。

解放品牌保持行业领航地位。2022 年，解放品牌实现销量 17 万辆，中重卡销量五连冠、重卡销量全球六连冠、牵引车销量连续 16 年行业领先。突破核心技术近 400 项，其中 30 余项关键核心技术打破国际垄断。解放 J6 累计销量超过 100 万辆，解放 J7 达到 L4 级自动驾驶水平。投放新能源产品 141 款，氢能源商用车已在京津冀、长三角、珠三角等地区开展批量示范运营。

奔腾品牌经历资产、组织和产品调整后，正加快转型步伐。中国一汽所突破的"双零"排放氢能发动机等 63 项关键核心技术，部分已在红旗、解放和奔腾等自主产品上搭载应用。

一面加码自主，一面做强合资，中国一汽坚持两条腿走路。作为压舱石，合资板块承担着销量与利润重任，其中，一汽－大众成为中国第一家年产销突破 200 万辆的乘用车企业，一汽丰田量利双增，2022 年利润增长 36.2%，累计销量超过 1000 万辆。

改革助推中国一汽高质量发展取得阶段性成果。

最直观的是生产经营业绩。2017 年，中国一汽实现整车销量 334.6 万辆，营业收入 4698.9 亿元，利润 420.5 亿元。2018 年，实现整车销量 341.8 万辆，营业收入 5937.2 亿元，利润 430.5 亿元。2019 年，实现整车销量 346.4 万辆，营业收入 6200 亿元，利润 440.5 亿元。

从数据看，2020—2022 年，中国一汽实现整车销量分别是 370.6 万辆、350 万辆和 320 万辆；营业收入分别是 6960 亿元、7070 亿元和 6300 亿元；利润分别是 467 亿元、480 亿元和 490 亿元。其中，2020 年，中国一汽是汽车行业唯一一家同时实现销量、收入、利润快速增长的大型汽车企业集团。2021 年，中国一汽经济效益创"十三五"以来新高。

2022 年 7 月，国务院国资委发布 2021 年度和 2019—2021 年任期中央企业负责人经营业绩考核结果显示，中国一汽两项考核获得 A 级。其中，在 2019—2021 年任期中央企业负责人经营业绩考核 A 级企业名单中，中国一汽名列第一。一汽解放获得国资委"国有企业公司治理示范企业"荣誉称号。

另一份成绩单也相当耀眼。在推进国企改革三年行动工作中，2021 年，中国一汽被国务院国企改革领导小组选树为央企改革典型；同年 6 月，国资委在中国一汽召开"中国国有企业改革三年行动"推动会，对中国一汽改革发展、自主创新成果给予高度肯定。在 2021 年度中国国有企业改革三年行动专项考核中，中国一汽获评 A 级。

一个更加清晰的中国一汽未来图景，可以从其"十四五"发展规划纲要中寻找到答案。其愿景是，打造世界一流企业、开创新时代中国汽车产业创新发展新道路；目标是，到 2025 年，实现收入超过 1 万亿元、销量650 万辆、利润 680 亿元。

其中，红旗品牌超过 100 万辆，争取进入世界先进行列；自主品牌达 200 万辆，进入世界比较先进行列；总体新能源汽车占比超过 20%，自主品牌乘用车新能源汽车占比超过 30%，红旗新能源智能汽车占比超过40%。到 2030 年，自主乘用车基本实现电动化，进入世界先进水平。

70 年来，中国汽车业上演了一幕幕悲喜交织的商业大戏，成王败寇，这是游戏规则；潮涨潮落，这是自然规律。倘若把视野聚焦到最近 10 年，全球汽车产业的场景和跑道已经改变，汽车百年未有之大变局和动力技术变革给中国汽车业带来前所未有的新机遇。

在这场波澜壮阔的新汽车革命中，中国一汽为自己找到了怎样的航海图和指南针？在由确定和不确定构建的全球商业版图上，已处于领跑地位的中国一汽当如何踏上新长征，创造下一个激荡 70 年？

2023 年 1 月 8 日，时隔 5 年后，中国一汽在广州发布新能源汽车全球战略，向世人昭告"红旗品牌将'All in'新能源，全域推进所有车型电动化"。其目标是，到 2025 年，总销量达到 100 万辆级，其中新能源汽车销量超过 50 万辆。到 2030 年，销量突破 150 万辆，新能源汽车成为销售主体。

在公众记忆中，这是徐留平在中国一汽最后一次公开亮相。他 2023 年 2 月履新中华全国总工会后，中国一汽工作由邱现东主持。

中国一汽仍奔驰在改革的路上。

第二部分

长春郊外的晚上
（1953—1978）

厂办秘书刘培善小心翼翼地拆开密函，那是一张八开的宣纸，上面写着"第一汽车制造厂奠基纪念"11个苍劲有力的大字，每个字约有眼镜片大小。他有些不相信地揉揉眼睛，再定睛一看，没错，这是毛泽东主席的亲笔题词，他高兴得跳了起来。

1953年6月下旬的一天，毛泽东主席听取周恩来总理关于一汽即将动工兴建的情况汇报后，应第一机械工业部（简称"一机部"）的要求，欣然为一汽奠基挥毫题词。随后，这封密件从中央办公厅发出，经由一机部汽车局派人送至一汽。它本来应该交至一汽厂长饶斌的办公室，但饶斌恰好不在，厂办公室便将其交至副厂长郭力的办公室。

郭力正在工地上查看一汽建设情况，到现场是他的惯例之一。他前脚刚迈进办公室，其秘书刘培善就立即将函件拿给他看。郭力展开题词，仔细地从头到尾看了一遍又一遍。"来了，终于来了。"他喃喃地说，兴奋之情溢于言表。

新中国领导人为一个工厂奠基亲笔题词，似乎只有一汽获此殊荣。但其实，毛泽东主席对一汽的建设和发展一直十分关心，从一汽项目的确定，到主要领导人选，再到一汽建设的方针和进度，他都亲自过问、亲自决策。

按照规划，一汽奠基典礼重要内容之一，是将雕刻毛泽东题词的汉白玉基石安放在施工现场。郭力立即通知办公室，选质地精良的汉白玉基石，请技艺最精湛的工匠，务必在奠基典礼前将题词雕刻出来。

一汽兵分两路。一路，厂办公室派人到长春市大理石厂选择材料、落实雕刻工匠，确保质量和交付日期；另一路，厂党委办公室和组织部推荐年轻共产党员，负责将汉白玉基石抬放到施工现场。

几经寻觅，50多岁的迟师傅被选作雕刻工匠。旧社会的苦难经历和新中国成立后当家做主人的幸福，使他把雕刻毛泽东主席题词视为人生最大的荣耀。从技术角度，雕刻的难度在于，奠基石碑长两米、宽一米，需要把手稿字体放大到与石碑相匹配的尺寸。为此，郭力多次与负责照相放大的同志一起商议。雕刻过程中，饶斌、郭力等多次到现场，跟迟师傅沟通，提出改进意见，直至雕刻任务完成。

选择几位同志抬放汉白玉基石以及具体选择哪几位同志也有学问。经一汽党委组织部研究，先提出一个推荐名单，后经饶斌、顾循、郭力、宋敏之、谭立等负责人确定，最终选择了李岚清、王恩魁、周同义、李柏林、贾志学、郭吉凯等6位年轻共产党员。之所以是6人，因为"汉白玉基石较重，人少抬不起来，且气氛不够，而人多则过于拥挤，步调很难保持一致"。

最不可控的是时间。一汽奠基典礼原定于1953年7月初进行，后因天气原因多次变动。从7月1日起，长春便阴雨不断，一汽办公室主任孟戈非、秘书长谭立和秘书科副科长张瑛等，前去长春军用机场和军队航校气象站求助。对方深感任务重大，表示将与北京军方有关单位联系，请对方尽量提供较为准确的天气预报。双方都预测到，7月15日上午天气晴朗——一汽奠基典礼时间就此确定。

天遂人愿。7月15日上午9时许，长春风和日丽、晴空万里，清晨的阳光给偌大的建设工地蒙上一层光辉。随着主席台两侧塔吊上的两面五星红旗徐徐升起，在来自全国28个省、自治区、直辖市的万余名建设大军的欢呼声中，一汽奠基典礼拉开序幕。

会场前排展示了万名建设者在一匹红绸上的签名，他们向党中央和全国人民表达了 3 年建成汽车厂的决心。饶斌在开幕词中强调建设一汽的重大意义和光荣艰巨的任务，转达了中央领导对建设一汽的关怀，并感谢苏联政府的大力援助。顾循宣读了大会致毛泽东主席书，并做出庄严承诺："我们一定以国家主人翁的态度，发挥积极性和创造性，为新中国的汽车工业开辟道路，为建设工业化的新中国而努力。"

最激动人心的是奠基仪式。为确保圆满完成任务，李岚清等 6 位年轻共产党员此前多次进行实地演练，协调统一动作。当天，他们身着白衬衣，提前进入会场，在指定地点待命。当他们抬着镌刻着毛泽东题词的汉白玉基石进入会场，将其安放在中心广场上的基座时，会场再次欢声雷动，时任中共中央东北局第一副书记、东北行政委员会第一副主席林枫，时任第一机械工业部部长黄敬和一汽厂长饶斌等人挥锹铲土，为一汽建设揭开序幕。

一声令下，推土机、掘土机、翻斗车开始作业，建筑工地上人山人海，尘土飞扬，一汽破土兴建，场面极其壮观。根据一汽史料记载，规模宏大的建设工程规划项目有 106 项，其中，工厂区工程共 55 项。分 10 个工区，包括辅助、有色修铸、锻工、底盘等工场及热电站。

这是一个举国瞩目的时刻。林枫、黄敬、东北总工会主席张维祯，以及地方党委、政府、驻军、群众团体代表和各机关干部，苏联驻华商务代表团代表苏洛维也夫和驻一汽苏联总专家希格乔夫等人悉数到场，共同见证这一历史性时刻。

一汽奠基赢得外界广泛关注。第二天（1953 年 7 月 16 日），《人民日报》发表题为"庆祝我国第一个汽车制造厂的兴建"的评论文章："我国第一个汽车制造厂的建厂工程已经开始了。这个汽车厂的建设是中国人民生活中的一件喜事，并将进一步鼓舞着我国人民建设祖国的信心……"文章用深情的笔墨写道，"为了使我国第一个汽车制造厂能按计划建成，今后我们全国人民更要以高度的热忱和更大的努力来支持这个巨大的建设工程。"

这的确是一个宏伟的建设工程。在苏联援建项目中，鞍钢项目和一汽项目最大也最为复杂。"鞍钢的项目虽大，但它是在原有基础上改扩建的。一汽项目是平地起家，更为艰巨。"中汽公司第一任总经理、第二任董事长，一汽第四任厂长李刚这样定义一汽工程："在长春市孟家屯火车站西北约300公顷寒冷冰冻的荒野上，计划用6亿元建设一座全新的、年产3万辆4吨载重车的大规模综合性的汽车城……另外，还要兴建一个能容纳四五万人居住的生活区，以及相应的学校、医院等福利设施。工厂规模和技术水平当时堪称亚洲第一，建厂的难度很大。"

时代序幕就此拉开。从1953年7月15日——一汽建厂之日，也是人们约定俗成的新中国汽车工业的起点——这个动人心弦的日子起，到1956年7月13日，第一辆解放牌汽车驶下装配线，从此结束新中国不能体系化制造汽车的历史。再到1956年7月15日，这些建设者用坚强的意志、不灭的信念、执着的精神创造了史无前例的新纪录——一座以世界第一流技术装备起来的现代化汽车城建成投产。

此后70年，中国汽车工业从无到有、从小到大，冲破桎梏，茁壮成长。滚滚车轮碾过，无数悲喜上演，直至当下，中国汽车工业切换新能源汽车赛道，以浩荡之势开启中国汽车强国梦。但要追根溯源，所有这一切都源于70年前一汽破开第一锹土这个起点。

回到这个起点，成千上万的一汽建设者必须先与时间赛跑、交战，并且赢得这场时间之战。这场声势浩大的战争不但牵动着全国人民的心，也无时无刻不牵动着党和国家领导人的心——众所周知，新中国汽车工业的建立和成长，都是毛泽东主席亲自筹划和决策的。

现在，让我们回到最初，看看这一切都是怎么发生的。

筹备汽车工业建设

关于建设一个汽车厂的动议还要追溯到 1949 年新中国成立后。时年 12 月，毛泽东带着打造新中国现代经济的美好憧憬与期待出访苏联，就苏联援助中国建设一批重点工业项目进行会谈。随后，在参观斯大林汽车厂时，高大的厂房和驶下装配线的汽车给毛泽东留下深刻印象，他对随行同志说：我们也要有这样的工厂。

1950 年 1 月，毛泽东、周恩来在莫斯科同苏方领导人商定，由苏联援助中国建设一座现代化的载货汽车制造厂。2 月 14 日，中苏两国政府签订《中苏友好互助同盟条约》，敲定一批苏联援助中国建设重点工业项目，其中就包括建设汽车厂项目。随后，第一汽车制造厂的建设列入中国第一个五年计划，成为 156 项重点工业建设项目之一。

这些项目当时都由中央财经委员会（简称"中财委"）负责，中财委主任是陈云。新中国成立后，为加快重点工程建设，中央人民政府成立重工业部，人员主要来自原华北人民政府公营企业部（新中国成立前为中央金属工业处），陈云兼任部长，何长工、刘鼎、钟林担任副部长，徐驰担任计划司司长。因此可以说，中国汽车工业最早是在陈云的直接领导下从无到有开始建设的。

35 岁的孟少农这时正在徐驰手下工作。孟少农是中国科学院学部委员、中国汽车工业奠基人之一，1940 年毕业于西南联大机械系，1941 年公费考取美国麻省理工学院，获硕士学位，曾在美国福特汽车公司工作。怀揣为祖国制造汽车的志愿，孟少农于 1946 年回国，在清华大学机械系任教。新中国成立后，曾担任中央重工业部技术室主任、汽车工业筹备组副主任、一汽副厂长兼副总工程师等职务。在生活中，孟少农是个非常仔细的人，从不轻易丢掉一张纸片。他留存至今的手稿和日记，为我们了解中国汽车工业的最初面貌打开了一扇窗。

1950 年 1 月 10 日，刘鼎将孟少农叫到办公室，商谈着手筹备汽车工业的事情。孟少农当时对此事全无思想准备，以为至少还要等经济恢复几年后才有条件搞汽车工业。但刘鼎说："形势的发展比你估计的要快，我们有一定的工业基础，国民经济需要汽车，你提个意见吧！"

当时中国汽车业的现状是——大约有 2500 台机器、10700 名员工，生产能力（指大修能力）11500 台次 / 年。其中，较大型的修配厂约有 100 个，分布在全国。国内汽车保有量为 8 万 ~10 万辆。

刘鼎还说，中国有铁路 2 万多公里，有很多不能发挥经济效用，就是因为缺乏与铁路配合的公路和汽车，还有邮政、工业、农村、科技、国防等都需要有我们自己的汽车工业。所以，现在上汽车工业是全国人民欢迎的，但要集中全国力量才行。

孟少农非常兴奋，自己回国不就是为了给中国造汽车吗？1950 年 2 月 21 日，刚过完春节假期，他就到重工业部下设的汽车工业筹备组工作。需要说明的是，这时候的筹备组就只有他这个"光杆司令"。

当天，孟少农在笔记本上记录了这些文字：见到刘鼎，提议向财委、军委后勤部、交通部提出意见书，建议组织汽车制造业，并召开汽车工业会议；提出需向外购买的机器；拟具分期建设计划，要配合钢铁机械等工业的发展；经费同预算，实支出数；人员，需要调的；组织研究所的必要。

一个多月后的 3 月 27 日，汽车工业筹备组正式成立。筹备组最初只有 30 来人，在北京灯市口大街西口的原工程师学会会址内办公，后来用 1000 匹五幅布在鼓楼大街东扁担厂购买了一栋旧房作为办公地址，原主人是湖北军阀萧耀南的后代。早期人员中，一部分从晋察冀干部中抽调，一部分是新参加工作的知识分子，还有一批老工人。为加强领导，调专家办公室主任郭力担任筹备组组长，孟少农担任副组长，筹备组增加到 100 余人。

筹备组随即组织召开了两个会议：一个是全国机器工作会议，从 2 月 22 日开到 5 月 23 日；一个是汽车工业会议，从 8 月 2 日开到 8 月 7 日。这两个会议交换了各地情况，酝酿了恢复生产和发展的方向，确定先恢复后建设、先前方后后方、先关外后关内的方针。

筹备组最初的工作主要集中在两个方面：一方面调查研究，收集过去有关汽车和汽车工业的情况，作为制订建设汽车工业计划的基础；另一方面集结和培养技术骨干。

鲜为人知的是，在苏联援建项目确定前，筹备组就做过汽车建设初步方案。

根据孟少农的记录，当时计划以汽车配件厂为基础建设新厂，年产量 5000 辆，厂址石家庄，占地总面积 20 万平方米，1950 年动工，1953 年 1 月出车。工具机 1500 部，人员 5000 名，其中技术职员 400 人。建厂总费用 17.8 万吨小米——概算清单全用小米重量计算，比如 100 辆汽车试造费用为 6000 吨小米，1000 辆汽车生产周转金为 3 万吨小米。

但到 1950 年 8 月，情况发生了变化。新方案是——采用车型集中到苏联吉斯 150，保留意见是苏联嘎斯 51（2.5 吨卡车，后由南京汽车厂生产，即跃进牌卡车）。年产能仍然是 5000 辆，只是将厂址改为北京。

筹备组从 1950 年 7 月开始为一汽选择厂址，其间经历过几次变化。曾参与一汽选址工作的吴式铎回忆，新中国工业化起点低，重工业占工业总产值比重只有 1/3，且大部分位于沿海。因此，为改变旧中国形成的工业过分偏于沿海的不合理布局，汽车厂的选址在内地进行。

这个过程中，筹备组先后派工作组到北京、石家庄、太原、平遥、西安、湘潭等十多个城市和区域调查。调查结果表明，平遥地面水位过高，石家庄和湘潭工业条件欠缺，西安建厂又存在电力、木材、运输等问题，只有北京可供选择。

转折出现在 1950 年 12 月 2 日。苏联汽车和拖拉机工业部派遣工厂设计专家组——总设计师沃罗涅斯基、设计师基涅谢夫——到达北京，他们带来了苏联援助中国建设汽车厂的协议，建设目标是年产 3 万辆吉斯 150 型载重汽车的完整汽车厂，苏联承担成套设备交付。两位专家计划在 3 个月内了解中国汽车工业情况，选定厂址，收集设计资料，拟定任务书，完成厂址初步测量与工程地质勘探。

此后，筹备组工作转入具体建设一汽的准备阶段。

26 天后，即 1950 年 12 月 28 日，政务院财政经济委员会（简称"中财委"）在北京召开会议，认为在北京、沈阳、武汉、包头四地区选择厂址较为适合。经过对北京和武汉两地详细比较，北京西部更胜一筹，但在北京建大型汽车厂，钢材供应是难题之一。苏联专家到北京后，综合电力、钢铁、木材、动力等各方面条件考量，认为新中国第一座汽车制造厂应建在条件比较好的东北。至此，厂址目的地统一。

1951 年 1 月 18 日，这是一个值得载入中国汽车工业史册的日子。当天，陈云主持中财委会议，听取重工业部关于建设汽车厂的汇报。中财委 1 月 16 日发出会议通知如下：

> 兹定于星期四（十八日）下午两点在本委（陈主任办公室）讨论汽车厂、飞机制造厂及综合电机厂的厂址问题，请准备意见，准时出席为荷。
>
> 出席人员名单如下：
>
> 重工业部：刘鼎、徐驰、孟少农；
>
> 铁道部：滕代远；

燃料工业部：陈郁；

交通部：章伯钧；

计划局：钱昌照、孙越崎、陈大受、杨公兆。

政务院财政经济委员会

一月十六日

会议主要由刘鼎和孟少农作汇报。根据当时的战略考虑和苏方关于建设汽车厂的意见，陈云最后决定：建设目标同意苏方的意见；厂址定在东北，在四平至长春之间选择；建设开始期定为 1953 年，一次建成；协作配套问题由有关部门解决。会后，重工业部起草决定文件，中财委于 1951 年 1 月 26 日下达。

紧接着，筹备组派出胡亮等 3 人到长春至四平两地之间选择厂址，经过对四平、公主岭、长春 3 个城市的人口、规模、供电能力、交通条件和地下水面符合 6~8 市尺以下，无地震史等情况摸底调查后，初步决定以长春为主要目标。

1951 年 2 月 10 日，根据胡亮预选厂址结果，孟少农陪同苏联专家到长春，在孟家屯车站铁路东西两侧考察。长春解放后，市里只有两辆吉普车，全部提供给他们使用。孟少农向苏联专家建议，将铁路西侧作为厂址第一选择对象，因为这里土地开阔，有铁路线，有车站，水电基础好，还有残存的建筑物可资利用——日本关东军为残害中国人民而建造的细菌工厂遗址。

经过谨慎选择，1951 年 3 月 19 日，根据周恩来总理的指示，政务院财经委员会下文批准，汽车制造厂在长春孟家屯车站西侧兴建。"长春地处东北三省中心，东北地区矿产资源丰富，工业基础较为雄厚，将汽车制造厂设在长春，既便于建厂时大量苏联设备的输入，也便于投产后就近利用东北的钢铁、煤炭、木材、水电资源。"吴式铎认为，这些都为工厂建设和发展提供了有利条件。

一汽宏大叙事篇章就此展开。但在当时谁都不曾想到，这场史诗式建设要从 4 年提前到 3 年完成，整整提前一年。

在中国汽车工业发展史上，还曾有过建设 752 厂的动议。原一汽副厂长、一汽咨询委副主任沈永言回忆，1951 年下半年，汽车工业筹备组接到新任务，要在北京西郊建 752 厂，生产苏联莫洛托夫汽车厂 2.5 吨卡车嘎斯 51。沈永言所在筹备组汽车实验室机构改组后，他被抽调到新成立的工厂设计室电工组任组长。但就在 752 厂即将开工时，国家计划有变，752 厂停建，汽车工业筹备组重点转向建设 652 厂（一汽代号），沈永言被调往一汽，一干就是 42 年。

12 天批示

援建一汽是一项 20 世纪 50 年代中苏合作的巨大系统工程。

筹建一汽前期，一汽驻莫斯科 5 人工作小组之一的李刚表示，苏联援建一汽采用全方位的"成套交货"方式。他们提供全套产品图纸、工艺、土建等设计资料；提供组织设计等工厂运行、管理资料；提供全部关键设备和工艺装备；提供我方土建、自制设备和工艺装备用的特殊钢材。

与此同时，苏方还派遣 100 名专家到一汽指导施工建设和调试生产，并接纳 600 名（实为 518 名）不同专业和岗位的中国实习生。李刚回忆道："这比当今西方援建的交钥匙工程还要详尽，即使是分给我们制造的设备，对方也要负责审查、挑选，或者交付设计图纸。"

换言之，苏联把生产技术和管理技术传授给中方，直到中方掌握技术，生产出合格的产品为止。为此，双方指定对口部门和对接人，苏方由汽车和拖拉机工业部对项目负责，该部对外联络司司长古谢夫作为苏方一汽项目"总交货人代表"。中方由重工业部负责，孟少农作为一汽项目"总订货人代表"对口协调。

一汽工厂设计由苏联汽车工业工厂设计院总承包，苏联的汽车、外贸、电站、机器、铁道等 8 个工业部所属的工业、建筑、城市建设、热电、弱电、化学、煤气、贸易等 26 家设计院分包。斯大林汽车厂负责实施，向全国设备制造厂订货。

1951 年初夏，苏联专家回莫斯科制作工厂初步设计。11 月，双方签订 00831 号工厂设计合同（即"中苏关于第一汽车厂设计合同"），后因对工厂设计内容和进度有补充和更改，在此设计合同基础上，双方又续签 6 个补充协议书。1952 年 1 月 23 日，初步设计送达北京。

1952 年 3 月 25 日，中财委批准初步设计方案，陈云对汽车厂筹建工作作出 14 项指示。同意重工业部的意见，技术设计不再送北京批准，而由重工业部派代表去莫斯科，在驻苏联大使馆领导下办理此事，同意聘请 83 名专家并派送 200 名至 250 名实习生。与此同时，对重工业部拟向苏联提出的事项，也作了原则决定。

对苏联成套援建一汽项目推进起到重要作用的是驻莫斯科一汽工作小组。该工作小组由重工业部授权汽车工业筹备组成立，作为当时两国有关援建项目的人流、物流和信息流的重要传递管道和枢纽，任务包括设计联络、设备分交、聘请专家，以及派送实习人员等事宜。组长是孟少农，也是中方总订货人代表，从 1952 年 7 月到 1954 年年底，两年半里共派出组员李刚、陈祖涛、潘承烈和窦英伟 4 人。

1953 年 7 月，孟少农工作重点从苏联转入国内，临行前他把驻苏一汽项目总订货人代表的任务交给李刚。在李刚的记忆中，这是小组工作千头万绪、最为繁忙的一年。记录显示，这一年来，小组处理由中财委、国家计委发来的公文、电报 22 份，与部、局往来信件及报告 137 件；与苏联总交货人代表正式谈判 53 次，深入与设计单位和斯大林汽车厂联系工作则数不胜数。

在驻莫斯科一汽工作小组的清单上可以看到：1953 年 3 月底，工作小组向国内转交第一批木工车间建筑施工设计图。4 月初，一汽开始组织翻译，积极备料施工……就在一汽全力按照 4 年完成建厂任务推进各项筹建工作之际，苏方经过分析和评估，认为争取 3 年建厂条件已经具备，现在应该加快进度，这对中苏双方都有利。因此，古谢夫以苏联政府名义向工作小组建议，要求提出按照 3 年完成建厂的进度表。

从 4 年调整为 3 年，可谓牵一发而动全身，势必涉及国内工业建设的整体部署，协调难度可想而知。一机部汽车工业管理局（1952 年 9 月成立）第一任局长张逢时将一汽 3 年建成出车形容为"历史的壮举"，这在我国 20 世纪 50 年代经济条件下，"是件非常了不起的大事"。客观事实是，张逢时见证并推动了这一巨大转变。

当时一汽各项工作都按照 4 年建厂总进度推进。孟少农回忆，审批初步设计方案时，苏联设计专家没有提出具体意见。重工业部的意见是 4 年建成一汽，但主持国家计委工作的高岗则认为太快，没有可能实现，提出应再推迟一些时间。孟少农去苏联的任务之一，就是与苏方协商一个共同的进度。

古谢夫告诉孟少农，苏联最高领导人十分重视援建中国汽车厂一事，重大问题都亲自过问，他们的工作都是按照 3 年建成来安排的。古谢夫希望中方集中力量建设汽车厂，把时间安排跟他们一致，并建议重工业部原来考虑在北京建汽车装配厂的事予以放弃。

孟少农认为此事关系过于重大。经请示重工业部，他接到指示：等周恩来总理率领的政府代表团到莫斯科后，请代表团指示处理。代表团到达后，时任中财委副主任李富春听取汇报，指定由宋绍文与苏方会谈。会谈后，代表团致电中央，建议接受苏方意见。

在一份于 1952 年 10 月 27 日交给李富春的报告中，孟少农翔实地阐述了技术设计的工作量、工作进度以及存在的问题，提到建筑组织设计的必要性。此项工作在计划任务中未作规定，但在审查初步设计时感觉施工不易，便要求制作。关于中财委要求汽车厂缩短工期，提前一年正式出车的记录也赫然在列：

"技术设计现正继续进行，并已拿到相当数量的设计文件，根据目前情况，保证明年动工前有必要的图纸资料是不成问题的。

"下一步的施工设计还有待苏联政府对我方要求事项的正式同意。同样在等待同意的事项有工厂组织设计、设备交货、派遣专家及实习人员等。这一同意的下面手续都已经准备好，只等上级批准。

"照中财委原决定，长春汽车厂定于 1953 年开始建设，1957 年开始生产。其后中央希望能提早建设完，苏联方面也有此意见。此次政府代表团来苏联，根据具体情况，确定了汽车厂于 1956 年开始生产，缩短了建设期限一年。"（据孟少农的手记）

1953 年 1 月，孟少农携带苏方建议的 3 年建厂总进度表回国报告，刚好遇到从长春检查一汽建厂筹备工作回京的张逢时。孟少农告诉对方，苏方对一汽的建设提出重大修改意见，把生产能力由年产不足 3 万辆补齐至 3 万辆，并预备发展一倍的条件，增加 7000 万元投资，建厂时间由 4 年提前到 3 年。

张逢时深受震动，认为这个建议非同小可，他说："提前一年建成出车，意义尤为重大，但提前一年到底有没有可能？我们要认真对待，摸准情况，做到心中有数。"汽车工业管理局一边研究,一边向一机部部长黄敬、副部长段君毅汇报,并一起向国家计委汇报。国家计委认为,这一改动涉及国民经济诸多方面,关系重大,建议考虑直接向党中央报告。

5月27日,由张逢时起草,部长们修订,以一机部党组名义,向党中央呈报"关于三年建成长春汽车厂的建议"。报告实事求是地写道:"按我部现有力量,四年完成犹有困难,三年完成更无把握,但不按苏方三年进度进行,亦有若干需要考虑之处。"报告中明确写到将带来进口设备积压和专家延聘等系列问题。

建议报告得到高度重视。6月初,党中央政治局讨论建设汽车厂问题,段君毅列席会议,并汇报建设汽车厂的筹备情况。毛泽东、刘少奇、周恩来、朱德、邓小平等同志纷纷发言,一致支持一汽三年建成出车。6月9日,毛泽东签发《中共中央关于力争三年建设长春汽车厂的指示》。

《指示》肯定了争取缩短长春汽车厂建设时间,对我国国防建设和经济建设的重大意义。"由于我们技术落后和没有经验,要在三年内建成这样一个大规模的工程,不论在施工力量的组织、施工的技术、国内设备的供应以及生产准备等方面,都将会有很大的困难。因此,中央认为有必要通报全国,责成各有关部门对长春汽车厂的建设予以最大的支持,力争三年建成。"同时明确要求,一机部党组每月将长春汽车厂的建设情况向中央作一报告,重大问题应随时报告中央。

这又是一个创举。从建议报告呈交到毛泽东主席亲自批示,中央下达指示,中间仅间隔12天。就像毛泽东主席为一汽建厂奠基亲笔题词一样,中央专为一个工厂建设下发文件,也是从未有过的先例。

中央指示下达后,一机部立即着手拟订三年建厂进度计划,经苏联专家修改补充后,于6月22日上报毛泽东主席和党中央。随后,中央批转了三年建厂进度计划。

中央这一决定，开创了全国支持一汽建设的崭新局面。自此以后，一汽投入轰轰烈烈的三年建设热潮中。

那一座汽车城

3 年，2 万多名建设者在长春孟家屯创造了奇迹。

1956 年 7 月，一汽圆满完成毛泽东主席和党中央关于 3 年建成一汽的指示。在历史长河中，3 年只是沧海一粟。但对一汽而言，却是一段开创新中国汽车工业新纪元的峥嵘岁月。

当看到一座现代化汽车城在远离北京的东北荒原上拔地而起，当看到一辆辆崭新的解放牌汽车源源不断地驶下生产线，最让外界津津乐道的话题是：

一汽为何能 3 年建成？

一汽为何既能轰轰烈烈，又扎扎实实，且保质、保量、保工期地建成？

一汽为何能在绝大多数人没接触过汽车，不懂汽车如何生产制造，也不懂规模化汽车制造厂如何建设的情况下建成？

一汽为什么？一汽原副厂长范恒光认为，主要有四个有利条件：一是国家领导人重视；二是全国人民支援；三是建厂班子非常优秀；四是苏联大力援助。范恒光于 1953 年开工典礼前加入一汽，曾担任一汽轿车厂厂长和一汽副厂长，是第一批红旗 CA72 进京送车组成员之一，经历过红旗的"生死荣辱"。

第一个条件，党中央、国家领导人高度重视。

就项目起源看，其一，一汽项目是毛泽东和斯大林中苏两个大国领导人共同商定，是中国第一个五年计划期间，由苏联援建的首批重点项目之一。斯大林建议中国尽快建设一座综合性的汽车制造厂，像斯大林汽车厂（1956 年 6 月更名为"李哈乔夫汽车厂"）那样。

其二，党中央为一汽项目专门发文，号召全国人民支援一汽建设。

其三，一汽厂址是周恩来总理确定的。项目定在吉林有几大好处：离沈阳近，离钢铁基地近，离苏联也近，而且当时吉林省没有工业项目，但周恩来总理高瞻远瞩，于 1951 年 3 月作出批示，就此一锤定音。

其四，一汽厂名和奠基纪念题词都是毛泽东主席亲笔题写。

其五，筹备和建设一汽期间，许多重要问题都是陈云拍板解决。

其六，一汽厂长由国家最高领导人亲自审定。

第二个条件，全国人民支援。

其一，一汽项目跟全国人民紧密联系，这跟产品属性有关，尽管当年汽车不像现在这样成为家家户户的代步工具，但它是国计民生中很重要的运输工具，所以关注度高。

其二，当年中国没有体系造车能力，满街跑的都是从国外进口的美国万国牌汽车，数量少，价格高。一汽要造车，老百姓都拥护。

其三，那个年代人民群众政治热情高涨，积极响应国家号召，要钱给钱，要人给人，从四面八方赶来支援。一个未经求证的说法是，当年一汽之所以叫 652 厂，是与计划投资额度有关，652 是 6 亿 5200 万元的缩写，当年全国总人数是 6 亿 5200 万人，相当于全国每人出一元钱建汽车厂。

为完成艰巨而光荣的建设任务，国家调来 2 万多人的施工队伍，包括建工部直属工程公司、安装公司、建筑五师和强大的施工机械队。令人印象深刻的是 1954 年夏天，6 月至 8 月这 3 个月内下了 44 天雨，但工程却一天未停，完成计划 104%。

第三个条件，建厂班子优秀。

一个企业有没有战斗力，领导班子至关重要。一汽 3 年建厂期间，担任领导班子的人数并不多，党政加一起只有十来人，其中行政 7 人——饶斌、郭力、孟少农、宋敏之、马诚斋、黄一然、刘西尧。党委 5 人——顾循、方劼、牛长学、史坚、赵明新。这 12 人并不是同时在一起工作，而是你来我走，同时工作的基本在 10 人以下。但应该说，这是 70 年来一汽历史上最强的领导团队。

这个团队中，大家公认的三个核心人物是饶斌、郭力、孟少农。

对于饶斌，李岚清在《中国汽车工业建设杰出的奠基人和开拓者——饶斌同志诞辰 100 周年纪念文集》（北京理工大学出版社 2013 年出版）中作过概括：

"饶斌是我国汽车工业建设杰出的奠基人和开拓者，也是第一代汽车人的优秀代表。他直接领导建成了第一、第二汽车制造厂等大型汽车工业基地，并开创了我国改革开放新时期汽车工业改革发展的新局面。如果可以有什么之'父'的说法，称他为'中国汽车工业之父'也是当之无愧的。

"在党中央、政务院的高度重视，全国支援和苏联的帮助下，从 1953 年 7 月动工到 1956 年 7 月完工，一汽仅用了三年时间就建成投产，而且就当时的技术和管理水平来说，在国际上也是比较先进的。

"作为这个项目的最高领导者和直接负责人，饶斌同志带领大家创建了我国的汽车工业。从那时开始，他终生都与我国汽车工业的建设和发展紧密相连。1956 年，一座现代化汽车城在长春市郊拔地而起，'解放'牌卡车的诞生开启了中国汽车工业第一章；1958 年，他带领大家制造了国产第一辆'东风'牌小轿车，后来又开发了'红旗'牌高级轿车，开创了我国的轿车工业。"

对于郭力，范恒光用"睿智、豁达、谦虚、求实"八个字来形容他。

1953 年年末，郭力到一汽俄文班宣布范恒光和唐云显到苏联实习职务，那是范恒光第一次接触郭力。范恒光回忆道："他对我俩怎么去苏联学习做了嘱咐，话不多，但句句精明深刻，是一位资深有才气的领导干部。后来在长期接触中，感觉他不仅是一位学识渊博的工业管理专家，又是品德高贵的干部楷模。"

最能体现郭力高尚品格和大公无私的，是他"当着厂长找厂长"——这已成为行业美谈。

1952 年 4 月，郭力被重工业部任命为 652 厂厂长。这是中央任命，他完全可以堂堂正正地当下去，但他感到一汽项目繁重复杂，又地处东北，而他长期在河北一带工作，对东北的人事关系不熟悉，不利于开展工作，因此，一再要求上面再找个熟悉东北情况且能力比他强的同志当厂长，他当副手。中央最终接受了他的申请，选派饶斌担任厂长，郭力改任第一副厂长兼总工程师。

曾担任一汽党委副书记的方劼评论道，在 1953 年到 1960 年这段时间里，作为饶斌的助手，作为指挥前方作战的"副统帅"，郭力工作出色。一汽开工前，郭力在国外抓技术准备和与苏方的协作配合，抓培训人员，饶斌同志在国内统领全局，抓大兴土木，国内外配合很好。1955 年年初，郭力回国后与饶斌一起抓投产工作，成效显著，一汽党委和饶斌都十分满意。

至于孟少农，他是真正的汽车技术专家，淡泊名利、襟怀坦荡，是一汽新老知识分子公认的技术权威和核心。最能体现他实事求是风格的是，他认为"学习苏联不宜一边倒"。

李刚清楚地记得，在把苏联援建一汽项目和美国对应的工厂建设做对比后，孟少农曾感慨地说："援建这样一个汽车厂任务艰巨，苏联对我们算是尽力了。只可惜它是一个综合性的厂，而不是一群专业化分工的厂。

但现在我们一穷二白，什么基础都没有，开始时只能如此。以后我们汽车工业发展了，还是要走专业化工厂建设道路。另外遗憾的是，我们仿制的吉斯150产品是他们仿制美国万国汽车厂的产品，不是世界最先进的产品。当然，最先进的产品，欧美也不会给我们。"

从后来一汽发展情况看，孟少农此番言语可谓意味深长。而这，恰恰也是一汽1956年投产后，孟少农立即组织产品改进和试制新产品的原因之一。

饶斌、郭力、孟少农这三人各有所长，又能真诚合作，相互尊重，组成难得的一汽领导核心，把几万人团结起来，共同开拓中国汽车事业。但一汽不只是核心人物优秀，领导团队中其他同志也很优秀，比如赵明新有较高政治水平，为人厚道，能联系群众，团结同志。

一汽第一批职能处室和车间（分厂）负责人都很能干，如孟戈非、王少林、李代胜、刘守华、李子政、赵润普、陈子良、王景侠、吴敬业等，这些人年轻有活力，又有实际工作经验，有组织和指挥能力。当初他们都在一个具体单位工作，后来都成为汽车行业的重要骨干和领导人。

第四个条件，苏联大力援助。

一汽是斯大林亲自许诺的重要项目，要建成像斯大林汽车厂那样的工厂。斯大林汽车厂有什么样的设备，中国就该有什么样的设备，斯大林汽车厂有什么样的水平，中国的汽车厂就要有什么样的水平。因此，苏联全力以赴，动用所有力量帮助一汽建设。

根据一汽竣工验收总结材料记录，苏联援建项目主要有七项。

其一，全部工厂设计的图纸资料。

其二，整套吉斯150产品图纸和相关技术文件。

其三，全部工艺设计文件和图纸资料。

其四，80% 的通用设备和全部专用、关键设备。抗美援朝后，西方对中国实行封锁，到西方购买设备根本不可能，只能以苏联名义订货，订完后再转给一汽。比如格里森齿轮加工设备，都是以苏联名义订货，再转到一汽的。

其五，第一套生产用工装、模具。

其六，派送 188 名苏联专家到一汽指导。

其七，成建制培训 518 名中国实习生，从厂长到调整工，这些实习生后来都成为一汽初期的生产骨干。

斯大林汽车厂为建设一汽做出了巨大贡献。在该厂总工艺师茨威特科夫的主持下，他们专门成立"第一汽车制造厂设计管理处"（AZ-1），组织各方面专家参与，除直接进行全套工艺设计外，还作为一汽代表掌握设计与订货等事宜，当一些特殊设备不能到适当的机械制造厂制造时，便组织斯大林汽车厂各辅助生产车间制造。

3500 吨大型压力机就是一个典型案例。当时斯大林汽车厂只有一台生产卡车车架大梁及横梁的冲压设备，而且是从美国福特汽车公司购买的旧设备。他们正计划制造一台大吨位的单动双点式压力机，但因一汽急需，便将制造的第一台 3500 吨大型压力机先支援一汽。这台苏联制造的特大型设备，其尺寸（前后 × 左右 × 高）为 5000 毫米 × 11750 毫米 × 13825 毫米，总重量 710 吨，它为一汽投产立下汗马功劳。

管理方面的帮助更是不胜枚举。郭力曾经说过：怎么造汽车我们不懂，怎么管理工厂我们也不懂，汽车有几千种零件，怎么把它们组合到一起，保证三分钟出一辆车，工厂怎么运作？

这也是一门学问。斯大林汽车厂发动全厂干部，让他们把 30 年管理工厂经验总结出来，形成一套完整的工厂"组织设计"，包括工厂组织机构设置，从工厂设计到生产管理，以及职责分工和规章制度等，作为全厂各部门组织分工和运营管理的依据。

在郭力支持下，授权驻莫斯科一汽工作小组和苏方签订补充协议。这套组织设计奠定了一汽科学管理的基础，后来传至二汽和洛阳拖拉机厂以及全国其他机械工厂，可谓影响深远。

至于专家指导和接待一汽实习生，斯大林汽车厂真正做到了热情友好、真诚周到的程度，正如潘承烈所说，"一年实习，终身受益，永远难忘"。

倘若还要增加一个必要条件，那就是 1950 年重工业部成立的汽车工业筹备组，为新中国的汽车工业集结并培养了一批技术骨干和技术人才。

筹备组从几十个人增加到 200 多人，成立了许多科室，比如 1951 年成立的设计室有近百人，任务艰巨，既要学习苏联工厂设计程序以及相关制度、整体布置等，还要及时收集长春厂址的水文、地质资料，及时翻译出苏联送达的初步技术设计和施工图等。1951 年，筹备组成立汽车实验室，有百余人，后来有部分人员调入一汽，对一汽建设贡献了技术力量。

在这些重要因素的共同作用下，一个现代化的一汽工厂 3 年建成。而且，建成的不只是一个工厂，还有公用动力、电讯、道路等配套设施和一大批职工宿舍，它是一座汽车城。其中，厂房建筑面积 36.3 万平方米，修建铁路专线 27.9 公里。

根据一汽记录，竣工时，一汽安装设备 7552 台。铺设电力管线 51204 米，铺设工业管道 84364 米。建宿舍面积 32 万平方米，其中，家属宿舍 94 栋，单身宿舍 5 栋。建成厂区道路 5059 米。一汽建设实际总投资 6.087 亿元，比计划 6.5 亿元节省 4000 多万元。

建成后的一汽巍峨壮丽，比斯大林汽车厂更气派，达到当年世界先进水平。即使到了 30 年后，一汽仍然得到国际汽车同行的赞赏。1984 年，范恒光接待第一个到一汽访问的美国克莱斯勒访问团时，其团长凌费先生激动地说，一汽是他在中国看到的真正的汽车制造厂，他为此感到振奋。

凌费是克莱斯勒公司国际合作部部长，他表示愿意与一汽商讨合作业务。回国后即刻发来正式邀请函，双方很快签订四缸发动机技术和生产设备转让协议。尽管国际合资合作是另一个充满跌宕的故事，但此事仍然充分体现了一汽工厂在他们心目中的地位和价值。

后来，范恒光在接待德国大众汽车集团到一汽参观访问的专家时也听到过同样的感慨。他们都说，如果早几年看到一汽，大众汽车集团与中国合作的第一个项目很可能是在长春，而不在上海。

回过头看，一汽当年建厂节省 4000 多万元投资，也留下一些遗憾。节省的原因主要是受新中国成立后第一次"三反"运动影响。1955 年 3 月 7 日，《人民日报》发表文章《重点工程的特殊化》，一汽被点名批评，文章配图用的是一汽的大屋顶设计。同年 6 月，在全国人民代表大会一届二次会上，李富春副总理两次点名批评一汽，原因是兴建大屋顶宿舍，擅自提高建设标准等。

随后饶斌带头做检讨。非生产性建设项目被大量削减，原计划中的一汽厂部办公楼和俱乐部等都被砍掉，同时还减少了一批宿舍。厂部大楼被砍，各职能处室放哪里？厂里只有设计处和工艺处有工程大楼，其他几十个职能处和工厂领导都没有办公室。

其结果，一汽厂办、党办、厂长和书记的办公室、生产调度、计划、财会等职能处就占据铸造车间大生活间的二三楼，供应处、协作处安排在车身车间的生活间。几十个职能处室东一摊西一摊分散得四处皆有，工作难免不受影响。

一汽第一个真正意义上的厂部大楼是在包建二汽期间所建。当时一汽要为二汽培训一大批实习生，专门盖了栋实习生宿舍楼，编号为 123 栋。培训任务结束后，这栋楼经过加固改造，成为一汽厂部大楼，但也只能解决部分问题。

偌大一个汽车厂，职工开会、业余生活总得有个地方。1955 年 10 月，由饶斌、赵明新和工会主席带领，集合各职能处室和车间职工 4000 多人，利用业余时间自力更生修建俱乐部，所用材料通过收集建筑工地上剩下的砖瓦沙石来解决。经过两个多月的劳动，一个简陋低矮的俱乐部建成。因为小，职工都叫它小俱乐部，但这是当年一汽唯一能看电影听报告的场所。直到"文化大革命"结束，经济情况好转，一汽才建起正规俱乐部，小俱乐部被推平。

建厂区街心花园也没有基建费用。一汽青年团员在团委书记的号召下，自己动手建街心花园，定名为"共青团花园"。

因面积减少，一汽宿舍从工厂竣工投产开始就很紧张。原计划宿舍一个单元住一家人，因盖得不够，除部分干部分到一个单元外，极大部分职工都只能分到一间住房。

一个二、三、四居室的单元往往要住 2~4 家人，多人共用一个生活间，一个厕所。上厕所得排队，烧煤气炉得抢，导致一汽宿舍内纠纷不断。随着职工人数逐年增多，宿舍紧张程度越来越严重。因僧多粥少，竟然出现一间十几平方米的卧室分给两家人住的情况，一个房间里并排放两张大床，中间就靠挂一条床单，达到极度难堪的程度。

已参加革委会工作的老领导刘守华很是无奈。他说：我有什么办法？我只有审批 1 万元以下零星基建的权力，连盖一间茅房都不够。为与职工同甘苦，"文化大革命"前一汽厂级领导都从标准宿舍搬到厂里废弃的鸡舍居住。

直到 1979 年，一汽有了留利政策和自主权后，开始制定大家动手共同解决职工宿舍困难的新办法，允许专业厂和有能力的职能单位自己盖房自己使用。

一汽随即掀起建宿舍的小高潮，1982 年达到最大规模，在建面积 19 万平方米，竣工 6 万平方米。之后，一汽宿舍紧张问题逐渐缓解。

寻根"解放"

"五十岁的老司机我笑脸扬，拉起了手风琴咱们唠唠家常，想当年我十八就学会了开汽车，摆弄那外国车我是个老内行，可就是没见过中国车什么样，盼星星盼月亮，盼的那个国产汽车真就出了厂……"

20 世纪 50 年代，这首脍炙人口的歌曲《老司机》传遍了中国的大江南北。每当听到熟悉的旋律响起，马国范就会心潮澎湃，仿佛又回到那个热血沸腾的年代。

1956 年 7 月 14 日，马国范早早地起了床，先剃头，再刮脸，接着换上干净整洁的新工装，迅速赶到一汽。汽车城里处处洋溢着节日的气氛，巨大的横幅标语悬挂在引人注目的地方。在生产车间，伴随着雷鸣般的掌声，当天的主角——第一批 12 辆崭新的解放牌汽车缓缓驶下生产线。它们被精心装扮后，整齐有序地排列在车间门口。挑选出来的 12 名驾驶员将带着 1.8 万一汽人的殷殷嘱托，驾驶着这批解放牌汽车，与一汽职工和长春市民见面，向省市领导报捷。

马国范来自运输车间，他将驾驶第一辆解放牌汽车，载着劳动模范和报喜的同志在前面开路。第二辆和第三辆汽车载的是一汽领导和来宾。车队还有 2 名女驾驶员，分别是王立忠和宋惠荣。报捷前一天，饶斌在办公室里给这 12 位驾驶员下动员令，他语重心长地叮嘱说，这次报捷任务既艰巨又光荣，一定要万无一失地完成。

12 人都深感责任重大。马国范开了 20 多年国外品牌汽车，听说新中国要建自己的汽车厂，便毅然谢绝旧掌柜的挽留，加入一汽建设者行列。3 年来，他天天超额完成运输任务，年年被评为先进工作者。王立忠出生在一个农民家庭，父亲很早就去世，可以说她是在贫困中长大，进一汽当工人后，成为新中国的一名女司机。现在，他们要代表汽车工人驾驶第一批解放牌汽车接受检阅，这是莫大的荣誉和幸福。

最激动人心的时刻到了。下午 1 时，由 12 辆解放牌汽车组成的车队缓缓起步，穿过撒满纸花的中央大道，穿过四处弥漫的鞭炮烟雾，他们先绕汽车城一周，再从 1 号门驶出。车队所到之处，万人空巷，人们奔走相告，蜂拥而至，争相一睹解放牌汽车的风采。

7 月的长春，太阳已经有些毒辣，但却无法跟人们炽热的情感相比。驾驶员坐在车里汗流浃背，人们则里三层外三层地围着汽车，有人站在车厢上，有人坐在翼子板上，有人站在脚踏板上，还有人坐在前保险杠上……一位白发苍苍的老大娘，好不容易坐上了王立忠开的车，她高兴地说：“我可坐上了咱国家自己造的汽车了，就是死了也不屈了！”

“老司机，您开第一辆汽车真幸福啊！”很多人对马国范说。

“这还用说吗？我国能生产汽车是我们扬眉吐气的时候，我能不为此而自豪吗！”马国范满脸自豪地回答。

第二天，马国范又驾驶第一辆解放牌汽车参加了在一汽举行的祝捷大会。他开第一辆汽车的经历和心情被同行刘义告诉了哥哥刘忠，刘忠据此编写了《老司机》歌词，由作曲家先程谱曲，从此经久传唱。

解放牌汽车诞生是一汽三年建厂目标达成的标志。

1956 年 7 月 13 日，第一辆解放牌汽车驶下总装线，7 月 14 日上午 8 时，第一批 12 辆解放牌汽车陆续下线，至此，新中国不能制造汽车的历史，终结在这些令人骄傲的解放车徽标和绿色车身上，也终结在奔涌而来的万般滋味和情绪之中。

一汽在给毛泽东主席和党中央的报捷信中这样写道：

　　"敬爱的毛泽东主席和党中央，我们第一汽车制造厂全体职工怀着万分兴奋的心情向您报告：党中央关于力争三年建成长春汽车厂的指示，已经实现了！今天，我们正以完成建厂任务和试制出一批国产汽车来热烈庆祝建厂三周年。

　　"我们正在积极作好各项生产准备，组织全面开工生产，保证以在第三季度内生产出 250 辆质量合乎要求的解放牌汽车的实际行动，迎接党的第八次全国代表大会的召开，并向今年的国庆节献礼。"

　　多年后，我们都已知晓，解放车是一汽的根，根深才能叶茂，历经 70 多年前发生的这一系列偶然与必然事件后，一汽造车的宏大叙事才真正开始。不管是经过浴血奋战留存至今的解放、红旗、奔腾这些品牌，还是冲破重重障碍走到一起的一汽 – 大众和一汽丰田车，抑或是只在一汽发展史上留下一个背影的东风、佳宝和森雅车，都是经由解放牌这棵大树结成的因缘之果。

　　来看看一汽投产的第一款车。第一代解放 CA10 以斯大林汽车厂生产的吉斯 150 为原型车，车重 3900 公斤，装有 90 匹马力、四行程六缸发动机，最大速度为 65 公里／小时，载重量 4 吨，最大功率 71 千瓦，整车结构较苏联 1955 年以前生产的汽车做过部分改进。建设一汽时，国内已经进口过一些吉斯 150 在全国各地使用，1950 年汽车工业筹备组成立后，旗下汽车实验室就曾做过一些使用情况调查。

　　"CA"的由来有一段故事。孟少农回忆："当初苏联方面要定汽车厂的名字，有人建议叫'中国第一汽车制造厂''长春汽车厂'等，后来请示黄敬，他说，还是叫第一汽车制造厂吧！工厂代号苏联定的是 AZ-1，我们认为应该有一个自己定的简单的代号，于是就提出来 CA，A 是第一的意思，C 既有长春的意思，也有中国的意思，当时后者是主要的。"

　　但对于"解放"名字的由来，很长一段时间里，业内都流传着三个不同的版本。第一个版本是，经过名称征集，毛泽东主席在若干名称中圈定了"解放"。第二个版本是，毛泽东主席专门为新车题写"解放"两字。第三个版本是，在一次政治局会议上，由朱德总司令提议，毛泽东主席表示赞同。

1969年夏天，为编写一汽厂史，一汽党委组织部专程到北京，向段君毅、张逢时、饶斌和邢安民（原一机部基建处处长）等老领导求证，再与机械工业部汽车局局长秘书柳乃复和一汽原工厂设计处处长陈祖涛确认，确定是毛泽东主席为一汽题写"第一汽制造厂奠基纪念"之后不久，就为即将生产的4吨卡车命名为"解放"牌。

现在，随着解放车下线，一汽重新定义了新中国汽车工业史。孟少农认为，这3年中，在长春的西南部汽车厂厂区内，不但进行了大规模的建设工作，而且进行了细致复杂的生产准备工作。这使新建成的工厂能迅速投入生产，充分地发挥出国家投资的效益。

孟少农提到的两项工作在当时都是新事物。要按期完成3年建厂任务，生产准备就必须提前，土建施工、设备安装、生产准备交叉进行。也就是说，繁重而复杂的生产准备其实从1953年一汽破土动工时就已开始，主要包括五个方面——设备、人员、材料、协作产品和工艺装备。

生产准备的第一项重要任务是翻译。根据一汽史料记载，《交工动用准备情况报告》统计显示，由苏联提供的产品图纸和技术资料有5409张，工序卡和各种工艺技术资料138份735本，非标设备设计图纸4085套，工艺装备图纸16942套。各种设计技术资料送达一汽后，一汽迅速组织翻译，并以这些资料为依据，进行具体准备工作。

一汽技术处技术员朱德照当时就在为生产汽车做准备。1953年3月，经东北人事部重新分配，朱德照加入一汽建设大军。他在一汽一干就是32年，从普通技术员一步步成长为副总工程师，1984年被委以重任，创建中国汽车技术研究中心。据他回忆，生产准备工作非常紧张，"我们要在很短时间内，全面吃透苏联发过来的技术设计和组织设计，掌握汽车大量生产的全部过程"。

设计主要分为三步：初步设计、技术设计和组织设计。1953 年 4 月，大批资料（主要是初步设计和技术设计）到达。初步设计只是一个大轮廓，比如工厂有几个车间等。技术设计再进行细化，如底盘车间、发动机车间、车厢车间的具体面积，分为几个工部，以及有什么设备等。组织设计就非常具体，相当于现在的施工设计图，具体分几道建设工序，第一道工序和第二道工序分别包括哪些步骤等。

翻译过程困难重重。以技术图纸为例，当时全球制图分为两大系统，一为英美系统，二为德日及苏联系统。前者用第三象限，看图要反过来看，很不习惯，后者用第一象限。而且，英美系统制图比例为 1/2 英寸、1/4 英寸、1/8 英寸，跟苏联很不一样。

再比如翻译技术条件资料，俄文资料讲得不太细，一般会在图纸上注明引用苏联什么标准。苏联既有 ΤΟCT 国家标准，又有各个部的 OCT 标准。比如资料上只写明 ΤΟCT 标准多少号钢，但这种钢的成分、性能一概不知，也不知道到底是碳钢还是合金钢，因此，必须找到 ΤΟCT 标准的原文材料。如果材料属冶金部管，就要到冶金部去找标准；如果属木材类，就要到林业部去查标准；如果属于皮革和石油类，又要到其他部去找相关标准。故工作量大得惊人，也极其烦琐。

还有汽车零部件。解放牌汽车有上万个零件，其中自制部件 2335 种，涉及 13 个基本生产车间，20 多个辅助生产和服务部门，7900 多台设备的订货制造和安装调试，22524 种工艺装备订货、制造和大量技术资料的准备工作。409 项协作产品主要分布在全国 16 个城市 46 个大小工厂，以及 16 种主要钢材、7 种有色金属和 950 种规格的原材料、辅助材料选点采购和准备工作。

为确保准备工作紧张有序地展开，根据苏联专家建议，一汽采用"设备安装进度表"和"生产准备情况记录表"，这就是有名的"一号表"和"二号表"。前者针对设备，列出国内外设备订货、到货、安装进度，按时报告进展情况；后者针对零部件，按工艺过程要求编制夹具、刀具、量具交货进度表，按时报告零件调试进展情况。

到 1955 年 8 月，生产准备工作进入调整过程。零件调整过程分为两个阶段：第一个阶段，以达到少数生产骨干掌握生产操作技术和调出少量合格产品为目的；第二个阶段，以达到具备转入正式生产的条件为目的。1956 年春天，各个车间的生产准备工作逐步进入调试阶段，第一批合格的发动机、变速箱、底盘等各大总成陆续调试生产。

第一辆解放牌汽车生产进入倒计时，中国一汽史料记录了以下这些时间节点：

> 3 月 26 日，第一炉铁水出炉，浇注第一批铸件，铸工车间进入试生产阶段。
>
> 4 月 2 日，底盘车间按照日产 48 辆份进行流水生产。
>
> 4 月 13 日，锻工车间锻造出第一批曲轴。
>
> 4 月 23 日，附件车间生产出第一批合格水箱。
>
> 4 月 29 日，发动机车间试装出第一台带变速箱总成的发动机。
>
> 截至第二季度末，除 3500 吨大压床、十面淬火机以及制造车轮的设备外，所有设备全部安装完毕，调试出合格零部件占总数的 98.7%。
>
> 6 月 21 日，弹簧车间以临时的弯曲液火机代替十面淬火机，生产出合格的钢板弹簧总成。
>
> 6 月 28 日，冲压车间利用苏联提供的大梁毛坯装出第一批车架总成。

7月10日，冲压车间6台大压床调试成功，生产出第一个驾驶室总成。

7月12日，各种零部件和外协件全部准备就绪。

7月13日，第一辆解放牌汽车驶下总装配线。

一汽奠定了中国汽车工业的高起点，曾经的荒野废墟被宏伟壮丽的汽车城替代。穿过一汽1号门，宽阔的中央大道两旁，排列着主要生产车间和厂房。以西面的总装配车间为界，其他三面均修建有空中运输桥和地下运输道互通有无。各主要生产车间和库房都有铁路支线，火车能直接开进这些厂房和仓库里。100多米长的总装配线上，装配工人操作着自动或半自动工具，把零部件及总成固定到底盘上，每隔六七分钟，就有一辆墨绿色的解放牌汽车驶出。

刚建成的一汽朝气蓬勃，1.8万名职工几乎都是年轻人，年届不惑者屈指可数。这群建设者就像"早晨八九点钟的太阳"，精力充沛活泼好动，他们忙工作忙学习也忙花前月下。长春郊外，夜晚宁静，夏天绿树成荫花香沁人，星光下有歌声也有细语，其情其景与苏联名曲《莫斯科郊外的晚上》相仿。

颇有意思的是，因年轻建设者较多，找对象风气热烈。当年汽车城里"白马王子"有明确条件，大家公认的条件是"三员（元）一长"——共产党员、技术员、100元和科长。条件较高，要达到殊为不易。"白马王子"条件的好作用是，鼓励男女青年积极向上，既是女青年找对象的理想条件，也是男青年的奋斗目标。

就在这种沸腾的时代氛围中，1956年10月14日，一汽建设工程通过国家验收。验收结论为——整个工程质量良好。经过长期生产准备及临时动用的考验，一汽建设工程已经符合生产要求，可以正式开工生产汽车。

第二天，一汽开工典礼大会在1号门外广场举行，有2万余人与会。

饶斌在致开幕词时说："从今天起，我们结束了中国自己不能制造汽车的历史……但是汽车厂的建成，仅仅是个开始。今后如何按国家的计划大量地生产质量优良的汽车，还需要我们做更多的努力，取得更新的更大的成就。"

这是一个全新的开始。第一代汽车工业建设者、中国汽车工程学会原理事长张兴业（2021年10月去世，享年95岁）曾回忆，一汽建成后，从1956年第三季度到1957年第一季度，进行了三次全厂性大行动。第一次是熟悉工艺、掌握工艺、严格执行工艺（遵守工艺纪律），一汽各职能部门学习、掌握和执行"组织设计"；第二次是整顿、制定工时定额和各项原材料及辅助材料消耗定额，建立各种原始记录和原始凭证；第三次是全面开展经济核算，从班组、干部、车间到全厂。

张兴业认为，经过三次大行动之后，一汽各项管理井井有条，生产井然有序。为此提供注脚的是，据苏联有关方面评价，投产后有段时期，在由苏联、中国和罗马尼亚生产的吉斯150汽车中，中国产品质量最好。

但这只是一个开始，更大的责任往往意味着更大的挑战。

改造与换型

一汽竣工投产以后，到20世纪80年代解放换型改造，是一汽作为中国汽车工业"长子"承担责任与压力的30年。30年"长子"生涯如冬日饮水，冷暖自知，贯穿其间的既有荣光，也有不为外人所知的艰难。

这30年里，一汽最被外界诟病的是"解放30年一贯制"。综合种种因素，给一汽戴上这顶帽子或许有失公允。解放车是一汽不容有失的吃饭产品，这30年一汽从初生到成长，头顶风云多变，肩上"长子"负担沉重，物质条件又极度紧缺，且又受制于计划经济条件，纵使有凌云壮志，也只能在有限的空间和领域里腾挪。尽管如此，一汽仍然坚强地走过这些烽火岁月，并且在改革开放年代，立即抓住国家工作重心转移到发展经济建设这一机遇，奋起直追完成解放车换型改造重大任务。

究竟如何看待一汽 30 年"长子"生涯？它走过了怎样的历程？取得了哪些成就与经验？1983 年 7 月 15 日，在一汽建厂 30 周年庆祝大会上，时任中国汽车工业公司董事长饶斌做了重要发言。他以国家和人民对一汽提出的三个主要任务——出汽车、出人才、出经验——为脉络，用三句话和 15 条主要经验对一汽 30 年进行总结和概括。

其中，三句话针对的是三大任务。第一句话：出汽车方面，能力翻了番，出车 100 万辆；第二句话：出人才方面，职工 5 万人，输送 1.7 万人；第三句话：出经验方面，三年学会建厂管厂，学习是伟大动力。15 条主要经验是对一汽 30 年成就的高度概括。

"长子"就要有"长子"的担当，既要修身立业，又要自强不息，还要多做贡献。一汽提供的当时的数据显示，30 年来，一汽共生产各种汽车 102.3 万辆，出国援外 6.8 万辆，向国家上缴利税 51 亿多元，相当于建厂投资的 8.5 倍。

具体来看，一汽当年竣工当年出车，1956—1958 年，因为缺少车架，解放产量不大。中间有几个波折，都与当时国家形势相关。比如 1958 年，中苏关系破裂，对方不再提供零部件，一汽只生产了 1000 多辆解放车。再比如 1961 年，国家经济困难，一汽生产了 1146 辆汽车，还有"文化大革命"期间生产受到破坏。

尽管一波三折，但总体呈上升趋势。上缴国家利税方面，1963 年是解放投产第 8 年，一汽累计上缴国家利税就已超过国家投资，达到 61828.6 万元，国家累计投资 51671 万元，利税与投资之比是 119.7%。这些数字是一汽作为"长子"为国家做出的具体贡献。

"长子"还要有"长子"的责任，既要援外，又要扶内，以下几个援助项目就很能说明问题。

一是援助朝鲜项目。1957 年，一汽刚开工生产就承担了 96 名朝鲜实习生的培训任务。1964 年，一汽援助朝鲜建设一座年产 33 万套气门嘴、200 万套气门芯的工厂。随后，按协议提供工艺和动力设备 82 台，工艺装备 408 种。

1972—1973 年，一汽支援 40 辆红旗 CA770 三排座轿车给朝鲜。而这两年，一汽共生产红旗 CA770 三排座 110 辆。

二是援助古巴项目。1962 年，一汽承建古巴活塞环厂和减震器厂，提供所需生产设备、工艺装备和机修工具，以及公用动力设施等。后因"文化大革命"影响到中古关系，援古工作暂停，已制成的设备做了处理。

三是援助阿尔巴尼亚项目。这是个大项目，相当于要给对方包建一座汽车厂。1972 年，对外经济贸易部把包建任务交给一汽，一汽为此成立筹建工作领导小组和援阿办公室。从图纸资料开始，一汽绘制编写了大量技术文件，承担了 2412 台设备提供和 76 台非标设备、22605 套工艺装备的制造任务，以及专家指导和实习生培训工作。一汽还专门修建了一栋阿尔巴尼亚实习生楼，位于一汽 74 栋旁边。这项工作从 1972 年 9 月一直持续到 1978 年，后因世界风云突变导致国际关系变化而中止。当时项目已做到设备调试阶段，但还没有竣工。

四是援助罗马尼亚项目。此项目从 1973 年开始，一汽承担援助罗马尼亚建设一个大型汽车模具厂的任务。该项目为年产冷冲模具 1600 吨，规模超过一汽模具厂。一汽提供从工厂扩初设计、制造工艺、工艺装备的全部图纸资料，派专家协助安装调试各类设备和工艺装备工作。

五是援助二汽项目。这是一汽最大外援项目。1966 年年初，一汽工厂设计处就成立二汽设计室，陈祖涛任设计处处长，负责二汽工厂设计。6月，根据一机部指示，将一汽所有管理干部和技术骨干分成三股，由二汽任选一股，抽调到二汽工作。以后又按工作需要，抽调大批技术工人，一汽前后共支援技术干部和工人达4200多人，是一汽建厂以来输出人才最多的一次。

1966年12月，一机部下达包建二汽11个专业厂和2个系统的任务。11个专业厂包括发动机厂、车桥厂、底盘零件厂、车身厂、车架厂、车厢厂、锻造厂、铸造一厂、铸造二厂、总装配厂。2个系统是热处理系统和电镀系统。所谓系统，它不只在一个地方，而是好几个厂房都有，比如热处理厂、发动机厂、底盘厂、锻造厂等都有。电镀方面，既有镀锌，也有镀铬。

这11个专业厂和2个系统是制造汽车最重要的单位。包建则要从工厂设计、生产准备、技术支援和培训人员，直到调试投产出合格产品为止，也就是要负责到底的任务。1969年11月，国家计委和一机部审查通过一汽所有包建项目的设计方案。

这个过程中，一汽还给二汽培养了大量实习生。在一汽大门前专门盖了栋实习生楼，也就是一汽123栋。在包建二汽项目中，一汽承制大批非标设备和工装，其中非标设备318台，组合机48台，各类工艺装备14061套，调整用毛坯195种。在产品设计方面，一汽还将准备换型的新车型CA140图纸资料无私提供给二汽，这就是后来享誉天下的EQ140。

一汽并非没有认识到产品改进及换型改造的重要性与紧迫性。恰恰相反，解放汽车甫一投产，孟少农就开始跟一汽设计处探讨新产品开发问题。

刘经传还记得，1956年11月的一天，孟少农来到一汽设计处，要求编制一汽1957—1962年产品发展规划。根据规划，一汽未来要发展六个品种，包括在解放CA10基础上开发新型载重车和变型车，在利用解放CA10通用总成的基础上设计越野车，以及开发一种小轿车。

刘经传当时是设计处的一名技术员。1952 年从清华大学机械系毕业，分配到中国汽车工业筹备组，1953 年作为"第零批实习生"派往苏联斯大林汽车厂实习，回来后分到一汽设计处，后来担任一汽总设计师、副总工程师。刘经传有着丰富的汽车人生，是当年一汽制造东风和红旗轿车的重要人员，也是东风轿车"处女航"中的唯一乘客，还是第一辆红旗轿车液压自动变速箱的负责人。

在孟少农的领导下，一汽设计处制定了产品发展规划。在一张 A4 纸上，画着一些表格，主要列着几项任务：一是解放 CA10 改进，消除三大缺陷，造出符合中国国情的解放牌汽车。二是解放变型车，包括牵引车、翻斗车和公共汽车等。三是"解放"换型。产品规划的最后两项，一是中级轿车，1961 年推出，相当于后来诞生的东风轿车。二是高级轿车，从 1962 年开始。

"这个规划很了不起，别看就只是一张纸，但是你想想，一汽后来就是走的这样一条路。一汽的产品改造，产品改进其实就是这些内容。"刘经传总结道。

首先是改进解放 CA10。朱德照回忆，解放 CA10 投产后，在我国道路条件下使用，很快就发现了一些问题。但其实，解放 CA10 下线前，一汽技术处就曾购买过其原型车吉斯 150 做使用试验，就知道存在一些问题。"一汽开工前就确定要做改进，苏联专家一直在做改进试验，消除使用中的缺陷。"朱德照说。

解放原型车吉斯 150 比美国汽车落后，驾驶室鼻子太长，车头长度几乎占到一半，不成比例，载货不合理，应当缩短驾驶室，把载货面积加大。但苏联专家曾经说过一句话，"解放牌驾驶室一毫米都不能缩短"。那时候一汽有一条铁的纪律——一切听从苏联专家的安排，苏联专家没有发话，就什么都不能动。

孟少农跟苏联专家商量，解放牌要做改进型，驾驶室缩短，车厢加长。但这样一来，驾驶室就得重新做主模型，就需要一个全新驾驶室。苏联专家接受了他的建议。所以解放车改进，从它一投产就已经动手准备。1957年苏联专家离开前，也还在对解放车改进型做指导。

解放CA10主要存在三大缺陷。一是驾驶室闷热，二是水箱开锅（俄罗斯冷，中国相对较热），三是转向沉重（俄罗斯人力气较大，中国人力气相对较小），这些是在使用过程中能直接感受到的问题。

除此之外，它还存在一些其他问题，比如前钢板弹簧容易断裂、变速箱渗油、化油器加速性能不良等。前钢板弹簧往往不到1万公里就断，一断就趴窝。弹簧断裂就得停下来换钢板，有时还拿不到备件，出车率非常受影响。

更重要的是改装车和变型车。当时改装车在社会上并不多见，且解放投产尚不到一年，还需要改进，更多人想的是如何把产量提高的问题，解放车年产能目标3万辆，苏联同类型车年产量可达6万辆，最高纪录是7万辆。

一汽先后开发了自卸车、牵引车、客车、消防车等各种专用车、改装车所需的各类汽车底盘，是为满足国防和国民经济各部门的需要。翻斗车和牵引车都是苏联图纸，翻译完后，随图纸一起，将底盘送到改装车厂，让他们按照苏联图纸生产。

对于"解放"换型，一汽设计处做了工作规划，但没有上升成为一汽的整体规划。设计处做了油泥模型，准备根据油泥模型用红木做主模型。苏联除提供图纸资料外，还把复制的一个主模型提供给设计处，用来做解放牌车身。

这个主模型存放在一个专门的房间里。它对环境有要求，气温和湿度都要在一定范围内，修改也要按照规定程序。主模型用来做汽车冲模的依据，但是很可惜，这个主模型一天都没用过。为什么？解放牌投产时，很多零件来自苏联。因为模具有磨损，苏联在生产过程中有些变化，做出来的零件装配跟主模型尺寸就有差异，装第一辆解放牌时就遇到了这个问题。

解放牌改进型没有主模型，就靠油泥模型做车身，再根据油泥模型用手工敲零件，做出汽车形状，这就是解放CA11A。设计完成后，试制车间开始加工零件，设计处紧锣密鼓地试制样车。1958年年初，解放CA11A试制成功。

解放CA11A是为解放车真正改型练兵。相较于解放CA10，解放CA11A做了较多改进。发动机、底盘、离合器没动，底盘上的主要零部件有些改动，比如后桥改成单级后桥，悬挂和转向都有改动。

1958—1959年，一汽提出要做解放改型，在解放CA11A基础上做解放CA11B。后者对车头和底盘做了更多改进，发动机加大马力。

一汽很早就打下了多品种发展的基础。与解放CA11B并行的，除东风和红旗外，还有其他汽车，如以德国乌尼莫克（Unimog）为样车，做万能农用车。当时毛泽东主席号召要支持农业，因为农业是基础。饶斌也说过，一汽将来要为农业服务，设计处进行测绘，绘图试制样车，后来停止开发。

一汽设计处认为，做解放CA11B还不如直接改型。故从1958年起，就酝酿要做真正的换型改造，这就是解放CA140。1962年开发解放CA140，1964年试制出3辆样车。经试验改进后，1965年又试制出第二轮样车23辆。但因为没有投资，生产也没条件，解放换型改造一直未能实施。后来，解放CA140成为开发东风EQ140的蓝本。

再来看产品发展规划中提到的越野车。一汽设计处提出两种方案：一种方案自己设计，定为解放CA31型；一种方案仿制苏联吉斯157，定为解放 CA30 型。征求军委总参装备计划部意见时，对方支持一汽自行设计越野汽车，但认为 1962 年生产有些太晚，如果解放 CA31 比解放 CA30 晚一两年，则希望生产解放 CA30。

1957 年 7 月，一汽在技术会议上讨论越野车生产问题，认为采用仿制方式在时间上会略早于自己设计。但生产与不生产各有利弊，从设计及今后车型发展、生产部件互换等经济方面考虑，以不生产为好；但若从争取时间及锻炼工艺上考虑，亦可生产。因此，如何决定应以国家需要为首要因素。

这种背景下，一汽按照一机部和汽车工业管理局要求开发解放 CA30。

解放 CA30 是中国最早、最正规的越野车。中苏关系破裂前，一汽就已拿到吉斯 157 设计图纸，但图纸不完整，工装和工艺设计也不全，设计处在此基础上进行完善和改进。解放 CA30 的设计原则是，能采用解放 CA10 型汽车零部件代替的就尽可能通用，但必须以不影响越野车的使用性能为前提。

设计中也做了些更改，比如把已投入试制的解放 CA10 改进型的车头移植过来，将水箱罩和前翼子板联成一体，发动机罩改成大揭盖式。一汽设计处还专门研发球笼式等速万向节，它不只跟着车轮转，还能向各个方向转动。

较大的突破是实现中央充气，目的在于提高越野性能，使其适用于各种道路。当时中央充气技术没有正式运用，难处在于气封问题。车轮既要跳动，又要转动，还要密封，对技术要求很高。此外，当时没有减震器，跑气会对弹簧寿命产生影响，对乘坐舒适性也有影响。因此，一汽设计处设计了减震器。

1958 年 9 月，第一辆解放 CA30 军用越野汽车试制成功，当年第四季度开始进行各种试验。1959 年第三季度到 1960 年第一季度完成整车试验，开始批量生产，装备部队。1962 年，刘经传被任命为军用越野车主管设计师，开始着手越野车改进，这就是解放 CA30A，1963 年第四季度投入批量生产后，成为大批量装备部队的主力车型。

一汽决定建设独立越野车车间是在 1962 年。当年 6 月，周恩来总理视察一汽时，交代一汽除抓好汽车生产外，还要完成两个任务：一是集中力量支援农业，在东北建一个拖拉机厂。二是加强国防建设，加快生产出越野车。

当时的情况是，一汽越野车生产能力不平衡，有的车间建立了单独的生产阵地，但大多数是把越野车零部件插入解放车的生产线上生产。尤其是，车头钣金件生产大量采用手工操作，越野车年产量仅能满足部队 12% 的需求，且质量很难得到保证。

时任一汽厂长郭力立即采取行动。支农方面，组织人员到东北各地调研现有拖拉机厂情况，他还带着 20 多名处级干部到沈阳拖拉机厂参观学习，并留下一个工作组直接帮扶该厂。经过充分调研，一汽向中央上报组建东北拖拉机公司的建议和方案。这是一份具有前瞻性的方案，可惜因遇到多种阻力未能实现。

越野车阵地从这时开始快速推进。一汽迅速向国家和一机部上报年产 3000 辆 CA30 型越野车建设方案，并指定一位副厂长专门负责越野车工作。1962 年 9 月，国家计委批准此方案。一汽立即开始新建越野车车间，以及配套铸钢、有色铸造等工程。

1964 年 7 月，一汽越野车车间建成，面积 2 万平方米，有职工 800 名，拥有设备 352 台。当年生产 317 辆，超额完成国家 300 辆生产任务。1966 年生产 4100 多辆，后来逐步改进提高质量，1971 年生产 9103 辆，到 1985 年年末共生产 8.4 万多辆，为国防建设提供了装备力量。

"东风"诞生记

如果说新中国第一个汽车品牌——"解放"——是站在苏联全面援建的肩膀上成长起来的,那么,从"东风"到"红旗",一汽的轿车发展则选择了一条更为艰难的自主之路。

"其实,毛泽东主席早就对我们自己生产轿车提出过期望。"曾参与编辑《一汽史资料:红旗轿车专辑》(中国第一汽车集团公司史志编纂室,1998年编印)的"天亮"干部(1949年9月30日前参加革命工作的离休干部)赫世跃说。第一次是1956年4月25日,毛泽东主席在中央政治局扩大会议上首次讲"论十大关系"时,中间有一段插话,其大意是,由于我们先发展重工业,所以先出大卡车,然后就说,什么时候能坐上自己制造的小轿车来开会就好了。

赫世跃接着说,这段插话没有出现在正式文集上,"但因为当时我们要学习,在会议讲话记录稿上看到过这句话。后来,这句话被引用出来,包括《段君毅传》里也引用过。"1954年,赫世跃随南京支援者们一起加入建设一汽行列,被分配到一汽办公室,自1955年夏起,作为秘书在郭力身边工作9年多。郭力调任一机部后,赫世跃去了轿车生产科,后被提升为一汽轿车厂第一副厂长。上任后,他接手的第一项任务就是为建国35周年做检阅车,并成功完成任务。

毛泽东主席第二次提到小轿车是1958年2月13日,他到一汽视察,问陪同的饶斌和党委书记赵明新,什么时候能坐上自己制造的小轿车?事实证明,一汽没有辜负毛泽东主席的期望。

如前文所述,一汽第一次提出开发小轿车是1956年11月,孟少农要求一汽设计处编制1957—1962年产品发展规划,明确"开发一种小轿车"。

轿车开发自此提上议事日程。随后，为加强产品开发力量，一汽对技术部门进行大调整，任命吴敬业为一汽设计处处长，刘炳南、富侠和史汝楫为副处长。

一机部对一汽寄予厚望。1957 年 4 月，黄敬专程到一汽，对生产轿车开发多品种进行调研。他在一汽待了近一个月，就多品种问题召开座谈会。

史汝楫记得，那是一个星期天的上午，黄敬让设计处几位负责人到其下榻的专家招待所，当场提出三个要求：一是"解放"要换型；二是要设计生产越野车；三是要上轿车。根据当时一汽的技术力量，"我们认为可以干轿车，先上普通型小轿车。黄部长主张先把产品开发出来，干多大规模以后再说"。

设计处再次明确一汽要发展六个品种——解放牌载货车的改进型和派生型自卸车、牵引车和大客车、军用越野车和轿车。同时，一汽也向部领导提出三个要求：一是增加设计人员。二是增加设计部门工作场地的面积——设计处只有试制两辆解放牌卡车能力，要做轿车，试制面积捉襟见肘。三是帮助协调轿车样车。那时大家对轿车知之甚少，甚至连一辆样车都没有。

黄敬对这些问题当场做了安排。他说："这三个条件，样车我负责，你们看中哪款车，我负责协调。至于人员和工作大楼问题，你们自己想办法解决。"

1957 年 5 月，一机部给一汽下达试制轿车的任务。设计处三位副处长领命而去：刘炳南负责解放改型，富侠负责越野车，史汝楫负责轿车。这时解放牌生产准备和调试已基本结束，史汝楫抽调了一些技术骨干充实设计处。办公楼问题也好解决，在工程大楼小二楼上增建三楼，想办法在试制车间外搭建小棚子。

一汽开始夜以继日、热火朝天地大干起来。设计处按照苏联设计程序，不到半年时间，就完成所有设计图纸。1958年4月初，全厂动员，加速试制。4月19日，一汽工会、团委联合召开试制小轿车促进大会，成立小轿车制造突击队。5月12日5时30分，经过通宵达旦的奋战，第一辆样车试制成功。

这就是东风CA71。关于"东风"名字的由来有不同的说法，有人说是黄敬首先提出，也有人说是孟少农或者清华大学教授宋镜瀛首先提出。据亲历者艾必瑶回忆，东风和红旗的名字与一位清华大学教授有关，后来证实，这位教授是宋镜瀛。

"当时设计处正在做1:1油泥模型，有一天我去得特别早，正好这位教授带着两个学生来参观。'这两辆车有没有名字？'教授问我。'现在还没有。'我回答道。'就叫东风、红旗，行吗？'教授建议道。"艾必瑶回忆说，"我觉得挺好。"

艾必瑶是中国第一代汽车造型女设计师，1954年被分配到一汽设计处车身科。一汽做"东风"和"红旗"时，她主管内饰，跟随福州老艺人李芝清学习用福建大漆制作各种花纹，重点学习赤玉砂和绿宝砂的制作。

当天下午，饶斌、郭力和王少林来看轿车进展情况。饶斌突然提到，应该给轿车取个名字，艾必瑶汇报了早上清华教授的建议。饶斌考虑了一下说："东风压倒西风，乘东风，展红旗，好，有动感。汽车名字首先要有动感，也符合潮流，就用这个名字吧。"

东风CA71按照"仿造为主，适当改造"原则设计。底盘和车身参考法国西姆卡Vedette，保持车内结构不变；发动机仿照德国奔驰190；车身后大灯仿照我国古代宫廷使用的宫灯；变速器采用自主设计制造的三档机械变速器；车身设计具有我国独特风格造型。

东风CA71车头标志是一条金色的龙，两侧分别凸压上毛泽东主席题写的"中国第一汽车制造厂"。时任一汽设计处车身科科长吕彦斌证实，金龙标识的创意来自孟少农。为设计车标，吕彦斌拿着胶卷到北京故宫、颐和园和北海等地拍摄，还求教过梁思成和工艺美术学院的教授。

吕彦斌是建筑大师梁思成的门生，于1953年一汽建设时加入，他设计了一汽厂徽及纪念章，画出了中国第一张汽车结构剖视图，先后参与东风CA71、红旗 CA72 及红旗大三排座、小三排座、两排座、救护车和 CA772 防弹车等车型设计。

一汽决定用东风样车向党的八大二次会议献礼。正在北京参会的饶斌打来电话，让郭力赶快把车送到中南海。郭力责成史汝楫负责，带着机修工部主任纪世彪、设计处试验司机田玉坤护送样车。东风样车通过专用列车运抵北京，5 月 14 日下午，一机部和汽车局领导观看后，由饶斌带着李岚清和司机钱海贵，将东风样车送进中南海怀仁堂后院。

时任中央办公厅领导问起轿车名字，饶斌指着车头上的一排拼音字母（DONG FENG）说叫东风。领导建议换成汉字。

要在这一夜之间把拼音字母换成汉字，谈何容易？首先，"东风"这两个汉字采用什么字体？李岚清提议到《人民日报》去试试，他记得毛泽东主席写过"东风压倒西风"的题词。他们运气不错，在《人民日报》时任副总编辑张沛的帮助下找到了题词，摄影室再以最快的速度，按照要求影印出"东风"两字的手迹。

接着，他们开始平行作业：一面让东安市场附近一家打造金银首饰的铺子动手雕刻制作，一面让灯市口附近一家汽车修理厂将八个汉语拼音字母拆卸下来，用腻子把洞眼补好，上底漆磨平，再上同色油漆，与汽车颜色保持一致。最后，再把雕刻好的"东风"两个汉字镶嵌在车头上。经过一整夜紧张工作，任务完成。

第二天一早，开会前，饶斌带领大家将车开进中南海，停在怀仁堂门前的小花园里，供代表们观看。东风轿车在中南海待了十来天，其间，与会的许多中央领导和代表在休会时，常来此休息和观看，不少领导还乘坐东风围着花园转了一圈，场面甚是热闹。

5月21日下午，离开会还有一小时左右，毛泽东主席到小花园看车，当时饶斌和李岚清正好有事外出，史汝楫负责接待。在林伯渠秘书长的陪同下，毛泽东主席坐进东风轿车，围着怀仁堂花园跑了两圈，在原地停下，主席高兴地说："好啊，好啊，坐了我们自己制造的小汽车了。"不到3年时间，毛泽东主席3次提到要坐自己制造的汽车，这是对一汽最大的鼓舞和激励。

利用开会间隙，中央领导陆续来看车。看得最认真的是周恩来总理，他围着车看了一圈，打开机器盖，看了看发动机，说这是抄奔驰的："抄是允许的，国外也互相抄，但要抄得巧妙，关键技术抄，非关键零部件就可以改。像这样，一眼就能看出是奔驰，不好。"接着，他又问饶斌在生产时有什么困难，还关心设备、原材料行不行等情况。

东风样车运回一汽后，一汽立即掀起大搞轿车运动。就在所有人都认为"东风"将很快投入批量生产时，从北京传来消息，北京第一汽车附件厂（后为北京汽车厂）要造中央领导乘用的高级轿车，为国庆10周年献礼，而且车名已选定叫"北京"牌。

一石激起千层浪。作为中国第一个汽车制造厂，作为当时我国汽车工业实力最强的基地，一汽显然不能落后。更何况，一汽已经有东风轿车成功试制经验，要试制高级轿车也理所当然。鉴于此，一汽决定，立即着手设计高级轿车，并在最短时间内试制出样车。一汽即刻掀起为中央首长造高级轿车的热潮，将正在进行的300余套东风模具半成品封存。

1958年6月，郭力向新华社记者发表谈话，提出一汽不仅要生产"东风"，还要为中央领导生产高级轿车。接下来，就出现了"乘东风，展红旗，生产高级轿车献给毛泽东主席"的群众运动。

孟少农是东风阵营里的支持者。在他看来，东风轿车是按照科学规律设计和试制而成，而以大搞群众运动的方式做高级轿车，虽然能试制成功，虽然能小批量生产，但毕竟是不计成本的，到头来还必须从技术和经济上认真考虑。史汝楫虽然赞成孟少农的观点，但基于形势，他也认为"当时做高级轿车意义更大"。

"红旗"坎坷档案

1959 年 1 月 7 日，中央给一汽发文，要确保红旗轿车的生产，停止东风车的生产。为什么要停东风车，而造红旗车？李岚清认为，除最为流传的北京要造高级轿车献礼的说法外，还有两个原因。

一个原因是，原来一汽发展规划就有分步研发新品种设想。当东风轿车在中南海展示的情况传到厂里后，一汽上上下下都感到我们中国领导人应当乘坐国产轿车（当时中央领导同志乘坐的都是苏制大吉斯和吉姆牌轿车，陈毅同志因兼外长，有一辆奔驰轿车），而东风是普通轿车，因此应加速试制高级轿车的步伐。为与"东风"相区别，高级轿车起名"红旗"。

另一个原因是，东风车试制成功后，开始小批量生产，同时又试制红旗车，两条战线作战，难以兼顾。"东风"是普通轿车，很难用半手工方式制造，而要批量生产，就要投资新建轿车厂。当时连中央决定筹建的二汽都已下马，再建新厂势必不可能，况且那个年代对普通轿车是否有大量需求也是问题。但就高级轿车而言，当时在苏联甚至西方国家也是小批量制造。因此，一汽领导层决定暂时放弃东风车，先集中力量搞红旗车，这个意见获得一机部的批准。

"红旗"从 1958 年开始生产，到 1981 年停产，23 年间共生产 1500 多辆。从两排座红旗 CA72 到三排座红旗 CA770，从第一次给中央领导换红旗 CA72 到第二次换大红旗 CA770，从定下给中央领导做保险车到做出保险车，实现让中央领导乘坐国产轿车的愿望，这中间是一段跨越十几年的奋斗历程。就像赫世跃所说："这是一个庞大的系统工程，也是一个难啃的硬骨头。如果不能脚踏实地、兢兢业业，是不可能完成任务的。"

"红旗"这 23 年发展历程可以划分为四个阶段。

第一个阶段从 1958 年到 1959 年年末，是"红旗"从无到有，辉煌起步，获得胜利的阶段。

第一辆红旗车，完全是"大跃进"的产物和群众运动的成果。它以 1955 年美国克莱斯勒帝国 C69 为样车，外形基本照样车仿制，只是在车身前脸和后尾做了些创造：前水箱面罩为扇形，后尾灯为宫灯，机罩前中央加了一面红旗标识，两个侧围各装饰了五面小红旗，分别代表工、农、商、学、兵。

这辆车用"赶庙会"形式试制：把样车拆开，零件都摆放到一个展厅里，各个车间领导来抢认零部件，再回车间绘图制造或者直接照样制造。对那些一时没办法解决的零部件，如液压变速箱阀体、发动机缸体、发动机的复杂部件以及一些协作产品，就暂时先装用原车件。

33 天后，即 1958 年 8 月 1 日，第一辆红旗样车试制成功。8 月 2 日上午，一汽在共青团花园召开万人大会，用解放卡车搭建舞台，锦程大街铺上了红地毯。万事俱备，只欠"红旗"，大家从早上 9 点开始等待，但左等右等也不见红旗车的身影，后来才知道是自动变速箱出了问题，齿轮被冲坏，发动机无法启动。就在这时，大会喇叭突然喊话："刘经传，请赶快到试制车间。"

情况万分紧急。刘经传在制动车间找到一个替代齿轮，装上后，他告诉司机杨工长，用钥匙打火，只能打一次，打着了就直接开到会场的红地毯上去，中间不能熄火，但到位后必须熄火，否则会冒油。他重申，只有一次打火机会，如果齿轮再裂，就只能到大会上宣布今天汽车来不了了。

结果还不错。等到下午 7 时，人们终于等来了红旗车。吉林省委第一书记吴德给新车命名，象征性地把一面红旗放到前标位置上，然后宣布散会。会议一结束，红旗车就开回厂里，地上留下一大摊油。

第一辆红旗轿车底盘设计者华福林说，问题出在自动变速箱上。"献礼前一天晚上，红旗车一直在调试，但没调好，献礼时还在漏油。"究其原因，"变速箱太过复杂，通道就像迷宫似的，没样车可参照，开模具又来不及，只好用很厚的青铜板，用纸画了线后一点点抠出来。"

第一辆红旗图纸和文件都不齐全，达不到生产准备的要求。1958 年 10 月，一汽设计处重新设计两排座红旗高级轿车，这就是红旗 CA72。

红旗 CA72 设计原则是"仿造为主，适当改进，自主设计"。整体布置强调庄严大方，整车长宽高取最大尺寸，内部空间要求比一般两排座宽敞，尤其是后座前沿到前座后背的尺寸适当加大，保证后座的舒适性。

参考样车有五款，分别是凯迪拉克（1957 年型）、林肯（1957 年型），周恩来总理送来的雷诺 Dauphine，朱德总司令送来的斯柯达 440，以及第一辆红旗样车的参考车型克莱斯勒帝国 C69。

红旗 CA72 设计采纳了吕彦斌的意见：前部基本仿照林肯，中部仿照克莱斯勒，后部仿照凯迪拉克。缺憾在于，因受限于当时一汽领导要求轿车宽大的主张，由于过高、过大，车显得特别笨重。

1959 年一季度，红旗 CA72 完成图纸设计，进行生产准备。第三季度完成主模型，进行大型模具制造。设计和试制过程中，首先遇到的是技术质量问题。在范恒光的印象中："当时遇到的问题太多，从液压挺杆到轴瓦，从高油泵、凸轮轴到刹车，几乎没有一项没问题……只好一面认知，一面设计，一面画图，一面攻关。"

一汽为此组织了 323 个攻关突击队，采用"三结合（领导干部、技术干部和工人）"方式，其中，全厂性重点突击队有 28 个，发动机车间有七八个，由当时的发动机车间技术科科长李刚负责。突击任务最重的是发动机液压挺杆，李刚担任攻关突击队队长。

液压挺杆由 8 个小零件组成，外壳本体是一个圆柱体（长 51 毫米，直径 22 毫米），上面有一个直径 15.5 毫米的不通孔。红旗发动机满负荷工作时，凸轮和挺杆这一对摩擦副的相对滑动速度达 4.4 米 / 秒，工作压力达 250 公斤。由于是点接触，接触应力可达 1500 公斤 / 平方厘米，相当于汽缸的爆发压力。这些零部件的工作环境相当苛刻，很容易彼此磨损、擦伤，从而导致失灵，所以设计和制造的技术含量高，难度也大。

在李刚带领下，攻关突击队通过查找国外小轿车的挺杆和凸轮轴的材料匹配，连续闯过合金配料、融化、砂型、浇铸等铸造关，闯过热处理的淬火、回火以及淬火介质关，取得初步成功。而在突破挺杆底部和凸轮接触部分要有一层硬的金相组织，但其他部分要软的难题方面，通过定向冷却技术突破难关，最终啃下了这块硬骨头。

再比如发动机轴瓦，解放牌用的是巴氏合金轴瓦，基本材料为锡铅合金。但锡铅合金一用到红旗 V8 发动机上，在发动机高速试验中很快就损坏了。轴瓦突击队成立后，通过分析国外 4 种发动机，进行 15 种方案设计和 483 次试验，以及 27 个昼夜苦战，终于找到理想的铜铅合金轴瓦。

关键是发动机，红旗 CA72 要匹配一台外形尺寸小但动力强劲的 V8 发动机。发动机设计者杨建中回忆，为适应低标号汽油，降低压缩比，考虑在克莱斯勒发动机缸体的基础上换用凯迪拉克的汽缸盖，"这相当于医学上的换头术，技术难度可想而知"。

综合各种因素考虑，V8 发动机必须重新设计。时间相当紧迫，只能设计、试验、试制、生产准备相互交叉进行。实事求是而言，"这种做法无疑也存在着浪费和风险"。

这一波质量攻关活动未结束，在样车初步试验中又发现一些新问题。1959 年 7 月，饶斌以个人名义给江华、陈子良、刘炳南、陈祖涛等 13 人发出紧急信，即"死命令"，信后附着 130 项质量问题清单，要求突击队7 月底解决绝大部分问题，8 月初彻底解决问题。经过努力，问题得到了初步解决。

客观来看，红旗有零部件 4657 种，其中自制件 3488 种，协作产品745 种，生产时既要借用解放牌生产线，又要占用后方设备，为保证质量，有些还必须做专用设备和工装。统计显示，当时至少要增添 250 台专用设备和 9629 套工装，而要完成这些工装和设备，需要 13.5 万个设计工时和126.5 万个制造工时，以一汽当时的制造实力计算，需要 3 年时间，但实际却只剩下不到一年时间。

经过万人大会战，1959 年 9 月中旬，首批在 30 辆红旗 CA72，包括两辆在红旗 CA72 基础上改型的敞篷检阅车送到北京，供中央领导乘用。其中，两辆检阅车参加了国庆 10 周年阅兵式，6 辆红旗 CA72 参加了国庆游行，其他车辆分给中央办公厅和国务院机关领导试用。

一汽专门成立送车组，组长是陈子良——一汽第一任工具处处长，时任锻造车间主任。颇具传奇色彩的是，陈子良参与过红旗轿车、北京吉普212 和陕西汽车制造厂拖炮车等三种检阅车的制造过程。

一汽同时派出 40 多人随车服务，范恒光是其中之一。他还记得，第一批送北京的红旗 CA72 有 7 种颜色，内饰材料也不一样。对这批红旗 CA72的生产编号、装配时间，以及后续走向，他都留有记录。

"红旗"自此声名大振。

荣耀与磨难

第二个阶段从 1960 年到 1965 年，是"红旗"风云突变的阶段。从焦头烂额、内外交困开始，通过质量攻关、生产组织改变，以及红旗 CA770 生产，"红旗"从谷底翻身，出现转机，大步向前迈进。

自在新中国成立十周年活动中崭露头角后，红旗便蜚声中外——从莱比锡展览会到摩洛哥展览会，再到大马士革展览会，所到之处一片赞誉。国内各方需求随之而来，国务院、外交部、驻外使馆和贸促会等纷纷要求配车。

经一机部汇总平衡，于 1960 年给一汽下达 200 辆红旗生产任务。但紧接着，当年 6 月 9 日，一机部又以密件通知一汽，根据薄一波副总理的指示，在建党 40 周年前生产出一批小汽车，供节日期间接待外宾使用，要求一汽生产 300 辆红旗，并力争超额完成任务。

这边要增加生产任务，但那边，红旗 CA72 却又面临三大问题。第一个问题，从使用情况看，质量问题大量出现，如送给中央首长乘坐的第一批红旗，因问题太多，后来都陆续转给其他机构使用。第二个问题，车型不合适。当时中央首长一般乘坐吉斯 115 保险车，部长级以上领导乘坐吉斯 110，部长乘坐吉姆。吉斯和吉姆都是三排座，而红旗 CA72 是两排座，国管局和中央办公厅都提出需要三排座轿车。第三个问题，生产矛盾突出。解放车是一汽吃饭产品，随着生产任务日益繁重，再穿插生产红旗车零件就非常困难。

这三大矛盾集中到一起，导致红旗车生产困难重重。数据显示，1959 年生产红旗车 47 辆；1960 年计划生产 300 辆，实际生产 61 辆，而且大部分还是 1959 年生产的车身，新车身基本没有。最困难的是 1961 年，一汽仅生产了一辆红旗车，产量跌入谷底。

这一辆红旗车是"国王车"。1960年，第60号红旗CA72在摩洛哥参展，摩洛哥国王哈桑二世非常喜欢，希望能把车留下。时任外交部部长陈毅找一机部研究，提出解决方案：单独生产一辆精品红旗车，把质量问题解决好，作为礼物送给摩洛哥国王。因此，一机部给一汽下达了专项任务。

1961年年底，"国王车"试制出来后，又进行1200公里道路试验。一切工作就绪，一汽将车送到外交部，但遗憾的是，哈桑二世已经病逝，这辆车便留在外交部供接待外宾用。通过生产"国王车"，一汽共解决大大小小质量问题227项，协作产品质量问题63项。

为解决质量问题，1961年4月，郭力拍板成立轿车联合办公室。这是个独立机构，具备为红旗车生产调人调设备的能力和权力，主任是张琦，副主任是黄兆銮，办公室下设生产科和技术科。在这之前，红旗车的生产就像小厂作坊，靠的是"千锤百炼"：一把木槌、一把铁锤和一把剪刀，用"小米加步枪"的精神做出来的。

轿车联合办公室成立后，经过一年多努力，先将1268种零部件生产集中起来，同时把生产红旗车的设备和人员集中到轿车车间。后在一汽副厂长王少林的努力下，把以史汝楫为首的设计人员，以及协作件采购、整车销售和售后服务的职能也纳入轿车车间。至此，轿车车间具备从设计到售后服务的全部职能，为保证红旗车的生产打下了基础。

红旗轿车生产从低谷逐渐回升后，开发三排座红旗CA770提上日程。

红旗CA770开发有特定历史背景。一方面，1960年年初，由于中苏关系恶化，在中国的苏联专家全部撤走，苏联不再提供汽车配件，导致中央领导乘用的吉斯110三排座轿车无零件可换。一汽到北京做调查发现，吉斯115和吉斯110全部停开，朱德总司令的防弹保险车被拆卸。

另一方面，两排座红旗CA72不能替代这批中央领导用车。这种情况下，一机部下决心要给中央领导造高级轿车。

段君毅到一汽考察时，就跟时任轿车分厂厂长王振讲："中央领导坐红旗 CA72 肯定不行，它是两排座的，质量也不大好。要上三排座，给中央领导换车。"他甚至说："王振，你搞不出来，我拿你是问。"但在要求一汽试制、生产新型三排座高级轿车的同时，段君毅还对红旗 CA72 提出"质量不解决，产品不出厂"的严格要求。

1964 年 6 月 29 日，一汽轿车分厂成立，开始实现产供销一条龙封闭式生产。在王振带领下，轿车分厂立即开展质量攻关活动。王振性格刚强、文武兼备，其一生经历可以分为三部曲：参加革命打土匪、抗美援朝上战场、加入一汽造轿车。

他们先做调查研究，找出 42 个质量问题，其中一类问题 20 项、二类问题 22 项。所谓一类问题，就是不解决就不能出车的要害问题，像刹车跑偏、发动机熄火、车门关上后打不开等；二类问题如车到处乱响、喇叭不响等。对这些问题，轿车分厂对其分别立项，指定专人负责，该出图纸的出图纸，该重新设计的重新设计，该做试验的按要求做试验，确保每个零件达到设计要求。

经过 3 个多月的努力，这些质量问题基本得以解决。1964 年，一汽生产了 40 辆红旗 CA72，性能更可靠，做工更精细。其中，20 辆在国庆节前运抵北京，经北京市公安局车辆科检查后交给首都汽车公司，开始为期 10 天的路试。最终，红旗 CA72 在跟苏联吉斯和吉姆的对比测试中胜出。9 月 27 日，国务院秘书长表示，从今年开始用"红旗"接待外宾。

红旗轿车被定为国车，自此享誉全球。10 月 1 日，新中国成立 15 周年大庆。一汽轿车分厂派崔洪松等将新改进的 20 辆两排座红旗送到北京。这批车使用得不错，中央用它们替换吉姆轿车，迎送参加国庆大典的外国宾客。

　　1965 年，中央下令，要在 10 月 1 日前试制出一批具有先进水平的三排座红旗高级轿车。

　　一汽最初想到的办法是将红旗两排座改成三排座。先在红旗 CA72 基础上，加长轴距 400 毫米，但试制出来后车体太长，使原已笨重的造型显得愈加笨重。接着选择红旗 CA72 原车型，将两排座重新布置成三排座，样车试制出来后，因后座舒适性太差而未采用。红旗 CA72 改三排座，前后经历三轮试制均告失败，一汽决定重新设计全新三排座红旗 CA770。

　　红旗 CA770 的设计原则是美观、大方、庄严，富有民族特色。内部布置恰当，比较宽敞。性能力求先进，但以安全、可靠、舒适为第一。样车之一是英国女王乘坐的劳斯莱斯，经汽车局从香港购买而得；样车之二则是陈毅副总理的座驾奔驰 600。

　　但就在轿车厂准备投入新车试制时，一场意外不期而至。1965 年 5 月中旬的一天，长春风雨交加，轿车厂几万平方米厂房都是"大跃进"时期用砖木结构盖起来的，有些地方突然开裂挡住车床，威胁到工人和设备的安全。时任厂长郭力带着基建处的曹新、徐家宽查看厂房，当场决定：厂房紧急大修，轿车厂马上搬家。

　　王振陪着郭力冒着大雨到各分厂求援，每到一处，郭力都会讲"为了 61 个阶级弟兄"的故事，要求大家都要援助轿车厂。半天时间，他们就在越野、发动机、铸模、底盘、附件、教育大楼食堂 6 个单位解决了 7 块场地。再加上轿车厂那条总装线，后来的红旗 CA770 样车试制和新车生产，大都在这 8 个阵地进行。

　　红旗 CA770 车身研制采用设计、工艺人员和工人三结合办法。车身外形设计，是设计师邱良彪、程正、张祥瑞、艾必瑶、贾延良，以及两个吉林工大学生在保证风阻技术指标前提下，各做一个 1:5 的油泥模型，发动全厂职工对 7 个模型提修改意见，再把修改后的三个模型的优点，集中在一个 1:1 的主油泥模型上而来。但王振表示，"客观而言，红旗 CA770 更多体现的是贾延良的设计风格，他设计的流线型，跟上了形势"。

红旗 CA770 首先考虑降低车高，以提高车辆的行驶平顺性和稳定性，但不得牺牲内部尺寸。为提高操作的方便性，它采用了液压自动变速箱。由于特殊需要，在前后排座之间增设隔墙，装有自动升降隔音玻璃，使前后两排各自形成一个单间，中排座为活动座。

此外，它还开创性地采用框形车架，这是设计师朱子智在一本国外汽车杂志上看到的，国外汽车尚无此先例。这种结构不仅能降低车高，还能减轻重量。朱子智和焊接工艺师孙德慎、老工人钱增荣一起研究，最终试制成功。

5 个多月后，1965 年 9 月 12 日，一汽装出了第一辆三排座红旗 CA770 样车。史汝楫认为，这是一汽第一次放开手脚进行自主创新尝试，红旗 CA770 品质已接近当时先进国家的大型轿车设计水平。但因缺乏造车经验，加之工艺水平、原材料质量以及工业水平还落后于国外，故红旗 CA770 也存在一定差距。这种差距主要表现在小毛病多、可靠性差等方面。

9 月 19 日，轿车厂派生产科科长范恒光、崔洪松和司机徐汉普等将红旗 CA770 送到北京。杨尚昆在中南海看过红旗 CA770 后说，是比原来的好看了，原来的有些方笨。他还让司机把车开到交通科，让为毛泽东主席和周恩来总理开专车的司机看。

有一天晚上 9 点，彭真要看车，已升任一机部副部长的郭力带着送车组同志把车送到其住处。彭真看得很仔细，对车的性能、外形和内饰都很满意，但也提了不少意见，其中一条就是将侧标的三面红旗——分别代表总路线、"大跃进"和人民公社——改为代表象征毛泽东思想的一面红旗。送审结束后，一汽将红旗 CA770 样车留给了彭真。

随后不久，一汽接到上级指示，要在 1966 年五一前，生产 20 辆红旗

CA770，供中央领导乘用。

这是第二次给中央领导换车。但要在 5 个月内生产 20 辆新车，难度很大。第一道难关是产品设计图纸和生产准备工作。试制第一辆样车时，只准备了部分图纸和工装，很不完整，再按部就班地准备，时间肯定来不及，只能动员大家奋战到底。1965 年 10 月 4 日，轿车厂开动员大会，之后，大家投入到热火朝天的战斗之中。

这场艰苦的战斗持续了 5 个多月。1966 年 4 月 20 日，轿车厂提前 10 天完成生产任务。4 月 21 日，一汽副厂长文格带着 20 多位司机将红旗 CA770 送到北京。当这 20 辆新车从永定门车站驶向长安街时，形成一道亮丽的风景线，道路两侧行人纷纷驻足观看。

这批车很快就分给不同中央领导乘用。

4 月 23 日，一机部给一汽发来贺电：热烈祝贺首批红旗三排座轿车生产任务提前完成。4 月 29 日，轿车厂召开祝捷和动员完成全年百辆生产任务誓师大会，一汽党委授予轿车厂特等功荣誉。

"我们的红旗，我们的梦"

第三个阶段是从 1966 年到 1972 年。这一阶段因受"文化大革命"影响，很多企业都停止生产，但轿车厂却风景独好，照样紧锣密鼓地生产，尤其是红旗 CA772 特种车（装甲防护车）丝毫未受影响。

1965 年 10 月，中央下达试制红旗 CA772 特种车任务，并成立了领导小组，组长为中南海警卫局局长，副组长为一机部副部长郭力，后为周子健。作为一项重大政治使命，保险车涉及国家五个部委——中央警卫局、一机部、化工部、建材部、冶工部，整个研制工作高度保密。

34 岁的李中康被任命为红旗 CA772 特种车总设计师和负责人，副总设计师是包头 617 厂总工艺师陈君安。简单讲，就是一汽负责车壳子，包头 617 厂负责装甲板制造。李中康于 1954 年被抽调参与支援一汽建设，在其 40 多年轿车生涯中，他先后经历一汽大干东风、红旗、一汽－大众合资合作等几次热潮。2022 年 12 月 22 日，他在长春走完了 91 岁汽车人生。

红旗 CA772 特种车外形基本与红旗 CA770 相同。其参考样车有二：一是苏联吉斯，二是捷克斯柯达。经对比后发现，苏联吉斯更好，一汽便以它为蓝本，对装甲、性能、钢板进行测绘。较快完成整车的初步设计后，进入试制阶段。

试制碰到的第一个难题是前后风挡（多层复合防弹玻璃）。两辆样车的风窗玻璃都是老式的平面玻璃，为采用曲面玻璃，一汽多次到建材部旗下的建材研究院，请他们参与设计。研究院先精选出炼玻璃所需沙子炼成玻璃，成型后，在水压下用塑料粘起来。两块厚的放下面，上面放两块薄的，再压到一起。曲面玻璃做出来后，先做打靶试验，要求用步枪，在一定距离处射击，玻璃不能被射穿。

第二个难题是装甲钢板。特种车较长，需要防弹，坐人的地方要用厚钢板包起来。装甲钢板由包头 617 厂负责，一汽将图纸交给对方，对方做完后直接做试验。不但要打靶，还要用地雷炸，通过后才能用。当玻璃和钢板都没问题后，一汽开始组装，整车还需送到北京昌平南口做打靶试验。

第三个难题是开发新的更大功率 V8 发动机。红旗 CA772 特种车发动机排量为 6.5 升，功率达到 250 匹马力，后根据需要，提升到 300 匹马力，排量为 8 升，压缩比增至 8.5，缸径增至 110 毫米，且能直接爬 13 度坡。这种发动机当时国外也很少见，燃烧室很难设计，试验中曾发生过气阀掉头，打碎发动机的事情。

在一汽总厂大力支持下，又从原设计处借调数名有经验的工程师到轿车厂工作，经过夜以继日的辛勤劳动，采取改善冷却系统和旋转气阀等措施，V8 发动机终于造成并匹配到样车上。

化工部负责特殊复合轮胎。红旗 CA772 特种车重 4 吨多，跟轻型坦克差不多。轮胎除加厚外，内层还需要有层胶，一旦钉子扎上或者子弹打上，内胶能自己密封。这样轮胎不跑气，特种车还可以继续行驶 100 公里。

红旗 CA772 特种车从 1966 年开始立项，经过 4 年多努力，1969 年 4 月 10 日第一辆试制成功。特种车前后生产十余辆，送到中央后被分配给中央常委乘坐。

关于保险车，有一件事情最被人们津津乐道。1972 年，美国总统尼克松要访华，按照惯例，总统出访保险车将同行，但周恩来总理说，我们有自己的防弹车。美国派出以国家安全助理黑格将军为首的先遣部队，经全面检查，同意中国政府的安排。尼克松乘坐红旗 CA770 特种车后，媒体报道的不是他乘坐的空军一号，而是红旗防弹车。

为扩大红旗车的使用范围，1967 年，一汽在红旗 CA770 基础上，设计两排座 CA771，1968 年设计小三排红旗 CA773。1971 年，应国务院机关事务管理局要求，开发司机靠背后安装挡风玻璃的检阅车。1972—1980 年，还设计了红旗 CA774，但因红旗 CA770 停产，故未定型。

总之，这个阶段的"红旗"，无论声誉还是地位，都达到了顶峰。

第四个阶段从 1973 年到 1981 年，"红旗"从顶峰跌落。

1972 年，一汽向一机部提交红旗轿车形成年产 200 辆生产能力的报告。当年 7 月 24 日，一机部批复。但时隔不到半年，1973 年 1 月 17 日，一机部要求红旗轿车按年产 300 辆能力进行扩建，提出"抓紧编制扩初计划，及时报送审批"。

4 月，一机部明确红旗轿车扩建工程是一项"政治任务"，红旗轿车是"政治车"，指示一汽"任务重、时间短、要求急"，要迅速建立红旗轿车阵地。

根据一机部批复文件，300 辆红旗轿车扩建工程，需新建面积 56093 平方米，其中，厂房面积 46093 平方米，宿舍面积 10000 平方米。总投资额 3150 万元，外购设备 578 台，其中进口设备 39 台，各种管道 23086 米。

经过 2 年又 5 个月的紧张建设，到 1975 年 9 月 20 日，300 辆红旗轿车扩建工程 10 个厂房土建工程全部完工，实际投资 3614.86 万元，超出 464 万元，轿车厂从 1000 人扩大到近 2000 人。

但是好景不长，随着国家改革开放，进口车大量涌现，对"红旗"形成压力。1981 年 5 月 14 日，《人民日报》刊发红旗轿车停产令："'红旗'牌高级小轿车因油耗太高，从今年 6 月起停止生产。"

一纸停产令，让"红旗"暂告段落。从 1959 年到 1981 年的 23 年间，一汽共生产 1491 辆红旗，有两排座、三排座、敞篷和活动篷检阅车、救护车以及保险车等十余种，基本满足了中央领导乘用和外事活动要求。

红旗定位为国家用车，未进入市场竞争，每年生产多少，以及生产什么型号都由国家规定，因此是政策性亏损。根据一汽内部统计资料，23 年间一汽共投入 1.055 亿元（1958 年的投入未计入），销售收入 5406 万元，总亏损 5144 万元——这是一汽党委书记徐元存在 1984 年 8 月的北戴河会议上向中央领导提供的数字。红旗的坚强后盾是解放牌汽车，后者几乎承担了红旗车亏损的全部后果，同时也承担起"长子"的磨难与荣誉。

硬币的另一面，或许正如一些当事者所言，在计划经济时代这个大前提下，范恒光说，"红旗不是商品，而是政治产品，她成于天时，亦败于天时"，随着市场经济逐步出现、延伸和发展，其退出历史舞台是必然。但是不管怎样，经过 23 年苦心经营，红旗毕竟还是为一汽、为中国汽车行业留下了难能可贵的"红旗精神"。

如何理解这种"红旗精神"？赫世跃借用《第一汽车集团报》的报道总结道：自力更生、艰苦创业的实干精神；一丝不苟、精雕细刻的严格精神；不为名利、顾全大局的奉献精神；为厂争名、为国争光的进取精神。"红旗阵地一定要坚守住，怎么坚守？得靠信仰，靠我们的红旗精神。"

曲终人未散。被勒令停产后，"红旗"仍在飘扬。一汽人想尽办法突破各种制约，又设计开发了红旗 CA630 旅游车以及该车的变型车，如电视转播车、公安用车、消防指挥车、救护车、环境检测车等，且都有一定批量生产。接着设计了红旗 CA750 两排座和红旗 CA760 三排座，但该车未定型。其后，在红旗 CA770 基础上改变车身外形，设计 CA770D，该车试制过一辆。再其后，设计了红旗 CA7560LH 三排座，制造过一辆后，再没生产。根据吕彦斌的记录，1957—1987 年设计试制生产各种红旗轿车、客车、特种车计 36 种。

2003 年 2 月 23 日，在成都举行的一汽集团营销年会上，中央电视台编导高志英挥笔写就一首《我们的红旗 我们的梦》，由时任一汽轿车销售公司副总经理王殿明和中央电视台经济频道《清风车影》时任主编齐曦合诵。

> ……
>
> 我们也有挫折，也有失望
>
> 我们也曾寂寞，也曾彷徨
>
> 但是
>
> 不是谁都有这样的机会为红旗奋斗
>
> 不是谁都有这样的幸运为红旗拼搏
>
> 当改革带来了暂时的剧痛，我们沉默
>
> 当世人追逐着洋车和洋货，我们沉默
>
> 当我们争取着生存的权利，我们沉默
>
> 当我们坚守着最后的阵地，我们沉默

我们在沉默中凝聚力量

我们在沉默中进行抉择

我们从来珍惜机会

就像珍惜生命

我们永远相信红旗

胜过相信自己

因为

这是我的红旗

这是我们的红旗

这是一汽的红旗

这是中华民族的红旗

……

当朗诵到这些文字时，两位朗诵者已经泪流满面。近千人的会场鸦雀无声，良久之后才爆发出热烈的掌声。

"红旗"会重生吗？它将如何重生？

第三部分

欲寻陈迹都迷
（1978—2012）

1979 年 1 月 1 日，刚刚打开国门的中国人赫然发现，邓小平的照片被刊登在美国《时代》周刊封面上。这家有着国际影响力的媒体将其评选为1978 年"年度人物"（Man Of The Year），并用 48 页宏大叙事篇章介绍这位年度人物和打开改革开放大门的中国。

邓小平已经因为改革开放而享誉全球。在题为"新中国的梦想家"（Visionary of a New China）开篇文章中，作者颇有感触地写道："一个崭新中国的梦想者——邓小平向世界打开了'中央之国'的大门，这是人类历史上气势恢宏、绝无仅有的一个壮举。"

1978 年是新中国历史的一个转折，也是新中国成立以来党的历史上最有深远意义的伟大转折。在 3 月召开的中国人民政治协商会议第五届全国委员会第一次会议上，邓小平当选为全国政协主席。12 月 18 日，具有深远意义的党的十一届三中全会召开，会议高度评价关于"实践是检验真理的唯一标准"问题的讨论，作出把国家工作中心转移到经济建设上来、实行改革开放的历史性决策。

中国从此进入改革开放和社会主义现代化建设新时期。

担任过中国汽车工业咨询委员会委员、原一汽党委副书记方劼曾在《中国汽车工业五十年》（一）（1953—2003）中总结道："邓小平时代开创了中国汽车工业生产的新方式：大力发展轿车工业，促使汽车进入家庭。"

他认为，邓小平的理论和政策，对汽车工业发展的影响主要有"技术引进与外国合资经营"，党的十四大决定汽车是国家的支柱产业，以及1994年2月国务院批准颁布实施《汽车工业产业政策》。

走进这样一个生机勃勃的改革开放时代，有着沉厚积淀的一汽是沿着既定路线去开拓新航向，还是在彻底变革中迎接新生？

外因与内因

争取将汽车制造业列为我国重要支柱产业是中汽公司运筹帷幄的结果。1982年5月，中汽公司成立，其初衷是改革和整顿，做成经济实体。饶斌担任董事长，在一汽换型改造正处于紧要关头之际，李刚调任中汽公司总经理。

据《经济观察报》报道，李刚在接受采访时回忆："经过中汽公司3年来不断对中国汽车工业在国民经济中战略地位的探索和追求，饶斌同志认为，争取汽车工业作为支柱产业的政策依据和舆论准备已经成熟，于是决定在中共十二届四中全会召开前两个月，即1985年7月向党中央和国务院正式提交'关于汽车工业发展政策问题'的请求报告。"

"报告中以国际上汽车发展趋势为背景，以我国国民经济和交通运输的实际市场需求为依据，分析了我国汽车工业成为支柱产业的经济必然性和政策取向的可靠性。文件分别送给了段君毅、周子健、周建南、张劲夫、宋平、吕东、赵东宛和李鹏同志。"

时间已经相当紧迫。而在1985年7月送交十二届四中全会的《中共中央关于制定国民经济和社会发展第七个五年计划的建议》（以下简称《建议》）第五次讨论稿中，已经规定食品、服装、耐用消费品和建筑四个行业为支柱产业。

当年 7—9 月内部讨论酝酿时，因中汽公司的反映和要求，在党中央的支持下，当年 9 月，在《建议》第八稿中终于加入这样一段话："根据加快交通运输建设的要求，要把汽车制造业作为重要的支柱产业，争取有一个较大的发展。"

接下来的事情就顺理成章。

9 月 16 日，四中全会通过《建议》。9 月 23 日，经过党代表大会热烈讨论，终于突出地把建筑业和汽车制造业作为支柱产业保留下来，而机车、船舶和飞机仅作为重要产业名列其后。自此后，政府在政策上对汽车领域给予特别关注。1990 年的中共十三届七中全会和 1993 年党的十四大都明确把汽车产业作为重点产业发展。

1994 年，对中国汽车工业发展同样产生深远影响的新中国第一部汽车产业政策《汽车工业产业政策》颁布。政策首次提出鼓励汽车个人消费，明确以轿车为主的汽车发展方向，并对整车和发动机外资股比，以及同一外资设立同类产品合资企业数量设定红线。

原机械工业部汽车司副司长、中国汽车工业协会原常务副理事长兼秘书长张书林认为："这些条款为我国汽车产业的自主发展留出了空间，并为今后的发展奠定了基础。"1994 版产业政策执行 10 年间，我国汽车产量翻了两番，达到 507 万辆，轿车产量翻了三番，达到 203 万辆。但"接下来，随着改革的持续深入和产业的纵深化发展，新的矛盾再次出现，第一部产业政策调整也势在必行"。

10 年后，2004 版《汽车产业发展政策》颁布。与 1994 版相比，2004 版提出"培育以私人消费为主体的汽车市场"，第一次将汽车工业产业政策与汽车消费政策合二为一，这为我国汽车产业市场化、国际化发展，形成逐步扩大对外开放的应对能力奠定了基础。

整体看，从 1979 年到 2012 年，中国汽车产业在跌宕起伏中前行。1978 年，我国汽车产量为 14.9 万辆，1979 年达到 18 万辆。14 年后的 1992 年，我国汽车年产量超过 100 万辆。2009 年，中国汽车产销量双双超过 1300 万辆，成为全球最大汽车生产国和新车消费市场。2012 年，我国汽车产销量分别为 1927.18 万辆和 1930.64 万辆，连续第 4 年保持世界领先。

一汽进入快速发展的一个黄金阶段。

从解放 CA141 垂直换型转产，到重点转向轻型车和轿车发展；从 3 万辆先导工程，到擦亮红旗金字招牌；从与大众汽车集团携手，到与马自达和丰田汽车合资；从自主开发四气门柴油发动机，到解放 J6 升级换代……以第一汽车、第一伙伴为核心价值观，一汽坚持学习、创新、抗争、自强的企业精神，努力践行"让中国每个家庭都拥有自己的汽车"的产业梦想，踏上了打造规模百万化、管理数字化、经营国际化"三化新一汽"征程。

2000 年 8 月 25 日，江泽民同志第三次到一汽视察，听完关于一汽生产经营状况和迎接 WTO 挑战对策的汇报后，他说："一汽变化很大，真是'欲寻陈迹都迷'。希望一汽讲唯物主义，走模块化设计道路，提高技术创新能力，争取更大发展。"

2004 年，51 岁的一汽率先实现销量突破 100 万辆，成为中国第一个年产销突破百万辆的汽车企业。此时，离 1993 年耿昭杰在一汽共青团第十二次代表大会上第一次提及"向百万辆进军，达到年产 100 万辆"已经过去 11 年。

这是一场艰苦卓绝的奋斗，勇立潮头、永争第一的一汽人谱写了一曲奋斗者之歌。

从第一辆解放牌汽车诞生，到达成 3 万辆设计纲领，一汽用了 10 年时间；从 3 万辆到 6 万辆，用了 6 年时间；从 6 万辆到 8 万辆，用了 14 年时间；从 8 万辆到 10 万辆，又用了 6 年时间；之后，又用 5 年时间，跨过年销售汽车 20 万辆门槛；紧接着，1999 年一汽销量突破 30 万辆，2001 年突破 40 万辆，2002 年突破 50 万辆，2003 年突破 90 万辆。

但之后一段时间，这位"共和国长子"也不可避免地遭遇了成长阵痛。

2005 年，上汽集团以 105 万辆、同比增长 24%，超越一汽成为国内销量最大的汽车企业。而自 1953 年动工建设到"十五"末期，一汽一直是中国汽车市场的绝对领导者。这是一个转折点。2009 年，一汽销量又被东风公司超越，排名第三。2015 年，长安汽车销量首次超过一汽，一汽排名降至第四。

一汽需要超越自己。2012 年 12 月 11 日，在吉林省科技创新大会上，时任一汽总经理许宪平在发言中表示，2010 年，一汽自主品牌销量已突破 100 万辆；2011 年，一汽销量达到 260 万辆。"十二五"期间，一汽固定资产和研发投资将超过 2000 亿元，其中，105 亿元投资将用于红旗轿车研发与生产。

彼时，新能源汽车已经被明确列为国家重点支持的战略性新兴产业。技术方面，一汽将坚持"技术上可能、经济上可行、环境上可容"的发展原则，坚持混合动力和电动汽车两条腿走路。"十二五"期间，计划在新能源汽车产品开发、能力建设、生产准备等方面投资 98 亿元，打造 8 个新能源汽车产品平台，开发 13 款新能源乘用车和 3 款新能源商用车，实现新能源汽车的商品化、规模化发展。

一汽能否重回华山之巅？它又将如何超越自己？

艰难的换型改造

从 1979 年到 1986 年，是一汽换型改造时期。换型改造的任务是，1987 年换型新产品解放 CA141 投入生产，广泛采用新技术、新工艺、新设备和新生产管理方式，达到"三上一提高"（上质量、上水平、上品牌，提高经济效益）的目的。

换型改造的主要内容有二：一是产品方面，解放 CA141 要克服老解放固有若干缺点，保留坚固、耐用、可靠、好修等优点；二是工厂改造方面，采用一些先进的工艺设备，改造更新一些老工艺和老设备，有重点地引进一些成熟可靠和适用的国外先进技术。

按照国家相关部委要求，一汽换型改造要在 1986 年左右完成。一汽换型改造指挥部据此制订了分步计划，总体分为两个阶段。第一阶段从 1980 年年底到 1983 年 7 月，用不到 3 年时间基本完成解放 CA141 的设计、试制、试验和产品定型。第二阶段从 1983 年 7 月到 1986 年，再用 3 年时间实现新车转产。

1986 年 7 月，原机械工业部部长何光远在一汽建厂 30 周年大会上告诫道，一汽当前面临三大任务：第一项任务是实现产品换型和工厂改造，做好这项工作，时间紧迫，任务艰巨。要做到不停产、不减产换型，对大量流水生产的机械工厂来说，这在国内是一个创举。第二项任务是继续提高企业素质，一汽企业整顿已经上级部门验收合格，这值得庆贺，但我们不应满足，而应以此为起点，继续努力进行三项建设，达到六好企业。这是企业一项长期基本的任务。第三项任务，发扬革命传统，加强精神文明建设。

为有效推进项目进展，1982 年 1 月，一汽成立换型改造指挥部，总指挥是黄兆銮。当年 7 月黄兆銮担任一汽厂长后，改由李治国担任总指挥。指挥部对厂长负责，各专业厂相应成立分指挥部。

从 1980 年 7 月解放 CA141 设计任务书下达，到 1986 年 9 月结束解放牌汽车的生产，再到 1987 年 1 月 1 日实现垂直转产，一个具有 30 多年历史的老企业如何实现产品换型？又如何走出了一条不停产、不减收的老企业改造新路子？

序曲

历经十年动乱后，1976 年，党中央工作转移到拨乱反正的经济建设上来，积极响应邓小平同志提出"对外开放，对内搞活经济"的号召。

1978 年年初，李刚担任一汽副厂长兼副总工程师。1979 年，担任一汽第一常务副厂长，厂长是刘守华。当时社会舆论对一汽非常不利，认为解放牌车型陈旧，老面孔不改，实行"30 年一贯制"，因此，摆在他们面前的第一要务是，通过技术改造、产品换型等，改变社会对解放牌汽车的落后印象。除此之外，他们还不得不面临设备老化、技术后方薄弱、环境污染严重、职工生活困难、住房长期得不到解决等系列现实问题。

一汽班子决定从技术上翻身。他们认为，单就技术而言，一汽的问题不只是产品落后，企业的组织、管理、工艺等仍然沿用苏联模式，无法跟上世界先进水平，而解决技术问题的最好办法就是向强者学习。

机缘巧合的是，1977 年夏天，日本自动车工业协会及日本国际贸促会，组织以三菱汽车公司社长久保富夫为团长，率日本汽车大型代表团考察中国汽车工业，历时一个月。国家第一机械工业部汽车局副局长胡亮安排李刚全程陪同，李刚带日本考察团参观了北京汽车、上海轿车和一汽。对方很直率地说：你们的管理太松散，产量也很低……你们的产品，从零件到成品都不合格。

此过程中，经李刚向一汽班子建议，并与日方代表协商——希望派出一个中方代表团对日本汽车工业进行回访。此想法得到机械部支持，报请中央获批后成行。据一汽史料记载，汽车实习团由一汽 17 位专业管理干部和 3 位翻译组成，他们自 1978 年 5 月 20 日至 11 月 6 日，用半年时间对日本主要汽车公司进行了全面考察和实习式研修。

汽车实习团团长是刘守华，副团长是李刚和一汽副总工程师王达勋。主要任务有二：一是，系统全面地学习日本汽车工业的生产和管理技术；二是，为"30 年一贯制"的一汽工厂改造和产品换型做准备。

半年研修期分为两部分，第一个月对日本十大汽车公司、35 个零部件工厂、技术中心、试车场等进行认识性参观，全面了解日本汽车工业概况。后 5 个月相继在三菱汽车、五十铃、日产柴、日野汽车和丰田汽车这 5 个汽车公司，带着题目针对性实习，每个公司实习一个月。

日本方面高规格接待。各个汽车公司都给予了许多方便条件——提供讲义、图纸和各种资料，组织观看新产品，实地参观试车场试车及碰撞试验等，并对中国实习团在住宿、伙食、学习用具、劳保用品、交通运输方面提供周到服务。赴日取经，让实习团大开眼界。

回国后，实习团整理编写了 26 本、约 40 万字的讲义，举办各种专业学习班和汇报会，将所学经验在一汽推广。效果非常显著，引发一汽解放思想、学习推广日本先进经验、推进企业管理现代化的热潮。据不完全统计，当时就涌现出 120 多项管理成果。

比如，设计部门改变过去"铁路警察各管一段"的方法，采用新产品开发的一贯制；检查处运用丰田"自动化"保证质量的理念，建立了 13 个质量保证体系；生产管理系统开始实行看板生产和取送货方式；供应协作部门同外协厂建立互助协作会，对部分外协产品和原材料实行看板取货、直送工位的物流体制等。

兄弟企业如二汽、南汽、一拖等企业闻风而动，纷纷派出代表到一汽学习。以吉林工大为代表的大专院校，多次邀请实习团成员前去授课，并索取讲义作为编写教材的参考。尤其是，李刚在人民大会堂向中央工交各部千名司、局长以上干部作专题报告，引起机械行业强烈反响。

1978 年年底，党的十一届三中全会召开，乘着改革开放的东风，一汽决定更上层楼，于 1979 年邀请丰田汽车副社长大野耐一到一汽，现场传授丰田精益生产方式。在此基础上，接着又邀请三菱汽车、丰田汽车、日野汽车、五十铃汽车这 4 家日本汽车企业先后到一汽考察，请他们帮着诊断，提出一汽换型改造方案及投资报价。

报价高达 23 亿元以上，这笔巨资显然是计划经济时代产品统产统销的一汽无法承受之重。但"解放"又必须换型改造，多方利弊权衡之下，一汽痛下决心自力更生。

编制方案时，一汽遇到了多种难题。产品方面，准备换型的 CA140 已在 1968 年移交给二汽。人才方面，自 1966 年至 1970 年，支持二汽技术和管理骨干 1539 人，就连开发 CA140 的工程技术骨干亦随产品而去。剩下的技术人才有的到了重汽，有的到了上汽，有的到了南汽。资金方面，国家财政紧缩，很难向汽车工业这样的民用企业进行基建投资，而向政府请求给予特殊筹资政策也是未知数。

一筹莫展之际，1979 年 7 月，时任一机部部长周子健到一汽蹲点，详细了解换型改造情况。8 月 17 日，他在一汽干部大会上做出增产指示，希望"一汽挖潜改造，用最经济的办法把 8 万辆搞上去，为向 15 万辆发展打基础"。

李刚适时向周子健提出，能否将部属长春汽车研究所划归一汽，以此加强一汽研发能力？周子健当场拍板同意。回京后，当几位副部长和司局长对划拨提出反对意见时，他给出了四个理由：一是一汽研发任务重，急需增加力量；二是只有将研发工作与制造紧密结合，才不会脱离实际；三是研发人员在企业中接触用户，满足用户需求，这是研发大方向；四是汽研所的行业工作还可以继续做，不受影响。

长春汽车研究所的前身是 1950 年在北京成立的汽车工业筹备组汽车实验室，1956 年发展成为一机部汽车拖拉机研究所，1957 年研究所一分为二，分别为汽车研究所和拖拉机研究所。汽车研究所于 1957 年年底迁到长春。

1979 年 9 月 21 日，一机部下文，长春汽车研究所与一汽设计处合并，成立一汽汽车研究所（简称一汽汽研所），由中汽公司和一汽双重领导。1980 年 5 月，一汽汽研所挂牌成立，其工作重点转至产品改型及开发系列产品。解放 CA141 开发提上日程。

同年 5 月 27 日，一汽召开第六次党代会，提出"从 1980 年至 1985 年，实现老车换型，产品创名牌，品牌上 10 个，年产过 8 万（辆），企业管理现代化，实现利润 16.2 亿元"奋斗目标。从那以后，一汽掀开轰轰烈烈的增产节约和换型改造大序幕。

"十大建议"

解放 CA141 在原生产线上改造生产，涉及诸多问题。这时到日本汽车企业学习的经验被派上用场，一汽采用主查制（项目经理负责制），任命田其铸为解放 CA141 换型改造总设计师（意为设计总师），冯建全为 CA6102 汽油机总设计师。这样做的好处是，他们不但能得到一汽汽研所支持，还可以调动其资源。

田其铸，一汽汽研所原副总工程师，1958 年参与过东风和红旗轿车设计，与刘经传、冯锦炜组成三人团队，攻关红旗轿车液压自动变速器。但到 20 世纪 70 年代末，因设计的变速器试制 5 年装车仍不合格，他认为在一汽没什么前途，颇有些心灰意冷。

1980 年，田其铸到北京出差，在农业机械化学院住了近一个月。其间，有天晚上，他专门去找来京出差住在一机部招待所的李刚，希望后者放他走，但李刚没有答应，让他将眼光放长远一些。一个月后，田其铸回到长春，接手换型改造新任务。

冯建权，一汽汽研所原副总工程师，中国第一代汽车发动机设计师。1950 年考取天津大学机械系内燃机专业，师从我国内燃机专家潘承孝和史绍熙。1953 年毕业，分到正在筹建中的一汽。在一汽 42 年间，他参与改进老解放发动机，设计红旗轿车发动机、农用万能汽车发动机、60 吨矿山车发动机和 CA6102 换型发动机。

因受资金所限，面积不可能扩大太多，设备也不可能增加太多，一汽想出了折中办法，比如多工序组合机床加工线，不能按常规方法移地重建、平行换型，只能在不停产的情况下就地改造，老线垂直换型。但这样一来，对新产品就有很多限制要素，要求新老产品在结构上要有相当大的继承性，以便稍加调整工序就可加工。同时，新产品还必须提高性能，达到当前先进水平。而这种方法，当时只有斯大林汽车厂使用过，一汽是第二次使用。

挑战很大。据李刚回忆，经与设计师和相关工艺师多次研究，一汽两次下达解放 CA141 型 5 吨载货汽车和 CA6102 顶置气门汽油发动机的设计原则。

第一次是 1980 年 7 月 17 日，大体内容包括：

第一，5 吨车要在老产品基础上进一步挖潜改进，总成和零部件在满足 5 吨车主要性能指标下，尽量不改或少改。

第二，充分考虑换型过渡的可能性和现生产工艺的继承性，充分利用现有设备和工装。

第三，通过设计改进整车性能指标，使其在动力性、燃料经济性、可靠性、使用寿命、操纵灵活性、舒适性等方面赶超二汽 EQ140 型（即原

CA140）5 吨车水平。

第四，规定新车最高时速为90公里/小时，百公里油耗28升，载重5吨，自重4.1吨，大修里程不少于20万公里。CA6102D 柴油机最大功率135马力，最大扭矩38牛·米，最低油耗235克/马力·小时。

但田其铸认为，就设计任务书来看，换型车没有竞争力，因为起点太低。自当年8月起，他从每个专业科室抽调几位同事，重新组成设计小团队，按照设计任务书进行方案设计。但在内心深处，他越来越觉得这样做有问题："原任务书过于迁就对老产品的继承，要求新车轮距、轴距以及车架长度与 CA10B 相同，这势必会给新车总体布置和性能带来先天性缺陷。这样换型的卡车，没有市场前景。"

思索再三，田其铸写就一份"关于 CA141 设计方案的十大建议"（简称"十大建议"）。1980 年年底，一汽汽研所技术委员会举行会议，专门听取他的汇报。会议由一汽汽研所所长刘经传主持，田其铸一面汇报原方案设计情况，一面提出新建议，当然，重点是后者。

这十大建议如下：

第一，选装柴油机问题；

第二，采用膜片弹簧式单片离合器问题；

第三，采用同步变速箱问题；

第四，选装单级后桥问题；

第五，循环球转向机问题；

第六，采用等宽车架，改变轮距和轴距问题；

第七，采用新前轴问题；

第八，采用铸钢刹车蹄片轴支架问题；

第九，采用选装件问题；

第十，严控汽车自重问题。

与会者大多是老工程师，他们基本同意田其铸的建议，但认为有些细节还需要再研究。比如车架模具制作周期较长，一汽自己做不了毛坯，只能送到富拉尔基重型厂去做，这样时间是否来得及？再比如，设计任务书由一汽规划处起草，以一汽总厂名义下发，而一汽汽研所却无权改动设计任务书。

为解决此问题，李刚主持召开过两次高端会议，每次有几十个人，主要由一汽技术委员会成员和各职能处室负责人参加。经过研讨，一汽确定以"十大建议"为基础，重新修订解放 CA141 设计任务书。

1980 年 11 月，根据国家节能方针要求和采纳田其铸建议的基础上，对设计书进行修改和补充。新设计书主要内容包括：

第一，为简化模具制造，新 5 吨车和 6 吨车的车架与老车相同。汽车的轮距、轴距及长度不变，车架材料和厚度可略有不同，或采用加强辅板以适应不同载荷和轴距的变化。

第二，新车架可装 CA6102 顶置气门汽油机、CA6102D 柴油机和朝柴动力生产的柴油机。

第三，轮距和轴距可以根据变型车要求进行适当变动。

第四，CA6102D 柴油机的曲轴应与 CA6102 汽油机通用，保留加强的可能性。汽缸体的龙门架不加高，气阀导管中心线与汽缸底平面柴油机为垂直结构，汽油机为斜置。柴油机采用四点悬置，汽油机为三点。CA6102D 柴油机功率为 120~125 马力，扭矩不小于 36 牛·米，重量不大于 475 公斤，比油耗不大于 170 克／马力·小时。

第五，汽油机 1982 年上半年完成，柴油机 1982 年下半年完成。

当时世界汽车工业的潮流是汽油机小型化，缸径 100 毫米以上的大汽油机几乎不涉及，大型基本是柴油机。一汽为何要逆潮流而动？冯建权解释道，主要原因有两个方面：其一，国家缺柴油，拖拉机和其他农业机械用柴油，汽油只能汽车用；其二，关键是缺资金。

冯建权说："我们也想重新设计一个全新六缸发动机，但一方面国家不拨款，计划经济时期，一汽卖车所得利润全部要上交。另一方面，一汽有几十台发动机设备（专机线），这些设备得想办法用上。不能买新的，也没钱买新的，受生产设备制约，设计发动机的思路基本被框死。"

这种设计思路好比"旧长袍改西服，既想美观，又要省钱"。冯建权打了个形象的比喻，拿一块新料子做西服，不管怎么样，还能弄出个样子来，但要把原来的长袍改成西服就很难，原有基本尺寸不能动，只能凑合着改。"这些困难李刚都知道，但他也没办法，总想我们能用上一个性能较好又能省钱的发动机。"

除资金外，设计 CA6102 发动机的另一大困难是技术。彼时的中国，刚从闭关锁国政策中睁开眼睛看世界；彼时的一汽，刚从"抓革命"运动中脱离出来，其发动机技术水平仍停留在 4E140（CA6100）水平。"整个一汽设计处发动机科，除科长张曰骞和一个试验员去过苏联外，其他人都没出过国"。

相反，近10年来，国际发动机技术已有长足进步。1980年改革开放初期，发动机产品开发还不能向国外设计公司咨询，也不能去国外考察，甚至连类似车型样机都没有，唯一途径就是从一些书籍杂志上了解全球汽车发动机动态。

为缩短投产时间，产品设计人员和冷热加工工艺员密切配合，采取适度的多边做法。新产品除继承原发动机优点外，还改进了一些不足之处。

刚实现厂所合并的一汽汽研所接到任务后，立即组织设计人员走访用户，征求意见。1980 年 10 月，设计工作全面铺开，所有参与设计的工程师为尽快出图纸，废寝忘食、不舍昼夜。1981 年一季度，CA6102 发动机全部图纸发出，5 月解放 CA141 试制图纸全部发出。7 月 1 日，试制出第一台样机，年底前共试制出 8 台。10 月初试制出第一辆解放样车，年底前共试制出 6 辆。

CA6102 样机出来后，进行台架性能调试，全部达成或超过设计任务书所规定的各项指标。随后进行强化试验，初期曾经发生过两次气缸体开裂漏水现象，改进后得到解决。在第二轮 1000 小时强化试验中，没有发现任何问题。

解放 CA141 样车出来后，一汽立即开始全面试验工作，包括 420 小时道路模拟强化试验、台架扭转疲劳试验和 1 万公里强化道路实验等。国家有试验标准的，就按照国家标准执行，国家还没有统一规范的，一汽就按照自己的规范做。

不一样的评价测试

按照规划，解放 CA141 换型改造要 3 年定型，3 年准备生产，6 年投产。在 1983 年定型前，解放 CA141 共做过 3 次鉴定，前两次在一汽做，最后一次在国家相关部门做。

田其铸清楚地记得，1981 年的最后一天，一汽召开第一次工厂鉴定会，确定解放 CA141 设计图纸可以作为换型改造扩初（扩大初步）设计的基础。对于试验过程中发现的问题立即改进，做第二轮图纸设计；对于没有出现问题的部件，在发出第二轮试制图纸的同时，先发提前投入生产准备的带"S"字头的采用通知书，以争取时间。

第二轮设计工作于 1982 年 4 月初结束。这次设计解决了车头、车架横梁、车厢纵梁、汽缸体开裂和机油泵传动齿轮早期磨损等问题。设计完成后，发出试制图纸。

1982 年上半年，解放 CA141 完成了整车性能试验、2 万公里可靠性试验、车架刚性及应力测定、钢板弹簧性能及疲劳寿命试验等 28 项主要试验。

6月29日至30日，一汽进行第二次工厂鉴定。这时李刚已调任中汽公司总经理，黄兆銮接任一汽厂长。鉴定会决定，将总成和零部件投入制造。

其间有个小细节，在第二轮设计过程中，上级部门为节约能源，发文要求CA6102发动机由烧75号汽油改烧80号汽油。因此，发动机压缩比由7:1调改为7.4:1，最低油耗由319克/千瓦·时改为306克/千瓦·时，整车百公里油耗由28升改为26.5升。但当时谁都没有想到，这却引发出一场风波。

1982年下半年，一汽试制出7辆按照第二轮设计方案生产的解放CA141样车，发动机仍沿用第一轮发动机。为检验设计改进的效果，对这些样车重新进行整车性能试验、台架扭转疲劳试验、道路模拟强化试验、5万公里可靠性试验和部分零部件的台架性能和可靠性试验等11项检测。

冯建权回忆，为确保质量，前后共对9台样机进行过1000小时强化试验，全部通过，其中一台进行了1800小时试验。经过测量，所有磨损都很小。这个过程时长一年半。除进行整机性能调整、强化试验外，还进行了各种零部件及小总成试验，包括曲轴和连杆疲劳试验、活塞拉缸试验、水泵及油泵的寿命及性能试验、化油器调整等多项试验。

此外，CA6102还装车进行了整车道路试验，在东北（黑龙江某地）、西北（新疆某地）、华中（襄樊）、西南（宝山）、华南（海口）等地的大运输公司进行使用试验。这些试验都由一汽负责供应备件，按规定要求进行。

到1983年7月15日，解放CA141第二轮道路试验已跑完5万公里，CA6102发动机已通过两次1000小时强化试验。8月，使用试验开始进行，其他鉴定准备工作已按计划完成。

这一年的9月20日至23日，一汽召开解放CA141车型鉴定定型技术审查会。会议由中汽公司总工程师陈祖涛主持，与会者包括国家计委、公安部、交通部等单位代表。审查会确定：解放 CA141 的燃料经济性和动力性已达到国内先进水平；平顺性达到或优于三种日本和一种美国同类汽车水平；安全性部分主要指标达到国际法规要求；发动机性能包括燃料经济性优于设计任务书指标，可靠性达到国际水平；汽车大修里程预计可达到20 万公里。

解放 CA141 通过国家鉴定。同年 10 月 8 日，解放 CA141 由中汽公司批准定型。

回忆这段历史时，田其铸总结道："从 1980 年 10 月到 1983 年，我们用三年时间完成解放 CA141 产品定型，这期间经历了两轮设计和一次较大的修改设计，完成了一批变型车设计，共出图纸（包括 CA6102 发动机）2925 张、明细表 1012 张、技术条件 56 份。为鉴定定型技术审查会提供鉴定文件 17 份，提供设计计算说明和试验报告 39 份。"

接下来，开始做解放 CA141 生产准备工作。

首先，发出全套正式生产准备用的采用通知书和技术文件，包括图纸、明细表、技术条件和装配调整说明书。发出前，先对文件进行整理，采用零部件与车型脱钩的新的编号规则。为避免混乱，还编印了新老图号对照表。

其次，编印了解放 CA141 使用说明书和零件目录。

最后，继续试制了一批解放 CA141 样车，先后发到内蒙古乌兰浩特、湖北襄樊（现为湖北襄阳）、新疆乌鲁木齐、云南保山、海南海口和甘肃兰州等地，供当地运输公司做使用试验。

对反映较多的电器和非金属产品质量较低问题，一汽于 1985 年和1986 年，分别在湖北和云南召开有各试验点和协作厂参加的电器、非金属产品质量工作会议，研究改进措施。

值得圈点的是，解放 CA141 还首次做了评价试验。主意来自李刚，他提出委托日野汽车公司为解放 CA141 做评价试验。那时一汽绝大部分人都不知道国外如何做新车试验，以及要试验哪些项目。

这是一次难得的学习机会。1984 年 8 月，一汽派出 8 人技术合作考察团，团长是谢云，时任解放汽车联营公司总经理，副团长是李治国，田其铸也在其中。在日本，一行人考察了日野汽车公司、丰田汽车公司、日产汽车公司等汽车企业，还去看过零部件厂。

一汽从 1984 年开始跟日野汽车公司谈合作，1985 年 2 月双方签约。合作项目包括两部分：一是为解放 CA141 做评价实验，二是引进日野汽车带同步器的变速箱。

1985 年 6 月，两辆解放 CA141 运抵日本。车发出前，在国内已做过共 400 多项试验。评价实验历时 153 天，试验过程中，在一些项目上，日野还用自己的汽车跟解放 CA141 作对比：日野是柴油机、平头车，解放 CA141 是汽油机、长头车，外表更好看，噪声也比对方小。此外，像制动等个别项目，解放 CA141 试验结果也不错。

1986 年 3 月，日野汽车公司做出评价试验结论：解放 CA141 比解放 CA15 高两个等级，比日野 1980 年产 GD174 低两个等级。在单项比赛中，解放 CA141 有 10 项优于 GD174，有 11 项低于 GD174。

解放 CA141 的外观、平顺性和制动性等，获得日野方面好评。对方提议双方合作，用解放 CA141 装日野柴油机，向菲律宾等第三国出口。之后，照此方式匹配了两辆样车，用日野汽车在当地的销售网络向菲律宾出口。

效果不错。但后来，国家出台技贸结合新政策，所谓技贸结合，即技术和贸易结合，我买你的汽车，但你得给我一部分技术。换句话说，你得给我 5%~10% 的技术回报。

因此，跟日野汽车谈判时，对方对试验项目要价 2 亿日元，经讨价还价后降到 1 亿日元，相当于 50 辆解放牌汽车的产值。再加上引进带同步器的变速箱，两个项目谈到 3.4 亿日元。要对冲掉这笔钱，就要购买 5 万辆日野汽车，一汽只能选择变速箱项目。

"七五"期间，一汽投资 1.4 亿元建变速箱厂，其管理和设备布置均采用日野模式，日野汽车还派来专家进行生产调整。建成投产后，首批 10 台变速箱送到日野汽车做试验。试验合格后，双方执行合同结束。

经过两年多的紧张备战，1983 年 10 月，解放 CA141 完成设计、试制、实验和定型。生产技术准备就绪后，一场新老产品交替转产的大决战随之开启。

"把这些大山搬掉"

究竟是采用单轨制，还是双轨制实现转产，成为横亘在一汽决策层面前的关键问题。

目标都很清晰——不减少产量、不减少收益，且一次成功。但这是一个颇具风险的决策。按照惯例，当时汽车企业普遍采用双轨制平行转产方式，即一条轨道生产老产品，另一条轨道试制和准备生产新产品。新产品逐步增加，老产品逐步减产，直至全部停产。但一汽因受当时条件所限，只能采取单轨制换型方法，即在同一块面积、同一条生产线经过短暂停产改造，把老产品换型成新产品。

这就增加了换型改造的复杂性，且风险很大。如何在单轨制条件下完成新产品转产？实施过程中，一汽先后制定过 4 次转产方案，《一汽创业五十年（1953—2003）》（中国第一汽车集团编）对此进行了详细记录。

第一次是 1981 年，编制扩大初步设计时，就设想过总成过渡方式：1985 年 7 月 15 日生产 CA6102 发动机，匹配解放 CA15；1986 年 5 月生产新驾驶室，再进行全车改造，1986 年 7 月 15 日出第一批解放 CA141。

这个方案在 1983 年扩初设计实施后不久就被否定。究其原因，主要有三方面：一是发动机生产准备复杂，时间较长，1985 年拿不出供老解放生产所需的发动机。二是在老解放上装新发动机，要做大量生产准备，不可避免地会冲击到新车生产准备，影响换型转产进度。三是从销售角度，虽然老解放装新发动机动力性有所改善，但并未改变老解放形象，用户未必接受，销量也未必好。价格不能提高，效益就无法超过老解放，算起来得不偿失。

第二次是 1984 年 5 月，采用垂直过渡方式：解放 CA141 从 1986 年 7 月开始，用迂回方式进行调试和小批量生产，从月产 100 辆到年末达到月产1400 辆。解放 CA15 用 10 个月时间完成全年 6.6 万辆生产任务后停产，留下 11 月、12 月和 1987 年 1 月——这 3 个月进行发动机、底盘、铸造等老生产线改造，1987 年 2 月正式转产新车。此方案虽然在局部总成，如车头、驾驶室、汽缸、汽缸盖产线转产上采用双轨制办法，但总体是采用单轨制，有一定风险，故被否定。

第三次是 1985 年 8 月，因受 1984—1985 年上半年汽车畅销、汽车价格猛涨，以及对垂直转产方案风险过大的担忧，提出"小双轨"转产方案。其特点是，转产前 1986 年解放 CA15 仍按年产 8.25 万辆满负荷安排，同时扩大双轨制新生产线，从 1986 年 5 月开始进行解放 CA141 调试，逐步转入批量生产，年末达到月产 1000 辆。1987 年待新车生产稳定后，再改造老产品生产线。此方案给新产品留出近半年时间稳定质量，又利用老产品旺销机会，为换型改造积累资金。

但这时市场风云突变，因受进口车冲击和国内银根紧缩等因素影响，老解放从旺销变为滞销，一汽已负债 1 亿多元，每年还要上缴利润 1.4 亿~1.5 亿元，7 万多职工要发工资……面对严峻形势，1986 年 1 月，一汽第四次制定转产方案。

此版方案与第二版相似，采用单轨制垂直转产方式。新方案要求 1986 年老解放年产 7.5 万辆，至 11 月完成。解放 CA141 从 5 月起进行调试，到 12 月达成月产 1000 辆产能。老生产线从 11 月停产改造，至 1987 年 1 月完成，2 月正式转产。

那是一场直击数万一汽人心扉的紧急动员大会。1986 年正月初六，春节后上班第一天，气温零下 30 摄氏度。在毛泽东主席奠基题词对面，灯塔上悬挂着大幅标语——“发扬愚公精神，背水拼搏，实现稳定转产；继承光荣传统，群策群力，务求决战必胜”。上万名职工拥向 1 号门，见证这一历史性时刻。

耿昭杰发出动员令。他已于 1985 年接替黄兆銮，担任一汽第六任厂长。耿昭杰号召一汽人在这场决战中，要全力打好四个战役：一是到二季度初，打好零部件调试攻坚战；二是从 5 月到 7 月 15 日，打好新车试装战役；三是从 7 月 15 日到年底，集中力量打好质量攻关战役；四是从 1986 年 12 月到 1987 年 1 月，打好停产改造老线战役。

打好四个战役，实现换型转产目标，其困难之大前所未有。“这些困难和矛盾就像一座大山矗立在我们面前，唯一的出路是全厂上下万众一心，以压倒一切的气概，把这些大山搬掉”“一汽能不能搬掉拦在自己面前的大山？”动员大会在职工们振臂高呼“愚公移山、背水一战、万无一失、务求必胜”中结束。

冲锋号令一下，人人皆为“换型”让路。1986 年 7 月 15 日，解放 CA141 开始批量试生产。9 月 29 日下午，老解放车停止装配。第二天上午，最后一辆老解放车下线，职工代表们以热烈的掌声向老解放车告别，同时也向“30 年一贯制”告别。

10 月 22 日，3 辆颜色分别为乳白、橘红、米黄色的解放 CA141 驶向北京，先后接受机械部、国家经委、国家计委、中汽公司评审，受到一致好评。最鼓舞人心的是解放 CA141 开进了中南海，这是新中国成立以来国产载重汽车首次开进中南海，国家领导人观审新解放，纷纷给予充分肯定。

1987年7月15日，国家验收委员会在一汽工人文化宫召开一汽产品换型技术改造工程竣工验收总结大会。国家验收团由35名委员组成，在对产品进行5天全面细致的检查后，签字验收。

"解放"成功换型，一汽开创了研发、工程、生产一体化三结合模式，创造了世界汽车史上单轨垂直转产的奇迹。

时任国家验收委员会副主任陈祖涛深有感触地说，一汽经过3年艰苦奋斗，克服重重困难，取得全面转产胜利。"这是我们汽车工业的创举，在国际上也是罕见的。这是一汽的骄傲，也是我们汽车工业的骄傲。"

换型改造是一项极其浩繁的工程，整个工程的规模和工程量不亚于建设一座与原一汽同等规模的新厂，施工难度及复杂度甚至超过前者。

耿昭杰认为，一汽产品换型和工厂改造"成果丰硕、意义深远"，他将主要成果归纳为五个方面。

其一，开发了一个20世纪80年代的新产品，产品水平向前跨越30年。

其二，一汽产品进入系列开发的新阶段。换型不仅开发了一个中吨位汽车系列产品，还为轿车、轻型车发展做了一些技术储备。

其三，初步改造一个老化的工厂。把一个20世纪50年代引进的工厂初步改造成具有一定自我改造、自我发展、自我建设能力的工厂，产品开发技术、制造技术、企业管理都发生了质的变化。

其四，带动了一大批关联企业的改造。解放CA141协作产品568项，新车专用411项，分布在全国13个省市的94个协作厂里。新车性能水平提高，带动它们同步发展。

其五，在改造企业过程中，改造了职工队伍，成长为能自主全面进行企业改造的人才。

1987年7月，国务院经济技术社会发展中心技改调研组经过实地调查，在《一汽在改革开放时期的技术改造》调查报告中，将一汽换型改造的经验总结概括为：

把产品更新换代作为企业发展的主线，围绕产品上水平推进企业技术改造。

采用利润递增包干、提高折旧率、以老养新等做法，把国家政策转化为换型改造资金。

充分利用改造现有的基础，把有限资金用于换型改造的关键部位，用增量激活存量。

充分利用对外开放的条件，采用联合设计、技贸结合、技术咨询、购买关键设备的做法，学习、吸收、消化国外先进技术，实行开放体制下高层次的自主改造。

建立加强汽车研究所等技术后方基地建设，促进技术进步。

管理换型与产品换型同步进行，大力推行现代化管理方法，初步建立两级计算机网络。

把一部分零部件扩散到联营和集体企业，改造"大而全"，发展专业化协作。

用系统工程原理和方法组织换型改造，在老产品滞销、提前退出市场的特定情况下，成功实施单轨换型，垂直转产。

把质量第一贯穿于换型改造全过程。

用企业精神的力量推进企业技术改造。

解放 CA141 因其外形和动力深受用户青睐，国内订单供不应求，1987 年生产 6 万多辆。当年在有国内外汽车厂家投标的 3 个国际招标项目中，解放 CA141 是唯一中标的中型卡车。1988 年，它还出口朝鲜、美国、玻利维亚和泰国等地，同年在有 28 个国家参加的第 21 届开罗国际汽车博览会上备受好评。

余音

接着又是一场攻坚战。

随着解放 CA141 大批量投放市场，质量问题反馈越来越多，销量逐月下降，一汽因此进行了 5 年艰苦卓绝的质量总体战，直到 1991 年创上国优汽车产品，质量总体战才告一段落。

一汽副总工程师李松龄被任命为质量组组长。这个任命来得有些突然，有一天，耿昭杰召开相关领导和技术骨干专题研讨质量总体战，他在黑板上画了一个变压器，提出要把全厂各方面的质量信息都输入到这个变压器，再通过扎实有效的工作，从变压器输出解放 CA141 各项质量问题的解决方案。

"这个变压器就是质量工作组，全厂关键岗位上的技术专家和领导都要抽调到工作组，每天下班后 5 点钟集中到厂部，研究解决各项质量问题。这个质量工作组的组长由李松龄担任。"

李松龄没有任何思想准备，他心里有些犯难，因为此前，一汽已派出 6 位副厂长深入 6 个专业厂，分片包干负责指导专业厂解决质量问题。一个副总工程师如何指挥 6 个副厂长？但是反对无效。

质量总体战从四个方面展开。

一是集中精力解决用户反映最强烈的"心脏病"质量问题，采取五项措施开展质量攻关。

冯建权表示，在 4 万公里保用期内，CA6102 发动机先后出现两大质量问题。一个质量问题是，发动机不同程度出现活塞烧顶、断环，甚至拉缸现象。经过实地用户调查，发现各地使用的汽油达不到设计规定的 80 号（RON）要求，大部分是 70 号（RON）甚至更低，从而引起发动机严重爆震，导致活塞烧顶、断环、拉缸问题发生。解决办法是，降低压缩比，将压缩比从 7.4:1 降至 6.9:1。另一个质量问题是，不同地区的新车发动机先后出现气缸筒早期严重磨损，导致漏气量加大。通过试验调查，发现是采用劣质滤芯导致发动机早期磨损，这是 CA6102 发动机设计中暴露出来的最大问题，但当时设计人员都没有市场概念。此事闹得满城风雨，冯建权因此备受压力，好在问题最终得到了解决。

二是推广群众性创造的质量管理活动"四大法宝"，分别是"三自（自检、自分、自记）一控（控制不合格品，确保不合格品不下流）"、质量联保、专职检查、QC 小组活动。

三是坚持推行提高汽车可靠性的三大支柱，分别是质量改进、奥迪特评审和整车可靠性试验。

四是花大力气提高协作产品质量。当协作产品三类以上故障占到整车60% 以上，一汽就把试验中发生的三类以上故障项目列入质量改进计划，通知协作厂家，要求其限期解决。

质量总体战成为一汽的首要任务。每年元旦后上班第一件事，质量工作组就把"质字一号文件"发给每位职工，让大家清楚新一年的质量目标、质量计划和对各单位的质量要求。为此，一汽还建立了 3 个雷打不动的例会：每周一次产品质量评审例会、每周一次产品质量改进例会、每月一次全厂质量例会。月例会设批评席和表扬席，质量工作有严重失误的单位一把手要上批评席，反之，则上表扬席。对例会情况，当晚一汽电视台进行报道，第二天《一汽集团报》再做报道，可谓众人皆知，具有一定威慑力。

1991 年，中汽公司提出要开展汽车创国优活动。一汽抓住机会，组成创优队伍。历经 3 个月众多项目的试验考核，解放 CA141 最终以 986.23 分拔得头筹。

在田其铸印象中，从 1987 年到 1991 年，针对解放 CA141 在生产使用过程中反映出来的问题进行改进，前后做了 103 项大大小小的试验。他认为，通过解放 CA141 换型改造，可以汲取以下经验教训。

第一，产品开发要有高起点，否则到正式生产投放市场时就会落后。作为一个大量生产的基本车型，从研制到生产准备，再到正式生产，一般都需要 5 到 6 年时间。

解放 CA141 研制时，我国对制动系统、排污量等并无专门法规要求，对噪声要求也不严格，但一汽根据国外法规和国外汽车发展趋势，决定采用双回路制动系统，并对排污和噪声采取控制。后来国家规定必须采用双回路制动系统，还颁布了控制排污量及噪声的法规，解放 CA141 完全符合要求。

第二，抓住主要矛盾，处理好发展和继承的关系。为节约资金和争取时间，解放 CA141 重点放在车身、发动机和行走机构上，对过去深受用户好评的双级减速后桥等未作重大改变。对于离合器和变速箱则采取先用老产品过渡的办法。

第三，从实际出发，使产品开发建立在可靠的物质基础上。汽油问题就如此，一汽采取安装爆震限制器、降低压缩比等一系列措施，使矛盾得到缓解，但对解放 CA141 的声誉已经造成不利影响。

第四，贯彻新标准既要积极又要慎重。对于与老产品无继承和互换关系的，要积极贯彻新标准，如改进公差配合、飞轮壳连接尺寸、噪声和排污等。对于与老产品有继承和互换关系的贯彻，一定要慎重。

第五，要考虑工艺但不能迁就工艺。解放 CA141 机油泵出油管原来设计用钢管，因为压弯成型困难，才改用铜管。但在使用时，铜管多次发生断裂，造成主轴瓦缺油烧损，后又由铜管改为钢管，事故再没发生。

为什么"解放"在换型过程中暴露出来的问题这么严重？曾担任一汽集团常务副总经理的陆林奎说："实事求是地讲，我认为是我们知识不够、资金不足、技术水平不高。但更深层次来讲，还有思想作风问题。这是值得我们反思的地方。"

不管怎样，一汽在换型改造过程中表现出来的争第一创新业竞争意识，已与解放 CA141 一起载入史册。但成绩只代表过去，新事业已经箭在弦上。1987 年 11 月，中国共产党中央顾问委员会常委、一机部老部长段君毅在为一汽题词时写道："解放换型是成功的，希望继续努力，积极开发新型轿车。"

轿车事业迫在眉睫，一汽需要迎头赶上。

"把轿车工业搞上去"

1987 年 7 月 15 日，一汽换型改造庆功祝捷大会在一汽工人文化宫举行，会议由耿昭杰主持，以周子健为主任的国家验收委员会全体成员，和吉林省、长春市领导，以及曾在一汽工作的老领导、老同志应邀出席大会。74 岁的饶斌作为重要嘉宾参会。

在发言中，饶斌突然动情地讲起了轿车："一汽的第一次创业我干了，第二次创业我支持你们干了，现在我干不动了，我要看着你们实现第三次创业。我要趴在地上，当一座桥梁，支持你们把国产轿车搞上去。"老厂长话音刚落，全场掌声雷动，很多人都感动得流下了热泪。

只是谁都不会想到，这竟是饶斌最后一次向一汽职工讲话。

44 天后，1987 年 8 月 29 日，这位中国汽车工业的创建者和奠基人在上海考察期间不幸病逝，享年 74 岁。斯人已逝，但他生前为中国汽车事业呕心沥血，为一汽上轿车不辞辛苦奔走操劳、甘作桥梁的夙愿，以及他未酬的壮志和嘱托——"一定要把中国轿车工业搞上去"——均被一汽人铭记并向前推动。

发展轻型车和轿车被视为一汽又一次创业，也是一汽"七五"期间的重要项目。

一汽从 1982 年年底开始制定"七五"发展规划，1984 年 8 月完成总体方案，11 月国家计委以计综〔1984〕2403 号文批准。1985 年 7 月，国务院以〔85〕国函字 114 号文批准一汽扩建和技术改造设计任务，同意一汽"在'七五'和'八五'前期，经过扩建和改造，形成年产 20 万辆汽车的生产能力，1990 年产量达到 17.4 万辆，建设总投资规模 24 亿元，技术引进和进口关键设备用汇额度'七五'期间控制在 1.1 亿美元之内"。

后因国家控制基建规模要求，一汽"七五"产品纲领和投资规模经过了两次调整，最终确定为——年产汽车 16 万辆，包括中型车 10 万辆，轻型车 6 万辆，总投资 15.77 亿元，概括起来就是"中型上水平、轻型抢速度、着眼打基础、扩大专业化"。就产品发展重点而言，用更形象的语言可概括为"一个基础，两个拳头"。

耿昭杰在内部讲话中做过解释：一个基础是解放 CA141，也就是"一汽的吃饭产品，是今后做其他产品、取得自筹资金和各方面条件的源泉"。在这个基础上发展两个拳头产品，一个拳头产品是解放 CA150P，接着再发展解放 CA151，由于行业竞争激烈，解放 CA150P 要加速进行。另一个拳头产品是轻型车，尤其是轻型车的发动机。"'七五'期间，有了解放 CA141 这个基础，解放 CA150P 又干上去了，轻型发动机也干上去，一汽就神气了。"

但其实，通过轻轿结合发展轿车，才是一汽真正志向所在。在一汽 70 年发展长河中，这是一个战略转折，代表一汽由中吨位载重车向轻型车和轿车生产的战略转移。这同时意味着，一汽又将迎来一场难度不亚于换型改造背水一战的创业。

时机已经成熟。国家把发展轿车战略提上日程。1987 年 5 月，中国汽车工业发展战略研讨会在十堰举行，这次会议主要解决了两个问题，一是中国要不要干轿车，二是怎么干轿车。唇枪舌剑的结果是，中国应当建立自己的轿车工业。

6月19日，时任国务院副总理李鹏、国家机械委主任邹家华等到一汽考察，耿昭杰抓住机会向他们汇报一汽上轿车的打算。7月，一汽向国家计委上报从年产3万辆先导工程入手，逐步建设年产15万辆轿车工业基地的方案。8月，中央财经领导小组在北戴河会议上作出中国汽车工业战略性转移的重大决策：今后轿车生产主要依靠一汽、二汽。此外，上海大众公司首先要把国产化搞上去。在全国范围内不再安排新的轿车生产点。

这是中国发展轿车的一个重要里程碑。亦因此，一汽刚完成解放换型改造后，又适时抓住上轻轿，尤其是上轿车的机遇，踏上新征程。新征程内涵更为丰富和深刻，产品结构实现从单纯的中型车向轻型车和轿车转变，市场目标实现从单纯的国内市场向国际国内两个市场转变，企业组织结构实现由单纯的工厂体制向集团体制转变。

一汽制定了轿车发展战略——从中高级轿车起步，向下发展；依托老厂，轻轿结合；一次规划，分期实现，先建一个3万辆先导厂，挡住进口，进而瞄准国际、国内两个市场，建设一个符合经济纲领的现代化轿车工业基地。

在寻找合作伙伴过程中，具有先发优势的美国克莱斯勒汽车公司因其傲慢而败北，一汽最终选择德国大众汽车集团旗下奥迪轿车作为起步产品。1988年，双方同时签订技术转让、购买二手模具、KD组装轿车三个合同，一汽轿车事业全面展开。1990年11月，一汽集团与大众汽车集团在人民大会堂签订年产15万辆轿车项目合同，1991年2月，一汽－大众合资公司成立。1996年，历时5年，年产15万辆轿车项目全面建成。

这一切，均来之不易。

"轻"兵入关

1985 年，时任吉林省机械设备成套局局长国斌给机械部领导写了一封信，大意是，在企业干了大半生的他不喜欢机关工作方式，还是想干汽车，希望回汽车厂工作。

彼时的国斌已年逾五旬，赴任吉林省机械设备成套局一年有余。他的工作经历比较纯粹，1953 年 7 月，被一机部派遣到莫斯科汽车学院留学 4 年，1957 年回国，因受中国汽车工业奠基人饶斌的影响而选择一汽。这一干就是 27 年，从普通技术员做到车身厂厂长，其间重要任务之一是安装调试 3500 吨大压床，该设备为一汽投产立下汗马功劳。

机械部批准了他的请求。这时的一汽，在"愚公移山、背水一战、万无一失、务求必胜"精神号召下，正在进行轰轰烈烈的换型改造。国斌去找耿昭杰要求"参战"，耿说，现在轻型车没人抓，你就抓轻型车吧。从 1986 年开始，国斌开始负责一汽轻型车基地建设和投产准备。

对一汽来说，上轻型车是战略问题，首先要想办法把项目争取到手，因轻型车和轿车的发动机可以通用，轻型车，尤其是轻型发动机上去后，将来大批量生产轿车就有条件了。至于具体怎么上则是战术问题，当时从广州到北京，从南京到武汉，全国都在干轻型车，有的明修栈道，有的暗度陈仓，可谓八仙过海，各显神通，甚至有军工企业都已入局。这种背景下，谁能抢占先机，谁就可能脱颖而出，因此，速度是轻型车能不能存在的关键所在。

综合来看，一汽发展轻型车，具有三个特点：一是坚持自主开发与重点技术引进相结合，以创造自主品牌为目标；二是联合、兼并、改造地方企业，将其纳入一汽统一轻型车发展中，加快速度，节省资金；三是全系列、多品种、多方位开发产品。产品既有 1 吨级，又有 2 吨级，卡车既有单排座，又有双排座。

先看产品。轻型车产品被称为小解放，开发历时 4 年多，从 1987 年到 1991 年，其间进行过三轮设计、三轮试制、三轮试验，并且每个轮次间交叉进行性能、可靠性滚动补充设计。试制试验样车 36 辆，每种车型累计与考核试验里程达 15 万公里以上。对 30 多种总成进行了几个轮次的台架试验，立项解决了几十项质量问题，整车可靠性大为提高，标志一汽轻型车产品跨代进入 20 世纪 80 年代同类车行列。

再看基本建设。按照国务院批复函，一汽建设轻型车基地，要充分利用中型车已有基础，通过填平补齐和必要的技术改造，让原来 19 个中型车专业厂，既能为中型车配套，又能为轻型车配套。同时要求，在东北以一汽为龙头，联合兼并吉林市和长春市的 4 家企业，把它们改造成为轻型车生产主阵地。

为发展中型车生产和创建轻型车阵地，在一汽换型改造还未实现垂直转产时，也就是 1986 年，二厂区开工建设。

一汽在困难时期要建设比老厂区更大的新厂区，新建的第二发动机厂当时属于轻型车基建的重点项目之一，任务是为轻型车和轿车生产配套发动机。一汽从克莱斯勒公司引进全套轻型发动机技术，同时引进了主要设备，生产 2.2 升 ~2.5 升化油器式发动机、2.2 升和 2.5 升单点多点电喷增压发动机。

第二发动机厂于 1993 年 7 月投产，验收时生产能力达到年产 7.5 万台。其年生产纲领是年产 15 万台，远景可达年产 30 万台。

在二厂区新建的第二铸造厂，主要生产轻型车匹配的 488 发动机复杂铸件，于 1992 年投产。克莱斯勒公司铸件全面检验后，称赞缸体铸件质量出色。1993 年 12 月，第二铸造厂的 GF 气冲造型线，在全国铸造样板厂会议上被评为全国引进的 28 条同类生产线中运行最佳的一条。

其他与轻型车有关的专业厂，也同样为生产轻型车创造了条件，使轻型车车架、车厢、车轮、散热器、传动轴、转向机及重要锻件等同步投入生产。

这个过程中，最具创意但难度最大的，是对吉林和长春4个工厂的兼并重组。

1986年5月15日，吉林市汽车工业总公司、长春市东风汽车制造厂、长春市汽车发动机厂和长春市齿轮厂与一汽集团签订联合协议书，形成紧密联合方式。4个厂的隶属关系和产供销人财物和计划渠道划归一汽集团，由一汽集团统一领导、统一规划、统一管理和统一经营。但4个厂在一汽集团内相对独立，对外实行独立核算，相当于"一厂两制"。

此举是在国务院进一步推动横向联合方针指导下的紧密联合，直接效果体现在三方面：一是有利于组织专业化协作，变分散经营的小生产为社会化大生产；二是有利于争得时间，在中国汽车产业"缺重少轻"的背景下，尽快把轻型车基地建设起来；三是有利于发展一汽经年累月积淀下来的技术和管理优势。通过紧密联合4个厂，以及2亿多元的固定资产和1万多名职工，一汽集团可加速实现"七五"发展高水平、高质量轻型车的目标。

具体来看联合情况。一是吉林轻型车厂，原为吉林市汽车工业总公司，隶属吉林市政府。1984年8月加入解放联营公司，1986年与一汽紧密联合，1991年并入一汽集团，更名为一汽吉林轻型车厂（兼有微型车）。"七五"改造时，吉林轻型车厂的重点是完成全系列轻型车车身技术引进、改造和投产，以及卡车和厢式车整车技术、生产准备。

二是长春轻型车厂，原为长春市东风汽车制造厂。1986年5月加入解放联营公司，成为一汽紧密联营厂。1991年3月划归一汽，成为一汽直属厂。经过技术改造，2吨车换型，年产能从1万辆提高到2万辆以上，1吨车和2吨车的前后桥年产能达6万辆。

　　三是长春齿轮厂，原为长春市通用设备厂。1986 年 5 月，与一汽紧密联营，1991 年 3 月被一汽兼并，成为一汽直属厂。生产的 CAS520 轻型汽车变速箱以及应时开发的多种轻型车变速箱产品，成为国内轻型汽车主机厂的首选配套产品。

　　长春市汽车发动机厂于 1991 年并入一汽。

　　既要投入硬件，又要投入软件，短期花费不亚于建一个新厂。1994 年 9 月 16 日，何光远在验收时曾说，一汽建设年产 6 万辆轻型车基地……联合兼并 4 家地方企业，给他们注入必要资金，进行较大规模技术改造，还要在管理方式和管理水平上并轨。但从长远看，紧密联合这条路走出来后，首先对一汽集团有利——年产 6 万辆轻型车和生产基地提前两年建成，且节省 4 亿 ~5 亿元投资。

　　"七五"改造验收前后，一汽轻型车蒸蒸日上，当时开发了 33 个品种，批量投放市场 19 个，年产 4 万多辆。从东北经过山海关，走向全国，两年间从零发展到市场第一。何光远风趣地说："轻"兵（一汽轻型车）入关了！

　　一汽引进技术自主开发的 1 吨、2 吨轻卡和轻型面包车，1992 年大批量投放市场，年销量以 61.5% 速度递增，最高达 8.4 万辆，连续两年全国市场销售第一。1994 年 9 月经国家验收后，哈尔滨星光、沈阳金杯、四川成都、芜湖扬子、云南红塔等轻型车企业加盟一汽。

　　但好景不长，1997 年后，由于轻型车供大于求，小解放车正要进入产品更新换代时期，引进的发动机技术落后，车身需要换型。受到国内合资企业和农用汽车两方面挤压，小解放产销量大幅下降，年产量最低时仅 5 万辆，不到生产能力的 1/3。

　　2000 年，一汽集团推出第二代轻型车换型产品 CA1041L。但此时，轻型车已不是一汽集团战略重点，之后一汽集团调整产品战略，将绝大部分精力放到了轿车上。轻型车产品开发团队随之解散，被合并到一汽技术中心商用车部。

6年后，一汽集团战略转型，决定重新上马轻型车。2007年，通过整合一汽红塔和一汽哈尔滨轻型车厂，一汽轻型车公司在青岛成立。2009年8月，以一汽轻型车公司为基础，一汽集团与通用汽车成立一汽通用轻型商用汽车有限公司。

2009年3月，一汽技术中心成立轻型车部，重新搭建轻型车产品平台，开发第三代轻型车，任务落在一汽解放商用车开发院整车开发首席工程师、时任轻型车部副部长兼整车设计室主任高铁石身上。高铁石1990年毕业后，被分配到长春汽车研究所总布置设计二室，在为一汽效力30多年期间，前10年从事轻型车产品设计，2000—2006年从事重型车产品设计，最近十多年，他重返轻型车战线，成为解放轻型车研发体系及产品平台创建者。

此时的轻型市场，格局已生变——福田汽车第一，江淮汽车第二。一汽集团将目标锁定江淮汽车，因为做市场调查时，江淮轻卡口碑不错。

第一步是搭建轻型车平台。项目组从有关部门拿到每年轻型车实际上牌数据，100多万辆车，每辆车有几十个参数，综合起来就是庞大的数据量，以此为基础分析轻型车市场现状，综合考虑市场所需和法规要求，找出规律和趋势。

项目组最终策划了四个产品平台，分别是1.5吨、2吨、3吨和4吨，再根据大数据做出四个平台的整车主参数，并适度考虑超前量，总体思路是发动机向大功率发展。实践证明，这种方法是正确的，解放轻卡产品平台2008年成型，直到2018年后产品平台体系才发生变化。

2007年建轻型车平台，2010年开始设计，2013年试生产，2014年推向市场，为什么会间隔7年时间？高铁石实事求是地说，这中间走过一些弯路："一汽哈尔滨轻型车厂和一汽红塔这两家子公司没做起来，一汽通用合资公司也没做起来……真正做起来的是一汽解放，我们利用解放全资子公司一汽青岛的产能，很快就干起来了。"

这个过程中，一汽解放想明白了两件事：第一，轻卡市场很大，解放轻卡不占据一定份额肯定不行；第二，还得自己干。一汽解放由时任一汽集团副总经理董春波分管，干轻型车主要是他的主张。

解放轻卡推向市场曾遇到不少障碍。一方面是对市场了解不够，另一方面是参与各方尚需磨合。当时研发团队在一汽技术中心，生产和销售团队在青岛汽车厂，最大问题是产品开发团队和销售团队之间的磨合，两个团队对轻型车市场都没有太多感觉。关系最紧张时，开发团队说，我们设计出来的轻卡参数跟市场需求一样，你们怎么就卖不出去？销售团队回道：你们设计出来的产品，真不是市场需要的。

市场告急。痛定思痛后，双方开始换位思考，所有出发点均以用户需求为准。站在用户角度，产品开发其实没有一个固定检验标准，最先进的技术并不一定是用户所需，但产品又朝着技术进步方向发展，所以，产品开发既要注重市场销售需求，又要有超前发展的预见性。平衡最重要，但也最难。

从 2016 年下半年开始，销售形势好转，当年销售轻型车 1.7 万辆。这是一个新起点，此后轻型车销量逐年攀升，2017—2019 年分别为 3 万辆、5 万辆、6.5 万辆，年增长率多年排名第一。

2018 年和 2019 年，一汽解放轻卡一方面进行动力升级，一方面解决解放 J6F 与虎 V 平台模块化接口统一难题。前者通过平衡用户需求与成本之间的矛盾，实现精细化设计，为解放轻卡持续上量奠定了基础。

但后者解决起来却比较复杂。解放 J6F 和虎 V 是解放轻卡旗下两个不同子品牌，前者由长春团队设计，后者由青岛团队设计。虎 V 是借用解放 J6F 白车身打造的新平台，两者内外饰不同，价格定位略有差别，两个平台的底盘之间有很多复杂的总成借用关系。时间一长，两个平台不通用件越来越多，给后续采购、物流、制造、服务增加了复杂度。

想解决这个问题的实质是：如何实现平台产品的模块化？需要定义哪些参数，才能实现两个平台上的总成和零部件互换？高铁石带领团队重新定义产品设计接口参数。设计接口统一后，再用半年时间实现生产切换，两个平台产品通用性大为提高。

作为一汽解放完善商用车"重中轻客"产品布局、全面协同发展的关键拼图，轻型车既是一汽解放谋求销量跃迁增长的核心支撑，也是一汽解放构建迈进世界一流的重要战略组成。自 2012 年投放首款轻卡产品以来，解放轻卡一路闯关。未来，解放轻卡还将继续以拼的精神，以闯的劲头，助力一汽解放持续领航。

两个男人的握手

历史不会重演，但总是充满偶然与必然。

1987 年 10 月，正在意大利一座小岛上休假的卡尔·H.哈恩博士（Carl Hahn，以下称"哈恩"）突然收到一个信息。好朋友基普（Walther Leisler Kiep，瓦尔特·莱斯勒·基普）告诉他，一汽向大众汽车集团提出合作申请，而大众汽车集团的第一反应是，他们已经有上海合作伙伴，便拒绝了一汽的邀约。

3 年前，即 1984 年 10 月，经过 6 年 30 多次艰苦谈判后，大众汽车集团在中国第一家合资企业，也是中国第二家汽车合资企业——上海大众汽车有限公司（简称上海大众，后改为上汽大众）奠基成立，生产桑塔纳品牌轿车。

但哈恩却认为，这是一个好机会。他立即用休假别墅里的传真机给耿昭杰写了一封信，大意是说，这是一场误会，大众汽车集团当然对和长春合作感兴趣，他会尽快和耿厂长取得联系，并到长春考察。

当年 10 月 20 日，履新大众汽车集团董事长不久的哈恩博士第一次到访一汽。从机场甫一出来，他顷刻就感受到了长春的寒冷——确切地说，自二战以来，他还从未像那样挨过冻，以至于耿昭杰接待他们时，给每人都发了一件厚棉衣。

哈恩和耿昭杰一见如故。谈判非常顺利，但中间出现了一个小插曲。谈着谈着，耿昭杰突然起身离开，一个多小时后才回来。后来哈恩才知道，他去给当时一汽在美国的谈判团队打电话，让他们不要跟克莱斯勒签约。

这通电话，不仅改变了一汽集团和大众汽车集团的命运，某种程度上，也改变了中国汽车工业的轨迹。

电话另一端，大洋彼岸，底特律城，吕福源和李光荣正在与克莱斯勒进行艰苦的谈判。耿昭杰在电话里问他们谈判情况怎样，他们答道，非常艰难，美国人把价钱开到了天文数字，没法接受，看起来这个回合谈不成了。

耿昭杰说："你们可以回来。现在德国大众董事长在这里，他希望我们去看奥迪 100，奥迪 100 的车身比道奇 600 好得多。但有一个问题，已经引进的 488 发动机能不能装到奥迪 100 上？德国大众董事长说，大众完全能够解决这个问题，而且还许诺，如果两边都派出精干的代表团，4 个月就能签订合同。"

接完电话，再回到谈判桌上，吕福源和李光荣对美国人讲："你们一定要认真研究你们的价格……此刻德国大众董事长正在一汽访问，如果你们还坚持这个价格，我们就去德国。"

负责谈判的克莱斯勒副总裁很有意思，他说："非常好啊！如果你们能够选择一个非常好的德国合作伙伴，我们祝贺你们！"

吕福源只能遗憾地说："那好，我们再见。但是你一定要明白，我们再回来的可能并不是很大。你们错过了一个非常重要的机会。"

克莱斯勒的确错过了这个重要机会。

一汽的轿车3万辆先导工程最初选择克莱斯勒生产的道奇600为参考样车，拟对外形稍作修改后生产小红旗CA7220，供政府机关作公务用车。

为何选择克莱斯勒？早在1984年，为引进轻型发动机，一汽就与克莱斯勒有过深入接触。克莱斯勒在墨西哥有一条年产30万台488发动机的生产线，这条生产线从大众汽车集团引进，当时处于闲置状态。这款发动机既可用在轻型车上，也可用在轿车上，匹配的正是道奇600车身。耿昭杰亲自飞到墨西哥考察，拍板买下这条生产线。1987年8月，一汽跟克莱斯勒签订购买488发动机产线合同。

在488发动机引进谈判中，美方曾许诺在提供整车技术和二手模具方面给予优惠。因此，1987年9月22日至10月19日，一汽派出以第一副厂长李治国带队，包括吕福源、李中康、范恒光在内的8人代表团赴美谈判，谋求在轿车制造上进一步合作。但当克莱斯勒得知中国政府已同意引进道奇技术信息后，误认为自己胜券在握，表现得相当傲慢。

在这关键时刻，哈恩奔赴长春，耿昭杰那通电话就是这时打往美国的。哈恩对一汽非常感兴趣，希望一汽在不久的将来成为中国的狼堡（德国沃尔夫斯堡市的别称，大众汽车总部所在地）。他说："大众是雄踞欧洲的汽车集团，一汽在亚洲也是很有实力的汽车集团，我们两家如果联合起来，就能够在国际市场的竞争中大显身手。"与耿昭杰第一次握手后，双方迅速推进合作。25年后，2016年9月8日，一汽－大众成立25周年，81岁的耿昭杰与90岁的哈恩第二次握手，其情其景，令人无限感慨。

跟美国的谈判终因二手模具技术转让费（入门费1760万美元）太高，和工装模具转让时间不能确认而告吹。1988年，克莱斯勒高层访问一汽，提出"如果马上签约，入门费只要象征性的一美元"，但败局已无法挽回。

就这样，大众汽车集团战胜了美国商业传奇人物李·艾柯卡（Lee

lacocca）执掌下的克莱斯勒，而错失中国市场则成为艾柯卡一生中最大的遗憾。1988年10月，艾柯卡乘专机到长春，参观完一汽后，他不无遗憾地说："我们来迟了。"

对大众汽车集团来说，一汽提出的条件比较苛刻，其中最苛刻的是——把克莱斯勒488发动机匹配到奥迪100车身上。这是一件颇为棘手的事情，毕竟谁愿意把别人的"心脏"装到自己的"身体"上呢？尽管如此，哈恩还是答应了。但其实，问题没有这么复杂，因为488发动机的前身就为奥迪匹配，克莱斯勒做了些改进，亦因此，奥迪对其结构并不陌生。

一个多月后，大众汽车集团告知一汽，他们已经做好匹配，请一汽派代表团前去验收。当年12月，一汽总工程师林敢为、规划处处长郑镜彤、汽研所所长徐兴尧、李中康和翻译马怀琪5人代表团到访德国。正值圣诞节前，德国天气寒冷，街上几乎看不到行人，酒店里客人也很少，他们去买来一些面包和果酱，在斯图加特度过了圣诞节。

可以告慰他们思乡之情的，就是那辆经过改装匹配488发动机的奥迪。德国人颇费匠心，所有连接件都是锻件，非常结实可靠，而且，还把一汽厂标的图案挂在汽车前脸上。唯一的缺点是，发动机位置稍高，机罩盖不下去，前面鼓起来一块，"就像波音747"。这个问题后来在小红旗系列车身上得到解决。

看完样车，再经过试车，一汽代表团对奥迪100甚为满意。从德国回来后，林敢为以代表团名义写了份验收报告，详细对比道奇600和奥迪100后建议：跟大众汽车集团合作生产奥迪100。

其中原因有四：其一，产品方面，奥迪100优于道奇600，无论是车身设计，还是外部尺寸及内部空间，抑或市场知名度，奥迪100都更胜一筹；其二，大众汽车集团更有合作诚意；其三，奥迪100与桑塔纳有良好的通用性，有利于两种车型的国产化和备件供应；其四，奥迪100/200

可作为系列产品生产，前者可作为政府官员的公务用车，后者可作为中央领导用车。

但在一汽内部，轿车产品路线方向究竟选择德国还是美国，两种观点却相执不下，甚至一度吵到厂长办公会上。十几个人举手表决，多数人选择跟奥迪合作，经耿昭杰拍板，1988 年年初，由吕福源带队，到德国进行商务谈判，达成共识。5 月 17 日，双方在长春签约，以技术转让、许可证生产方式，引进奥迪 100/200（C3）合作协议。

1988 年 7 月 15 日，一汽万名职工聚集在二厂区广场，参加一汽建厂 35 周年暨轿车起步动员大会。耿昭杰号召全厂职工积极行动起来，为完成中型车上水平和年产 6 万辆轻型车基地建设，高水平、高速度地建成年产 3 万辆轿车先导工程而奋斗。

自此，一汽全面打响上轻轿战役。

轿车先导工程走的是一条边建设、边出车、以轿养轿、务实快上的道路。客观而言，一汽是在一个特殊历史时期上马轿车项目的。其时解放换型改造刚结束，轻型车生产准备进入高潮，再加上近两年受宏观经济形势影响，企业生产经营遇到一些困难，资金紧张的矛盾尤其突出。这种背景下，一汽采取用年产 3 万辆奥迪滚利的方法来筹集资金，同时为后续年产 15 万辆合资项目铺平道路。

奥迪 100 投产速度很快。国家批准投资 6.26 亿元，工厂改造分两步走：第一步，利用老红旗轿车生产阵地，改造总装、焊装、涂装三条生产线，从 SKD（SemiKnocked Down，半散装件）过渡到 CKD（Completely Knock Down，全散件组装）组装，逐渐提高国产化率；第二步，在二厂区重新建设焊装、涂装和总装工程，扩大产能。

1989 年 4 月 21 日，奥迪装配线建成投产。哈恩博士专程到长春参加剪彩仪式。他由衷地感叹道："我们同一汽的合作，使大众汽车集团拥有了一个最具实力的伙伴。你们的速度不是一辆卡车，而是一辆奥迪200。"8月1日，第一辆奥迪下线，当年总装391辆。

年产3万辆轿车先导工程1996年基本结束，1998年7月15日通过国家验收。截至1997年年底，累计生产奥迪和小红旗系列车12.3万辆，国产化率分别达到82%和93%。从1988年到1998年，10年间总销售收入311亿元，实现利税66亿元，相当于总投资的10倍，上缴关税70亿元。更重要的是，轿车先导工程还为小红旗CA7220发展闯出了一条路。

上轿车不仅仅是经济问题，还有民族感情问题。一汽不但带着使命感踏上新征程，一汽人还带着深厚的情感造红旗。一个经常被提及的故事是，1986年，一汽交给机械部原副部长沈鸿一辆红旗CA760，老部长一直试坐这辆车，并且把该车出现的所有问题一一记录下来，1987年他派司机把轿车归还一汽，根据这些问题提出改进意见。

这位老部长在给一汽的信中写道：虽然这车子有些毛病，但是我还是愿意坐它，因为这是我们自己的国产轿车。老部长希望新型国产红旗能早些出来，因为"每次到人民大会堂参加会议，看到大会堂前停车场上几乎都是清一色的外国车，只有一辆国产轿车，就是我乘坐的红旗轿车"。

1995年，奥迪国产化率达到60%以上。1996年，奥迪车身匹配CA488-3发动机、016变速箱的小红旗CA7220面世。小红旗系列车承载着一汽人"红旗不倒"的情感，但外界并不领情，他们纷纷质疑小红旗沿用奥迪100外形，尖锐地批评这是"在奥迪车上插一杆红旗"。之后，一汽通过联合开发方式设计外形，推出红旗世纪星系列车。1998年，红旗CA7460下线。2002年，一汽轿车与福特汽车联合设计开发的红旗旗舰系列车投放市场。但市场对这些红旗褒贬不一，莫衷一是。

回望过去，先导工程真正起到了先导作用，不仅基本满足国内公务车要求，挡住进口，而且为国家创造了大量收入，使一汽从原来作坊式的单件小批量方式，转向现代化大批量生产，为轿车生产大发展积累了经验，培养了人才，带动了一批配套企业同步发展，也为接下来年产 15 万辆轿车基地建设打下基础。

魔鬼总在细节中

年产 3 万辆轿车先导工程只是前奏曲。一汽对轿车显然抱持更大希望，现在的目标是年产 15 万辆合资项目。

这场合资大幕始于 1988 年 8 月，年产 3 万辆先导工程刚起步，耿昭杰就不失时机地带队造访德国，为年产 15 万辆合资项目寻找伙伴。经过考察，选择大众汽车集团为长期合作伙伴，且将其 1991 年投放市场的高尔夫 A3 和捷达 T3 作为普及型轿车产品。

8 月 24 日，双方签署"一汽与大众汽车集团长期合作备忘录"。备忘录中写明"大众汽车集团和一汽的第二阶段合作将于 1990 年开始，双方有意建设一个年产为 15 万辆能力的轿车厂，并成立合资公司"。同时明确，自 1988 年 9 月起，双方成立一个联合协调小组进行项目前期工作。

为什么是大众汽车集团和高尔夫 A3？主要基于三方面考虑：一是，大众汽车集团是一家历史悠久的跨国公司，且以生产国民车起家，在小型车上很有经验，1988 年生产轿车 261 万辆；二是，高尔夫 A3 是其最畅销产品，截至 1988 年 6 月 1 日，该系列产量已达 1000 万辆；三是，大众汽车集团有诚意。其副总裁在 1987 年 12 月首次跟一汽代表团见面时就曾说，和一汽合作给予优惠条件没有问题，但有个前提条件，就是要长期合作……长期合作可以在第一阶段有一定基础后再谈。现在，时机已经成熟。

但后来，一汽先上的是高尔夫姐妹车捷达。究其原因，内部讨论时，销售部门认为，高尔夫不适合国情，"有头无尾，不吉利"。多方意见反馈后，耿昭杰拍板决定，先上捷达。事实证明，这个决策是正确的。

　　1988 年 9 月，一汽成立年产 15 万辆轿车项目可行性研究工作小组，组长是林敢为，谈判也从这时候开始。林敢为自 1965 年清华大学毕业后进入一汽，到 2005 年退休，为一汽效力近 40 年，其职业生涯可以分为两部分，以 1985 年被提为一汽总工程师为界，前 20 年从事科研工作，后 20 年从事技术领导工作，在颇为艰难的环境下完成了一汽－大众建设任务。

　　从 1988 年 11 月到 1990 年 2 月，年产 15 万辆轿车项目的可行性研究历时 1 年又 4 个月，难度最大的是确定项目总投资。德方对投资持慎重态度，因有上汽大众前车之鉴，认为如果总投资不留有余地，经政府审批后就很难增加投资，对项目建设不利。而一汽方面则希望尽可能压缩投资，以尽快获得批准。

　　刚开始，德方提出建设投资额度为 25 亿～26 亿德国马克，再加上建设期利息和流动资金，总投资约为 55.5 亿元人民币。但一汽方面希望把总投资控制在 30 亿元人民币内。因差距太大，意见难以统一，双方经过数轮谈判，均未果。

　　最后选择了一个更实际的折中办法：一汽放弃绿色草地建厂方案和选择最新产品设想，改为大众汽车集团即将淘汰，但市场上仍受欢迎的高尔夫 A2 和捷达 A2，接着再上高尔夫 A3 和捷达 A3；利用一汽已购置的大众汽车美国威斯摩兰汽车厂的二手设备；利用一汽在二厂区已建成的 8 万平方米厂房，作为合资公司的冲压和焊装车间；减少合资范围，比如取消塑料件车间等。以此降低投资，减少风险，加快出车速度。

　　折中的结果是，双方把总投资统一为 35.2 亿元，后经过商务谈判，将总投资修改为 42 亿元。一汽－大众成立后，综合考虑汇率改变和物价上涨等因素，经国家批准，总投资调整为 89.06 亿元。1997 年 8 月，国家验收时，总投资超出国家批准额的 2.38%。

　　接下来是商务谈判。从 1989 年 11 月到 1990 年 9 月，在 11 个月内双方进行了 6 轮商务谈判，其中前 4 轮谈判分别在德国和北京进行，中方由吕福源主持，其间完成合资合同、合资企业章程及技术转让 3 个重要文件。

重大分歧和争论焦点是 CDK 价格。双方互不相让，谈判一度陷入僵局。一汽代表团对项目前景比较悲观。就在项目僵持不下之际，有一天，正在外地做解放 CA141 质量调查的林敢为突然接到耿昭杰打来的电话，让他赶紧回一汽，到德国参加跟大众汽车集团的第 5 轮商务谈判。

林敢为清楚地记得，这趟差出得甚是辛苦。1990 年 7 月 7 日，他和耿昭杰到达狼堡，根本没时候休息，立即召集谈判小组开会。这次会议上，听到的是一片反对声。此后一周，谈判小组认真分析形势，制订谈判方案，争取最好的结果，但做最坏的打算。

按照计划，7 月 20 日双方将草签合资合同，但直到 18 日晚上，一汽内部意见仍不统一。19 日一大早，大众中国北京办事处负责人李文波叫来一辆旅游大巴，准备跟一汽谈判小组一起到柏林，当时大众汽车集团正在柏林召开股东大会，规模达到四五千人，哈恩希望跟耿昭杰在柏林签约。

一汽谈判小组仍在激烈地争论。

这可苦了李文波，他一会儿跑过来看情况，一会儿跑过来问进展，如此循环往返 4 次，时间已近中午。看一汽谈判小组没有动静，他只好让司机先把车开回去。

几经争执，一汽谈判小组最终统一意见：不管如何，都应该到柏林去解决问题，或者到柏林去跟哈恩告别。此时已接近下班时间。

一汽兵分两路。吕福源直接从德国到美国。耿昭杰、李中康、林敢为，再加上律师和翻译，一起前往柏林。李文波重新找来一辆车，接上一汽谈判小组成员前往柏林。德国谈判小组成员坐前面，气氛凝重，一路无话。

第二天，哈恩跟耿昭杰单独会谈，双方代表在会议室外面等待。两个多小时后，翻译先出来，接着让大家都进会议室，宣布谈判结果。大众汽车集团在 CKD 价格、技术转让费、工程设计费等难题面前均作出一定让步。7 月 20 日，双方草签合同。

魔鬼总在细节中。短短 14 天内，谈判形势发生翻来覆去的变化。只不过迄今为止，还没有人能完整还原哈恩和耿昭杰的谈判细节。

吕福源调任中汽总公司后，1990 年 9 月 1 日至 18 日，林敢为主持第六轮商务谈判，完成合资合同、技术转让等 27 个文本的最终谈判。11 月 20 日，一汽集团与大众汽车集团合资建设年产 15 万辆轿车项目合同在北京人民大会堂签署，这是当时国内机械行业最大合资项目。

两个全心全意

从毛泽东主席题词的奠基纪念碑向西约 3 公里，在一座宽阔的广场上，矗立着"建设现代化轿车工业基地"纪念碑。纪念碑于 1993 年 7 月 14 日落成，由时任国务院副总理李岚清、全国人大常委会副委员长王光英揭幕，标志着通过几代人的艰苦奋斗，一汽终于凤梦成真。

1991 年 2 月 6 日，一汽－大众汽车有限公司成立，其中一汽集团占股 60%，大众汽车集团占股 40%。组织架构方面，在董事会下设经营管理委员会，包括 1 位总经理和 4 位副总经理、11 个部门和 3 个专业厂，下设业务科室和车间，董事长和总经理均由中方担任。其中，耿昭杰担任董事长，大众汽车集团副总裁施密特（Schmitt）担任副董事长，林敢为担任第一任总经理。

8 月 24 日，国务院以国办通 19 号文批复国家计委《关于批准一汽－大众汽车有限公司年产十五万辆轿车项目开工建设的请示》，建设年产 15 万辆现代化轿车工业基地的序幕就此拉开。

年产 15 万辆轿车基地占地面积 116 万平方米，建筑面积 43 万平方米，规划年产能 30 万辆。一期工程 15 万辆，27 万台发动机，18 万台变速箱，项目总投资 111.3 亿元。这是当时全国最大轿车生产基地，也是一汽自 1953 年建厂以来第二个大规模建设工程。

筹建一汽–大众难度很大。

首先是建设难度，一汽集团没有合资经验可以借鉴，年产 15 万辆规模大厂如何组织，只能摸着石头过河。为此，一汽集团成立了合资工作办公室，以加强轿车基地建设工作的指挥和协调，抽调一批具有基建、生产准备、财务、零部件配套、销售等专业知识和组织能力的技术干部和领导参与其中。

吉林省将年产 15 万辆轿车基地建设项目列为全省一号工程，成立建设总指挥部，下设土建、安装、国产化等 8 个分指挥部。总指挥部先后召开 8 次协调会议，促使地方政府承担的一些工程进展加快速度。

其次是资金难度。合资公司成立后双方重新计算总投资，增加到 89 亿元。除股东投资 16.8 亿元注册资本外，其他资金都得筹措。一汽集团为确保一汽–大众顺利建设，不得不压缩其他方面的开支与投资，甚至作出了一些牺牲。

最难筹措的是外汇 5.5 亿德国马克，尤其是 1989 年国际政治环境恶化后，外汇借贷变得非常困难。为解决贷款和外汇资金，一汽集团协助合资公司与国内外银行界联系，得到支持组成银团联合贷款，以解燃眉之急。

第三是经营难度。德方希望合资公司第一年就要盈利，但一个年产 15 万辆项目工程，产品还没出来，就想让它在建设期盈利，显然是不可能的事情。因此，一汽集团和大众汽车集团的矛盾主要集中在市场和价格两方面，每次开董事会，双方都在争吵如何解决亏损问题。

根据合资合同，一汽–大众建设前 5 年，产品由一汽集团包销，一汽–大众负责产品促销和备件供应。但初期合资企业连年亏损，德方压力很大，认为亏损原因是一汽集团没有把车卖好，而且用销售卡车的方式销售轿车不合时宜。这个问题，直到1997年4月，一汽集团和一汽－大众合资成立销售公司后，销售权过渡到一汽－大众才逐渐解决。

文化融合从来都是中外双方难解的关键症结。褪去温情脉脉的表层面纱，真实故事往往是，商场如战场，为了各自立场与利益，合资企业内核里充斥着无休无止的争吵、斗争和妥协，甚至还有不甘心的屈服，这是中国汽车合资历程所展现给我们的现实。身处其中的一汽－大众显然也不能直接跨越这道门槛而独善其身。

但一汽集团有其解决之道。1992年1月10日，在一汽八届十次全委（扩大）会议上，耿昭杰提出"两个全心全意"指导思想——合资公司要利用合资的优势，在自己加倍努力的同时，珍惜背靠一汽集团的优势，全心全意依靠一汽集团，把这个特有的优势用好，力争走在国内其他轿车企业的前面。另一方面，一汽集团也要把办好合资公司，加快工程建设进度作为自己的事情，全心全意支持合资公司参与国内外的激烈竞争。

"两个全心全意"统一了一汽员工的思想认识，建设进程加速。

1994年8月1日，新总装配线投产。

1995年年底，轿车厂全面建成。

1996年4月30日，传动器车间建成。

1996年7月10日，整个工程中投资最大、技术含量最高的发动机车间建成投产。

至此，历时近5年的年产15万辆轿车工程全面建成，此时一汽－大众已累计装车75263辆。

1997年8月19日，年产15万辆轿车工程项目通过国家验收，这时捷达国产化率已达到84%以上，奥迪200国产化率达到60%，当天捷达累计产量达到10万辆。时任国务院副总理邹家华在国家验收大会上说："在年产 15 万辆轿车工程建设中，一汽集团和一汽－大众又向党和国家交上了一份出色的答卷，又一次为国家、为人民做出了重大贡献，我们为我国有一汽这样的企业而感到骄傲。"

1992 年 7 月 1 日，第一辆 SKD 组装的捷达车在临时总装线下线。捷达投放市场后，迅速畅销大江南北。1993 年年初，一汽－大众接到一笔订单，江苏省江阴市华西村为村民一次性购买 250 辆捷达车，这在当时引起极大轰动。耿昭杰亲赴华西村，参加首批 50 辆村民买主交车仪式。

一汽人敏锐地注意到，华西村行动更多是向外界传递出一个信号：随着经济迅猛发展，人民收入不断增加，中国轿车进入家庭的新时期已经到来，而且，这个速度甚至比想象中来得更快。只有当轿车真正进入家庭，发展民族轿车工业的春天才会来临，只有轿车工业的春天真正来临，一汽－大众才能为更多轿车进入家庭做出应有的贡献。

同年 2 月 17 日，第 10000 辆捷达下线。短短两年，捷达便完成由全部零配件进口组装生产到大规模配件国产化过程。7 天后，随着 300 辆捷达在大连港装船销往东南亚，一汽－大众宣告打入国际市场。

1996 年年初，珠海一名叫苏耀洪的出租车司机驾驶的捷达车创造了 "60 万公里无大修" 纪录，一汽－大众奖励苏师傅一辆全新捷达轿车，并换回旧车作为研究。捷达皮实耐用的形象深入人心。

一汽－大众全面建成后，每年都有新产品投放市场。1997 年 5 月 31 日，装有 20 气阀发动机的捷达王投产。1998 年 3 月 8 日，推出新捷达王，在原捷达基础上进行了 27 项改进。7 月 2 日，第 10000 辆新捷达王下线。11 月 19 日，装备自动变速箱的新捷达王轿车——捷达都市先锋下线。

对中德双方而言，捷达王诞生具有一定象征意义。早在 1992 年，捷达投放市场第一年，耿昭杰就向中方提出，捷达外形已经过时，要尽快改脸，否则将影响销售，并责成一汽汽研所提出改型方案。1993 年 6 月，在狼堡举行的一汽－大众特别股东会上，双方对改型达成一致意见。德方希望自己负责，项目报价 5126 万马克。

　　但中方希望利用机会培养自己的研发队伍，提议尽量使用一汽资源，降低费用。1994 年 7 月，双方达成四项意见：其一，改型一定要做；其二，改得越少越好；其三，和 5 气阀发动机一起投产；其四，以中方为主，减少投资。一个多月后，一汽集团对项目报价 7753.7 万元人民币，与德国报价相差 4 倍多。

　　德方同意由中方主导，并承诺提供技术支持。1994 年 9 月，一汽－大众经管会与一汽集团签署开发协议。改型工作历时 3 年半，一汽汽研所在德方支持下完成，其间，一汽集团派出工程师到德国学习技术和流程。从市场表现看，捷达改型相对成功，为之后红旗世纪星系列车的开发奠定了基础。

"绝佳的合作伙伴"

　　2001 年 8 月 23 日，在一汽－大众成立 10 周年庆典上，宝来车下线。宝来和捷达混流装配，一汽－大众由此实现多品种、宽系列、大批量混流生产。

　　大众和奥迪双品牌运营在一汽－大众还没建成时就已开始。一汽集团以技术转让、许可证生产方式生产奥迪 100/200 虽然大获成功，但其弊端也显而易见，6 年合同到期后，要继续生产奥迪最新产品就变得难以为继，这对开拓中国市场尤其是公商务市场极为不利。

　　下一步怎么办？方法有二：一是跟奥迪公司单独成立合资公司，二是让奥迪公司加入一汽－大众。对于前者，一汽集团和奥迪公司双方都同意，但控股奥迪公司的大众汽车集团不同意。经与德方多次协商，最终同意让奥迪公司入股一汽－大众。

1993 年 4 月，国家计委下达"关于将一汽奥迪轿车从许可证生产扩大为合资经营项目建议书的批复"，同意一汽集团和奥迪公司合资生产奥迪 C/D 级系列轿车。1995 年 11 月 13 日，德国总理科尔访华期间，一汽集团、大众汽车集团和奥迪公司三方在北京草签合同。合同约定，从 1996 年开始，将奥迪纳入一汽 – 大众生产，奥迪公司将从大众汽车集团所持 40% 的一汽 – 大众股份中获得 10% 的股份。为生产奥迪，一汽 – 大众将引进 V6 发动机（2.4 升和 2.8 升）。

自此，奥迪公司成为一汽 – 大众第三个股东，一汽 – 大众成为当时国内唯一兼有普及型和中高级轿车两种产品系列的合资企业。

1996 年 1 月 18 日，一汽集团、一汽 – 大众和奥迪公司三方签署"奥迪 A6（C5）中国型轿车联合开发协议"。根据协议，奥迪公司和一汽集团同意为一汽 – 大众在已由奥迪公司开发的奥迪 A6（C5）基本型的基础上，开发奥迪 A6（C5）中国型（加长型）轿车。

对一汽集团和一汽 – 大众来说，这显然是一次绝佳的锻炼机会。双方从 1996 年 11 月开始商务谈判，此时的一汽集团羽翼渐丰，已有年产 15 万辆轿车合资项目谈判以及 6 年合资公司运营经验，而奥迪公司又非常看好中国大市场，因此在 CKD 价格和技术转让费方面都做出了重大让步。1996 年 3 月，项目执行过程中，一汽集团派出 6 人赴奥迪公司进行联合开发。

1999 年 9 月 6 日，奥迪 A6（C5）下线。产品一炮而红，成为中国市场上最受青睐的中高级轿车。此车型利润也颇为丰厚，曾经一度，一汽 – 大众 70% 以上利润来自奥迪 A6（C5）。奥迪 A6（C5）与捷达一起成为一汽 – 大众的拳头产品，合资公司销量连年攀升，1992—2004 年 12 年间共生产各类轿车 130 万辆，稳居中国乘用车第二位。其中，2002 年生产销售各类轿车 19.2 万辆，超过一期规划产能。

按照市场需求扩能后，2003 年，一汽 – 大众生产轿车 30.2 万辆，达到一次规划中的年产 30 万辆产能。合资公司自 1997 年开始盈利，1997—2004 年 8 年间盈利 226.6 亿元。从 1998 年起，开始向股东分红，1998—2003 年 6 年间分红 59.47 亿元，相当于股东初期投入（16.8 亿元）的 3.5 倍。

一汽 – 大众成为一汽集团效益最好的合资板块。

但前路并非都是坦途。2004 年下半年和 2005 年，面对激烈竞争，一汽 – 大众市场份额下降，利润下滑。经合资双方深入探讨，与上海通用（后改名为上汽通用）、一汽丰田、北京现代等竞争对手对比，发现主要矛盾是产品本土化不足。突出表现为：技术上，因坚持采用德国标准，存在质量过剩，带来成本劣势；产品上，因过于强调技术，不重视外观设计，对用户吸引力低；生产上，因德方注重 CKD 利润，对国产化率严格限制，导致整车无法降低成本。

2005 年 8 月，一汽集团与大众汽车集团签署协议：由一汽 – 大众以 PQ 平台为基础，共同开发下一代捷达轿车；在一汽 – 大众销售公司成立奥迪销售事业部，强化奥迪销售；大众汽车集团放宽对大众品牌国产化的限制，提高奥迪品牌国产化率。

2006 年 1 月，一汽 – 大众奥迪销售事业部成立，一个全新的合资体系由此开始运作。国产奥迪的售后服务业务从与原来与国产大众品牌混合经营的状态，变为由一汽 – 大众奥迪销售事业部单独运营。

在新的发展战略和合作模式下，一汽 – 大众扭转短暂的徘徊局面，销量迅速攀升，跃居全国乘用车榜首。2007 年，拥有奥迪、捷达、高尔夫、宝来等系列产品的一汽 – 大众产能达到 70 万辆。

2012 年，一汽 – 大众以 136.9 万辆销量收官，紧随上汽通用，名列中国乘用车销量第二位。其中，大众品牌终端销量 96.6 万辆，奥迪终端销量 40.3 万辆（含进口车），销售收入 2850 亿元，上缴国家利税 460 亿元。

枯燥乏味的数字背后是一个个鲜活的身影。一代人有一代人的使命与担当。

1991年2月，工号为0001的林敢为被任命为一汽－大众第一任总经理，他在较为艰难的环境下完成了合资公司建设任务。1998年，他接替耿昭杰担任一汽－大众董事长。

第二任总经理陆林奎秉承"两个全心全意"指导精神，提出技术领先、质量至上、管理创新、市场导向16字经营方针。

在此基础上，第三任总经理秦焕明不断推动零部件国产化和人才本土化发展，极大地增强了产品竞争力。

在第四任总经理安铁成带领下，一汽－大众开始构建并持续提升体系能力。为达成百万量级，进行流程再造和激励机制改革，确定四大中心——预批量中心、测量中心、培训中心、技术中心，打造合资公司研发能力。自此后，体系能力成为一汽－大众对外输出的关键词。

到第五任总经理张丕杰上任时，一汽－大众体系能力建设已成熟，但与竞争对手相比，产品线对市场覆盖度却严重不足。因此，他将重点转向扩充产能，建成年产105万辆产能规模，让产品线覆盖更多细分市场。

新时代10年，一汽－大众要在群雄辈出、黑天鹅事件频发的汽车产业大变革中向电动化和数智化转型。

"回望过去，大众汽车集团当年作出了最明智的决定，找到绝佳的合作伙伴——中国一汽"。2021年5月21日晚，在长春市汽车产业开发区安庆路5号举行的一汽－大众成立30周年庆典上，95岁的哈恩在纪实影片《发展与传承》中，以视频方式遥寄祝福。一年多后，2023年1月14日，这位中德汽车合作开拓者走完了96岁人生，在德国狼堡家中安然去世。

岁月积淀了光阴的厚度。在一汽－大众30周年庆典现场的背景板上，刻着一句令人印象深刻的话：历史因铭记而永恒，精神因传承而不灭。这就是一汽－大众后发制人的创业故事，在群星闪耀的中国汽车合资史上，它必将留下自己独一无二的烙印。

"三化"新一汽

51 年后，一汽集团终于圆梦百万辆。

2004 年 12 月 28 日，一汽集团以 1000021 辆年销量为其多个第一纪录——第一辆载重车、第一辆轿车、第一辆越野车等再添一笔：中国第一个年产销量突破百万辆的汽车企业。有心人还记得，这个目标第一次提出是 1993 年，当时一汽集团年销量只有 17 万辆。这个数字来之不易，它是自 1953 年建厂创业以来，几代一汽人"勇于拼搏，永争第一"的结果。

这个目标一度受到严峻挑战。2004 年价格战硝烟弥漫，消费者持币待购，市场降幅超过预期……待上半年结束时，除解放中重卡和轻卡完成过半任务外，一汽集团其他品牌均受到不同程度的影响。就在军心有所动摇之际，7 月，一汽集团明确提出，"一定要认真筹划，精心组织，全集团各个系统协调运作，坚决完成这一极具挑战性的艰巨任务"。9 月，一汽集团再次提出，"全体员工要团结一心，决战 4 个月，实现百万辆奋斗目标"。11 月，一汽集团发出总攻令，"挺进百万"。

曾经遥不可及的梦想就这样成为现实。100 万辆销量大致这样构成：解放中重卡 16.9 万辆、轻卡 7.5 万辆、马自达 6 和红旗 5 万辆、一汽丰田 9.5 万辆、一汽海南马自达 6.4 万辆、一汽－大众 30 万辆、一汽夏利 13 万辆和一汽佳宝 9 万辆。值得注意的是，由解放、红旗、夏利和佳宝等构成的自主品牌份额超过 50%。

对一个汽车企业而言，百万量级绝不只是简单的数字累计，它考验的是一个企业的体系作战能力，涉及从研发到生产，从管理到经营等全价值链协同问题。否则任何一个环节稍有差池，都有可能出现差之毫厘，却谬以千里的结果。

现在，一汽集团需要作答：百万辆之后，它将踏上怎样的新征程？50年之后，它又将呈现怎样的新面貌？答案是"三化"新一汽，用最大的努力、最短的时间实现这一既定目标，形成具有国际竞争实力的汽车集团。"三化"即规模百万化、管理数字化、经营国际化。

按照规划，一汽集团"十五"期间要实现"四个翻一番"目标，即到2005年，汽车产销量达到70万辆，年销售收入达到850亿元，利润达到40亿元，员工人均年收入达到2.9万元——这四个数值分别比"九五"末期翻一番。

2002年，党的十六大把"三个代表"重要思想作为党的指导思想写进党章，提出全面建设小康社会奋斗目标，要求"发展要有新思路，改革要有新突破，开放要有新局面，各项工作要有新举措"。

结合企业实际，一汽集团把"四个翻一番"目标进一步延伸，提出贯彻落实党的十六大精神，建设新一汽构想。

规模百万化，就是要建设百万量级的现代企业。企业在做强的基础上做大，在做大的同时做强，并利用整车形成的规模效应，拉动零部件企业及相关衍生经济的发展，实现"龙头带动、全面发展、协调共荣"的企业发展新格局。

管理数字化，就是通过对企业信息资源的开发、整合与利用，借助计算机和网络，依托信息技术，建立以"市场链"为导向的科学管理机制。

经营国际化，就是要将企业融入世界经济循环的大环境之中，增强企业参与国际竞争和国际分工的能力，将一汽集团建设成为一个具有国际竞争实力的汽车工业集团。

一汽人追求的新一汽，是一个具有丰富内涵的新一汽，是一个具有国际综合竞争能力的新一汽，是一个可持续发展的新一汽。一汽要用 5 至 8 年时间，建成一个相当于 2001 年五个当量的新一汽，生产规模达到 100 万辆，再攀上 200 万辆、300 万辆新台阶，同时管理和经营模式与国际接轨。

建设"三化"新一汽视角下，企业战略重组、国企改造扩建、产品结构调整、百万规模突破、自主品牌发展、合资合作扩大等，都是一汽集团精心策划运筹帷幄的结果。

一汽集团非常清楚，2004 年突破百万辆，奏响的只是"三化"新一汽的序曲，毕竟达成百万辆难，但巩固百万辆更难，目前还只是万里长征迈出了第一步。新长征路上，溯洄从之，道阻且长。

道路漫长的还是国际化业务。为把老国企的历史包袱变为竞争财富，一汽集团给一汽进出口公司提出新任务，要求他们"担负起一汽走向世界的责任，做一汽经营国际化的先锋"。

他们达成了阶段性目标。2002 年，一汽集团进出口总额达到 14.59 亿美元，同比增长 29%，出口创汇 9675 万美元。其中，整车出口 2188 辆，汽车零部件出口 2800 万美元。当年，一汽集团在国家级进出口额最大 500 强排名中居第 55 位。

2003 年，一汽集团重点开拓越南市场，当年出口汽车 2957 辆，同比增长 36%。

2004 年，与越南合作组装汽车，微型车批量进入叙利亚，当年一汽集团出口汽车 10200 辆，出口首次突破万辆大关。

2005 年，一汽集团在乌克兰设立技术输出型组装厂，整车出口模式由单一 CBU（completely-built unit，整车出口）向 SKD、CKD 模式转变。当年出口汽车 14268 辆，同比增长 40%。

2006 年，一汽集团海外基地建设成效明显，南非基地向津巴布韦辐射，乌克兰基地向俄罗斯与其他独联体国家辐射，巴基斯坦基地向印度为核心的南亚地区扩散，叙利亚整车销售市场向伊拉克等中东国家辐射。当年出口汽车 20031 辆，同比增长 41%。

一汽集团创下 4 年出口平均增长 118% 的纪录。2007 年，一汽进出口公司实施聚焦战略，在出口地区上明确独联体、南部非洲和中南美洲为主攻方向，在出口产品上聚焦经济型乘用车和中重型卡车。当年出口 28823 辆，同比增长 43.89%。

5 年间，一汽集团整车出口量增加了 10 倍。

根深才能叶茂

2000 年，一汽无锡柴油机厂（简称锡柴）开始第三次创业，任务是打好结构调整、创新和品牌三大战略。

在第二次创业中，这家企业的关键一役是加入一汽集团。这是个老课题，此前因种种原因多次未果。1991 年 11 月，蒋彬洪临危受命，履新锡柴厂长，通过三次密访耿昭杰，此事最终解决。1993 年 4 月，锡柴成为一汽集团直属专业厂。

加入一汽集团，解决了企业发展问题。按照作为一汽集团动力基地的定位，锡柴将产品结构调整为"三机一车"，即 CA6110 系列柴油机、X125 系列柴油机、300 系列柴油机和解放牌改装汽车。1998 年左右，一汽集团面临"缺重少轻"的挑战，向重型方向发展成为行业趋势，锡柴班子敏锐地意识到，这是一个历史机遇。

重型柴油发动机开发提上日程。1999 年，锡柴作出重大战略决策：跟奥地利 AVL（AVL List Gmbh，李斯特内燃机及测试设备公司）公司联合开发 CA6DL，功率达到 300 马力，锡柴完全拥有自主知识产权和专利技术。

5 月双方签约，初期对外严格保密。

时任锡柴副厂长钱恒荣全程参与并主导 CA6DL 正向开发的全过程。他回忆道，合作目的很明确，跟着 AVL 公司学习如何正向设计一个全新发动机。而在此之前，国内发动机基本都是测绘和模仿。钱恒荣从 2005 年 4 月被任命为锡柴常务副厂长，2007 年 12 月担任厂长，自 2011 年起，带领锡柴进行第四次创业。2022 年 10 月，一汽解放成立动力总成事业部，他担任党委书记。

几个重要流程时间如下：

1999 年 5 月，双方确定项目开发和技术协助协议。

当年 9 月底，锡柴派技术人员到奥地利参与概念设计。

2000 年 1—6 月，参与方案设计。

同年 7—10 月，参与详图设计，一汽技术中心研发人员加入。

与此同步，2000 年 8 月，CA6DL 第一轮样机试制，历时 6 个月，一次成功。

2001 年 4 月，6 台试验样机装配完成，发往奥地利，由 AVL 公司进行性能开发和机械开发。

2003 年 6 月，发放批量生产图样。

当年 12 月，CA6DL 完成开发，批量投放市场。

CA6DL 的秘密一直藏到什么时候？2001 年 4 月左右，一汽集团在 74 栋召开党委扩大会议，明确正在跟奔驰谈合作，因为一汽集团没有重型柴油机，跟奔驰合作后，将来一汽集团发展前景有多美好……与会者听得鸦雀无声，很是鼓舞人心。

会议结束，在一汽 74 栋门口，蒋彬洪对竺延风说："竺总，跟奔驰合作那段，我听了特别有感触……一汽和奔驰谈判很好，但光谈不行，还要打……你同奔驰谈判，我在后面打，我在后面打的目的，是增加你同奔驰谈判的筹码。"

追问之下，蒋彬洪提到锡柴正在开发 CA6DL，"他当时很惊奇，但没有反对"。没过几天，竺只身来到无锡，详细了解 CA6DL 项目情况。听完汇报后，竺延风说："我马上要到德国开董事会，一汽集团领导都去，我们一起研究这个问题。究竟要不要搞？2001 年 5 月 1 日前给你答复。"

答案是要搞。

一汽集团不是没有尝试过合作这条路。跟奔驰谈判，对方态度强硬，谈判多次陷入僵局。这些倒也罢了，双方最后在一个关键问题上卡了壳：奔驰希望合作后，在一汽生产的重卡上打奔驰 LOGO，这让一汽人无法接受。作为一汽的根，经过几十年培育出来的解放品牌自然不能就此被雪藏。

谈判就此作罢。

2001 年 7 月 15 日，CA6DL 点火成功，锡柴以此向一汽 48 周年厂庆献礼。第二天，一汽在一汽汽研所召开现场动员会，将 CA6DL 柴油机确定为一汽"十五"规划的战略产品，发出"义无反顾、坚决干好"的动员令，提出"出产品、出机制、出流程、出人才"总目标要求。

竺延风在大会上讲，"同意的干，不同意的滚蛋"，还问蒋彬洪："老蒋，你同不同意？"

蒋彬洪说同意。

又问，能不能成功？

肯定成功。

不成功怎么办？

"不成功我跳太湖。太湖太浅了。我们班子集体抱着石头跳下去……"说得大家哄堂大笑。

CA6DL 重型柴油机项目指挥部随之成立。一汽集团原副总经理王镇昆（现已去世）担任总指挥，一汽技术中心总工程师李骏、蒋彬洪担任副总指挥，项目团队由一汽集团管理部门、一汽技术中心优秀产品开发人员和锡柴生产工艺技术精英组成，钱恒荣主抓产品开发。

项目立项后，投资方案做了三轮。

第一轮按照 3 亿元做，尽可能利用原有设备，以前生产线投资大都是几千万元。但当钱恒荣拿着方案到长春，向一汽集团汇报，结果挨了一顿批评：老钱，你这是什么方案？投 3 个亿就能造出世界先进的发动机？肯定不行，回去重做。

钱恒荣按照 5 亿元投资重新做方案。第二次去汇报，还是不行，领导说，5 个亿少了，没有好设备，肯定干不出好发动机来。一汽集团跟全球重卡巨头奔驰和沃尔沃都谈过合作，也去看过他们的生产线，很清楚开发发动机需要多少投资。

第三轮，按照 8 亿元投资做方案。这次领导说好。经一汽集团办公会确定，项目总投资 10.7 亿元，增加了 2.7 亿元。投资确定后，锡柴选择最好的设备，即使现在来看，CA6DL 车间也不落后。

从 1999 年到 2003 年年底，CA6DL 项目前后历时 4 年半。研制发动机的难度，一是产品开发周期长，需要 48 个月，比整车时间更长。当然现在可以缩减到 42 个月，但这是极限状态。二是对市场判断，从立项开始就要考虑四五年后的市场变化。

下面是 CA6DL 几个重要时间节点。

2002 年 5 月 30 日，完成 5C 冻结，"2S"图纸整顿。

7 月 30 日，完成 1000 小时负荷循环试验。

8 月 20 日，完成 250 马力柴油机性能开发。

9 月 15 日，完成二代样机出产。

2003 年 1 月 18 日，完成 2000 小时部分负荷冷启动试验。

4 月 14 日，CA6DL-32R 柴油机顺利点火。

5 月 30 日，完成三代机装机状态有关技术要求的确定。

6 月 30 日，完成 CA6DL 系列柴油机使用保养说明书。

10 月 29 日，完成 5000 小时耐久试验。

12 月 20 日，CA6DL 发动机投产。

CA6DL 是中国第一台拥有自主知识产权的发动机，被评价为"带动中国内燃机技术一步跨越 20 年"，最终达到了出产品、出流程、出人才、出机制的要求。如一汽集团所说，"我们找到了挖金子的方法"，也就是构建了一套具有国际先进水准的汽车发动机开发新体系。如其所愿，经锡柴总结出的这套发动机正向开发流程，后被一汽集团整车引用。

2004 年 9 月，匹配 CA6DL 发动机的解放第五代车型 J5P 上市。CA6DL 名为奥威，解放 J5 也取名奥威，整车使用了发动机的名字。从奥威开始，一汽解放走向正向开发。但真正对一汽解放产生革命性影响的是解放 J6 项目，跟前几代产品相比，解放 J6 可谓脱胎换骨。

解放 J6 项目最早可追溯到 1997 年前后。当时一汽进出口公司想把解放平头车销往欧洲，请英国 IM 公司（IM.TURCK LIMITED）帮做诊断，看一汽集团在研发、生产制造和营销等领域还存在哪些不足。一汽想针对这些短板填平补齐，再看一汽产品能不能达到欧洲出口标准。

诊断时间持续了一年多。结果暴露出的问题，其严重程度远远超出预料，据说那时中国商用车制造水平和欧美相差 20 年。这种背景下，一汽集团意识到，必须开发新一代总成和整车。

在时任一汽汽研所副总工程师沈言行的带领下，汽研所开始研究如何定义换代车。策划定义用了近一年时间，2000 年，拿出了初步定义：开发全新第六代解放商用车项目，即解放 J6。

汽研所打算两条腿走路。一方面，成立一个项目组，立足于自主开发。另一方面，与奔驰等跨国公司交流学习，吸收和借鉴国外先进技术。当跟奔驰谈判告吹后，一汽集团和一汽技术中心最终痛下决心，走自主之路。

2000 年年初，一汽集团在制定"十五"产品规划时提出，要全系列同步开发中、重型车第六代产品。汽研所历时近一年，于当年 12 月完成产品策划，提交《解放牌新型（下一代）中、重型载货车设计开发草案》。按照规划，解放 J6 定位国内高端市场，接近当代欧洲先进商用车技术水平，同时兼顾国内中低端市场需求，2010 年后逐步取代现生产车型，成为新一代解放主导产品。

2001 年，解放 J6 项目组成立，沈言行担任项目经理，吴碧磊是整车负责人。一汽解放总经理吴碧磊 1992 年进入汽研所，一直从事解放中、重型商用车的研制与开发工作，是解放 J3、解放 J4、解放 J6 和解放 J7 产品开发的主要完成人。

从 2001 年 1 月项目立项，到 2007 年 7 月 15 日产品下线，解放 J6 开发历时 7 年。项目组成立 2 年后，沈言行退休，被返聘为项目顾问，朱启昕担任项目经理，后期吴碧磊又接替了朱启昕。

造型设计确定由意大利 IDG（Ital Design Giugiaro）设计公司承担。时任一汽技术中心副主任许宪志主管卡车业务，经他拍板，派一批技术人员到意大利参与联合设计，意方做造型，中意双方一起做工程。

这是一汽解放史上，甚至也是中国商用车开发史上一次前所未有的大规模开发。解放 J6 所涉及各个档次整车、总成、系统和零部件几乎都要全新开发，并且驾驶室、发动机、变速器、车桥等大总成又与整车同步开发。

结果如其所愿。解放 J6 匹配的奥威 CA6DL 发动机、变速器、车桥三大总成均达到国际水平，整车做到了"五高"——高可靠性、高经济性、高动力性、高安全性、高舒适性。解决技术难题 1500 余项，实现技术创新 300 多项，获得专利 100 余项，在国内卡车上首次创新应用 46 项。

项目成绩可观，但代价也不菲。解放 J6 研发和生产总负责人董春波曾说：世界上没有任何一家商用车公司，在一个产品平台上的研发投入能超过第六代解放车。

这是解放 J6 的荣耀时刻——2009 年，解放 J6 被选定为中国年产汽车第 1000 万辆下线车型，荣获"中国汽车工业科学技术奖"特等奖，这是中国汽车工业科学技术奖自设立以来第一个特等奖项目。2011 年，解放 J6 荣获 2010 年度国家科学技术进步奖一等奖。

对一汽解放来说，解放 J6 是一汽解放迈向国际化征途的一个里程碑式作品，解放品牌从此开始向世界级品牌迈进。对中国商用车领域来说，解放 J6 起到了引领商用车潮流的作用，继解放 J6 之后，中国其他商用车企业也陆续推出换代产品，并且都选择向欧洲化方向发展。

2007 年解放 J6 投放市场，因其定价太高，当年销量只有 300 辆。通过降成本，将售价下调 2.5 万元，2009 年开始上量。至 2010 年，解放 J6 累计销量超过 5 万辆。2011 年，第 10 万辆解放 J6 下线。迄今，解放 J6 的传奇仍在演绎。

解放 J6 上量后，一汽技术中心开始筹划下一代产品解放 J7。解放 J7 于 2012 年立项，2018 年投产，前后历时近 10 年。后续我们将看到，解放 J7 站在解放 J6 肩膀上，演绎了另一个传奇。

寻找红旗的灵魂

1987 年，耿昭杰收到一封"特别来信"。原一机部副部长沈鸿在信中写道，他去人民大会堂开会，在停车场找了很久，只发现一辆国产车，就是一汽交给他的那辆红旗 CA760，孤零零地停在那里。老部长心里不好受，因此写信嘱咐一汽，"尽快把轿车搞上去"。

来信还附带对红旗 CA760 提出的改进意见。

一汽人心中有个永远的痛——1981 年红旗 CA770 因"油耗高"被勒令停产。最是不堪回首处，但又不能不回首，因此，上轿车不仅仅是经济问题，还有民族感情问题。一汽不但带着使命感进行创业，而且带着深厚的情感造红旗。

他们不得不接受现实，但却想方设法保留了"红旗"阵地，并且很快就派上了用场：一汽开始转产制造红旗旅游车、皮卡车等，同时进行新一代红旗开发研制工作。

最重要的使命是为新中国成立35周年造检阅车，这就是红旗CA770JY。这是赫世跃担任一汽轿车厂第一副厂长后接手的第一项任务，上面要求他"完成任务，而且万无一失"。这时红旗因为"政策性亏损"已经停产，但一汽人都心有不甘。因此，接到做检阅车的政治政务后，大家都憋着劲儿干。

1983年9月28日，田纪云按照中央主要领导的指示下达检阅车任务，当年12月2日，中汽公司给一汽下达红旗检阅车任务，文件中写明"这是迎接建国35周年的第一任务"。

12月3日，中南海警卫局张富勋传达对红旗活动篷车结构方案意见，时任一汽副厂长李中康和一汽轿车分厂总工程师赵静岩参加了这次会议。根据指示精神，确定了试制红旗检阅车的六项内容。

其一，同意按照奔驰600活动篷结构生产，即仅后部改为活动篷，而驾驶室顶部仍保留原来的硬顶。

其二，增设扩音机。

其三，加装自动调节高度的脚踏垫（自动升降底板）。

其四，1984年10月1日前提供两辆防弹型活动篷检阅车。

其五，活动篷收落后外露部分不要太多，以保持美观。

其六，李中康提出，防弹曲面玻璃生产很困难，是否可改中隔墙为防弹玻璃，这样与侧玻璃共同组成一个盒式的防弹结构。同时，希望装甲板薄些，以便尽可能采用红旗CA770底盘生产。

经张富勋请示，12月13日电复，同意上述修改方案。

任务非常艰巨。一方面，红旗已经停产，不具备生产条件。另一方面，完成具有可升降踏板、活动篷、防弹玻璃的红旗检阅车任务，时间仅10个月。

1984年1月2日，一汽轿车厂党委决定开辟专用车阵地，安排队伍，紧急从国外订货，同时自力更生研制防护材料，以备在美国防弹布迟迟未到的紧急状况下用于生产。

检阅车领导小组随即成立，组长是赵静岩，副组长是吕福源、崔洪松，统一协调指挥。同时，组建专用车车间，主任是王明山，从全厂抽调钣金、电气焊、缝纫、内饰、电工、汽车调整等工程40多人，形成封闭试制和生产阵地。

设计方面，董仪卿负责自动升降活动篷与车体设计，何熙风负责整车防护设计，杨晓负责自动升降底板设计，严广顺负责电器设计，钱海威负责总布置和制定技术条件。

这个过程中，工人发挥了很大作用。王明山主动配合试制，将最好的钣金工王景尧调来，配合董仪卿组成三结合突击小组，经过一次又一次试验—失败—再试验，直至成功。

其中，红旗检阅车的电动活动篷结构是一大突破，保留了后风窗，开篷后保持原风格，开度比一般硬顶天窗式大得多，这种车既宽敞舒适，又便于防护。

经过250个日夜的艰苦奋战，红旗活动篷检阅车终于在8月20日结束装配。按计划进行路试后，于8月25日完成两辆检阅车任务，并送往北京。

9月3日，一汽轿车厂组织由专业设计师及汽车调整、电气、缝纫、钣金各工种25人，组成检阅车维修服务队，由赫世跃和崔洪松带队前往北京。

1984年国庆前夕，红旗检阅车在京经过各种试车和演习后，被批准参加国庆阅兵活动。维修服务队对两辆红旗检阅车进行最后检查，检阅车顺利完成阅兵任务。11 月 3 日，一汽收到邓小平同志签发的嘉奖令和国庆大阅兵总指挥秦基伟的表扬信。

一汽人没有放弃恢复红旗生产的努力。

1983 年 9 月 30 日，一汽向国务院递交红旗技术改造建议书，得到中央的肯定和支持。1984 年年初，中汽公司传达国家领导人改进红旗轿车的意见。一汽提出多种改进方案，最终同中汽公司形成关于利用西德奔驰公司高级轿车改造红旗的设想方案。这样做的好处在于，奔驰是世界知名名牌，车身宽、马力大，而且车身外形与红旗外形相近，只需将前部、尾部稍加改动就可实现。

双方开始谈判。到 1984 年年底，中德双方在北京进行第三次谈判，并形成意向书。主要内容有：整个工程分三期进行，采取技贸结合方式，车型选定奔驰 123 系列 200 型、230E 和加长型三种，SKD、CKD 组装 1000 辆，德方提供焊装线、油漆线设计，总装线和一部分工装夹具，总费用 367 万马克。

一期使用奔驰商标，同意在车身侧面加上"长春制造"标志。二期德方提供 400 套冲模，待德方售后服务 3 到 4 年后，再提供余下 175 套冲模，费用 400 万马克。这次谈判，奔驰方还带来老设计专家改造红旗的 5 种外形效果图。双方商议了利用奔驰长轴距轿车改造红旗的方案细节。

1985 年 1 月 2 日，一汽集团与德国奔驰汽车公司签订 CKD 组装奔驰轿车的合同，拟生产 828 辆各种型号奔驰。但利用奔驰轿车改造红旗的方案却备受争议。直到 1986 年，终因上层意见不一致而搁浅。

经过一汽人努力，1985 年 10 月 10 日，装有部分从国外选购的零部件的改进型大红旗 CA770G 试制成功。在北京送审期间，周子健乘坐样车后意味深长地说："这车改得好。你们保留红旗生机，我谢谢你们……"警卫局领导乘坐后，对整车性能表示满意。

1991年年初，改进型大红旗90型样车制成，在老红旗故障率高的部位采用进口部件，整车可靠性大为提高，动力性和经济性指标得到改善。因多种零部件与奥迪轿车通用，也降低了生产成本。

6月24日，在一汽厂务会上，进京人员汇报了大红旗90型样车送审情况后，一汽集团提出，抓好奥迪生产的同时，兼顾红旗生产。

随后，一汽集团向中汽公司提交以年产30辆纲领恢复红旗轿车生产的报告。1992年元旦，一汽轿车厂一分为二，专门生产大红旗轿车及其原系列产品的第一轿车厂成立，引进奥迪轿车及小红旗生产交给第二轿车厂。

第一轿车厂首先面临职工吃饭问题。厂长关俊峰提出自谋出路，面向市场，先后开发三种型号皮卡车，开发CA7221型小红旗轿车及小红旗加长型轿车。1994年，高长春担任厂长前后，带领全体员工闯市场，小红旗加长型轿车供不应求。

吃饭问题解决后，大红旗换型和复产又提上日程。大红旗系列车毕竟是20世纪五六十年代产品，要换型就得走一条与国外共同设计、自主开发和引进技术的路子。

1994年12月，耿昭杰、一汽副总经理徐兴尧、一汽汽研所所长周颖等一行到美国访问福特汽车公司，与副董事长韦恩·布克（Wayne Booker）讨论以联合设计方式帮助改造大红旗的设想。1995年双方再次会谈，确定在林肯平台上设计新大红旗的原则。经过3个月努力，新型大红旗造型方案出炉。

1996年1月，耿昭杰与福特汽车公司副总裁柯世康（Vaughn Koshkarian）在北京会谈，明确联合开发大红旗系列，一汽集团拥有完全知识产权，由一汽集团自行生产和销售，福特汽车协助售后服务。

1997 年 2 月，以副总经理马文兴为团长的一汽代表团访问福特汽车公司，进行制造技术考察和会谈。同年 10 月 7 日，一汽集团在北京与福特汽车公司签订散件供货合同。12 月，第一辆样车完成，边试验边改进，生产准备工作同步交叉进行。

1998 年 11 月 10 日，新型大红旗 CA7460 在第一轿车厂下线。这次换型，红旗 CA7460 以 98 型林肯为蓝本，填补了国产高档轿车空白，且具有独立知识产权。

但在外界看来，这样的红旗似乎已经失去自己的灵魂和 DNA，故从一开始，一汽集团就面临重重舆论压力。

新型大红旗 CA7460 也好，小红旗 CA7220 也罢，从其发展轨迹看，这一阶段一汽人对轿车采取双轨制实践。

所谓双轨制，即一条轨道合资建设，另一条轨道自主发展。一汽人非常清楚，实现自主发展的核心问题在于产品权，在于建立自主开发能力。跨国公司之所以对合资企业能够实现控制，主要原因就在于产品权在他们手中。不突破这个关键环节，就谈不到自主发展轿车。

1988 年 5 月 17 日，一汽集团与大众汽车集团签订奥迪轿车产品技术转让协议。协议规定，一汽集团从 SKD、CKD 开始装车，逐步国产化，达到一定标准后转变为国产轿车，一汽集团拥有百分之百知识产权，从而探索出一条技术引进、自我开发和自我建设，发展民族轿车工业之路。

引进的基本车型是大众汽车集团第三代奥迪 100。德国人要求严格，对国产化的任何零件都要送到德国去做各种各样的试验，经过德方认可，方可装车。

1993 年，一汽第二轿车厂承担了白车身国产化任务。白车身是奥迪国产化计划中的一个大项目，它由侧围、四门两盖、底板、前后纵梁等 21 个大总成组成。装车以来，一直是以总成进口方式在第二轿车厂焊成白车身。

由于各总成轮廓较大，一个大集装箱只能装十几件或者几十件，这些总成从德国海运到大连，再陆运到长春，各项费用算下来在整车价格中所占比例不小。因此，白车身国产化在提高国产化率及降低成本中起到举足轻重的作用。

白车身技术要求高，工艺难度大，第二轿车厂承担了白车身 245 件冲压件中的 198 件。在各单位协助下，先后完成三条大型冲压线的安装调试，组织引进了 281 套冲模。车身厂制造了 332 套冲模，自制了 200 多套夹具，制造安装了 300 多台（套）焊接及悬挂设备，以及上千套工位器具和大量焊接辅具。

白车身外部 11 个大总成国产化实现后，第二轿车厂又全力组织白车身下部 10 个大总成国产化工作。白车身下部涉及底板、前后纵梁、轮罩、水槽等，其难度比白车身外部还大。更难的是，引进的工装样件要与自制的工装样件匹配。

1993 年 9 月 25 日，第一台含白车身下部的国产化白车身工装样车组装完成，标志着白车身国产化任务完成。

动力总成是国产化的关键环节。奥迪 100 发动机的动力较小，不太符合中国国情。一汽集团决定将 1987 年引进的 488 发动机装到奥迪上。当年国家批准一汽集团生产轻型卡车，就选用了 488 发动机，将其配气系统、点火系统等改造后成为轻卡发动机。现在要装配到奥迪 100 上，一汽汽研所又对其进行改造，恢复轿车发动机本来面目。

1996 年，奥迪车身匹配 CA488-3 发动机、016 变速箱的小红旗 CA7220 面世。作为一汽集团对奥迪技术和其他相关技术消化吸收后进行技术国产化的成果，小红旗 CA7220 被视为民族轿车生产阵地形成的标志，以这款车为基础，通过改进发动机和更换车身零部件，一汽汽研所和一汽轿车公司相继开发 18 种变型车。

从 1988 年试装第一辆奥迪先导工程启动，到 1997 年年底，一汽生产轿车 123294 辆，其中奥迪轿车 95502 辆、小红旗轿车 27792 辆，总销售额 311 亿元，实现利税 66 亿元，上缴关税 70 亿元。

从奥迪 100 到红旗 CA7220，轿车国产化率逐年提升。1994 年累计达 52%，1995 年又实现 30%，到 1996 年年末，累计达到 90% 以上，自制件占 51.73%。

红旗 CA7220 虽然更换了商标，但奥迪车身外形并没有改变，因为一汽集团在引进奥迪产品时，购买了几百套大型车身冲压模具，这些模具还没有达到报废期限。这是其一。其二，轿车冲压模具精度要求高，每个模具重几十吨，且价值很高，要一下把外形改掉，需要投入大量资金。

1997 年，一汽轿车股票上市，筹集资金 20 多亿元，为红旗车的外形改造提供了资金保障。2000 年 7 月 15 日，一汽厂庆 47 周年之际，小红旗换代产品红旗世纪星（红旗 CA7202E3 型）下线。

红旗世纪星车身完全摆脱了奥迪 100 的外形。从外形到内饰，从技术装备到平台系列化，都在小红旗基础上有质的飞跃。红旗世纪星开发项目荣获 2002 年国家科技进步二等奖，当年一等奖空缺。

为实现新产品换型转产，一汽轿车在西区新建现代化总装生产线和涂装线，改造东区焊装线。随着第二轿车厂整体搬迁至西区以及新总装线启动，推动了红旗制造水平再上新台阶。

2001 年，一汽集团推出与国际价格接轨的红旗明仕、红旗 18 两款新车型。至此，红旗品牌形成低档、中档、高档三大系列 50 多个品种。红旗品牌价值不断提升。在 2001 年中国最有价值品牌中，红旗以 44.06 亿元位列中国轿车行业榜首。

2005 年年初，匹配日产 QG18 发动机的红旗新明仕上市。当年 4 月的上海车展上，一汽集团展出了基于丰田汽车第四代 Majesta 平台联合开发的红旗 HQ3、一款红旗 B 级车和红旗旗舰产品。红旗 HQ3 原本打算在天津与皇冠共线生产，以降低生产成本，后迫于舆论压力而作罢。

数据显示，从 2005 年到 2012 年，红旗累计生产近 7 万辆。这期间，红旗一直在寻找自己的灵魂和基因，一汽人也一直在寻找实现红旗梦的切入口，但机缘却往往从侧面与之擦身而过。

2003 年 7 月 15 日，一汽 50 周年厂庆，站在红旗新基地面前，已退休的耿昭杰说：“我是带着一个心愿来这里的，这个心愿就是红旗的心愿。我在一汽干了几十年红旗车，‘红旗’是民族品牌，民族品牌最难干，但我希望一汽人能够把这个事业永远干下去，直到取得胜利。”

突破经济“山海关”

2000 年年初，一汽集团副总经理金毅与丰田汽车开始秘密接触，寻求合作。但这次试探没有实质性成果，彼时丰田汽车海外市场重点在北美，对中国市场发展缺乏信心。

来而不往非礼也。金毅访问丰田汽车后，出于礼节，丰田汽车也派出一位副社长回访一汽集团，并当面告知一汽集团：丰田汽车 5 年内没有跟一汽集团合作的打算。

一汽集团没有放弃，一方面通过各种渠道与丰田汽车各层面积极接触，另一方面充分准备信息资料和合作方案，频繁往返于长春和名古屋之间，寻求突破。

2001 年中秋节，金毅再访丰田汽车，丰田汽车副社长白水宏典只给他上班前 20 分钟私人时间会面。但恰恰是这次见面，改变了两个企业的轨迹。见面时，金毅重提往事，回忆起一汽集团与丰田汽车交往过程中，当年白水宏曲到一汽集团指导的细节。

往事并不如烟。白水宏典动情地说："金桑的话让我热血沸腾。"两人相谈甚欢，很快就忘掉了 20 分钟的约定。临告别时，白水宏典向金毅承诺，他负责说服丰田汽车高层与一汽集团合作。

20 天后，白水宏典代表丰田汽车回复一汽集团，只要一汽集团成功重组夏利汽车，丰田汽车就可以跟一汽集团合作，而且还将提供陆地巡洋舰、皇冠、花冠 3 款轿车作为合作车型。

与丰田汽车合作迈出了第一步，但重组夏利汽车并不简单。原因有二：其一，虽然国家鼓励大企业兼并重组，但国内汽车行业还没有成功重组的先例；其二，夏利汽车经营困难，负担沉重。

重组夏利将给一汽集团带来包袱还是财富，这在一汽集团内部引起激烈争论。经过详细论证，一汽集团决定让金毅组织项目组，负责与天津市政府、天汽集团谈判。艰苦的谈判历时 3 个多月，2002 年 6 月 14 日，一汽集团与天汽集团在人民大会堂签署联合重组协议，天汽集团向一汽集团转让所持 50.98% 夏利公司股份和 75% 华利公司的中方股份。

备受业界关注的"一汽天汽联合重组"（简称"天一重组"）就此尘埃落定。有消息称，丰田汽车对这次联合重组非常关注，专门从日本派来近 10 名要员参加签约仪式。而一汽集团对于这次重组所付出的代价却成为秘密，可以想象，代价必定不菲。

一汽集团称，这是进入新千年，中国加入 WTO 后，汽车产业亟待结构调整、技术升级的背景下，经过深思熟虑，做出新的战略抉择——选择优良资产，通过并购重组，形成优势互补，寻求更大发展。

一汽集团自 20 世纪 80 年代起就在国内积极进行兼并重组，其中既有政府和行政行为，也有企业和市场行为，一汽集团既因此受益，也因此受害，有些重组得不偿失，还背上了沉重的包袱。亦因此，到 20 世纪 90 年代初，经过决策与反思，一汽集团开始放慢步伐甚至一度停止重组。

　　"天一重组"会有所不同吗？答案是肯定的。此时的一汽集团，已经发展为集重中轻微轿为一身的大型汽车企业集团，尽管与大众汽车集团合作卓有成效，但也面临着缺少 A0、A00 级、B 级和 SUV（运动型多用途汽车）产品，主要生产基地局限于东北地区等问题。一汽集团要继续做大做强，一要补课产品短板，二是走出长春。"天一合一"方式无疑是最佳实践路径，此举不仅获得夏利汽车的无形资产，还可节约投资建厂成本，缩短进入市场的时间。于天汽集团而言，亦可摆脱当下经营困境，扩大产品系列，继续向上发展。

　　"天一重组"给夏利注入了新的动力和活力。通过一汽集团派驻管理团队和天津一汽自身努力，经过止血、输血、造血三个改革发展过程，天津一汽逐步扭亏，从 5 万多辆产销跨上 20 万辆台阶。之后，随着华利汽车并入夏利集团，一汽集团兑现了向当地政府许下的"救活一个、做大一个、新建一个"的承诺。

　　继"天一重组"两个多月后，一汽集团再次让业界眼前一亮。8 月 22 日，长春花园酒店，一汽集团、成都市政府、成都工业投资公司、四川旅行车制造厂在此签订多方合作框架协议。这次重组更为神速，从最初的谋划到最终牵手，仅用时 3 个月。

　　根据协议，一汽集团与成都工业投资公司携手组建成都一汽（汽车有限公司），两者分别持股 80% 和 20%。以一汽集团为主，成都方面配合，做好四川丰田上马霸道越野车项目报批工作。霸道越野车项目规划产能 5000 辆，产值 20 亿元。同时，合作双方将加大成都生产的丰田斯柯达产能，力争达到年产 1 万辆。成都一汽成立后，原四川旅行车厂与丰田汽车各出资 50% 成立的合资企业四川丰田，自此转变为成都一汽和丰田汽车各占 50% 的合资公司。

　　与成都方面牵手 7 天后，一汽集团不但让业界眼前一亮，而且还备受瞩目。8月29日，一汽集团与丰田汽车在人民大会堂签署全面合作协议。直到这时，人们才蓦然惊觉，一汽集团此前种种重组努力，都是为了拿到登上丰田汽车的那张船票。

行动早就在秘而不宣地推进。2001年10月，竺延风、金毅和白水宏典、时任丰田汽车董事丰田章男在北京会谈。2002年，一汽集团高层与丰田汽车高层在长春会谈，就合作事宜达成共识，签署备忘录。

来看8月29日双方签约的5大项目：一是，在天汽集团和丰田汽车合作生产的夏利2000型轿车基础上开发中高档经济型轿车；二是，对天汽集团和丰田汽车合作生产的天津大发进行投入改造，生产不同类型的微型面包车；三是，合作开发适合中国西部需求的越野吉普车；四是，利用川旅占80%股份的优势继续和丰田汽车合作生产柯斯达；五是，引进丰田汽车技术，对正在生产的红旗进行技术升级。

一剑五雕。6个月内，一汽集团通过两次搅动众人神经的重组和一次全面合作，终于顺理成章且名正言顺地与丰田汽车联姻。此过程中，对中国市场垂涎已久但又行之迟迟的丰田汽车却出人意料地扮演了主动角色。合资公司的雄心壮志已经扩展到2010年，双方将在中高档轿车、微型车、中高档SUV三个领域开展合作，届时其产销量可望达到30万~40万辆规模。

丰田汽车耀眼的光芒掩盖了马自达公司的星辉。同样在这一年，一汽集团与马自达公司达成技术合作协议，引进马自达6，同步获得马自达6所在CD3平台使用权以及LF系列使用权。双方约定，4年后中方可以使用该平台造自己的轿车。

2003年，马自达6在一汽轿车下线。2005年，一汽集团与马自达公司合资成立一汽马自达销售公司，马自达6的销售从一汽轿车独立出去。马自达6国产3年后，即2006年，一汽轿车推出奔腾，这款初始名为奔腾红旗的产品跟马自达6有着深厚的渊源，它使用了马自达6的动力和底盘。

一汽马自达有过高光时刻。

马自达 6 曾经一车难求，2003—2005 年，凭借此单一车型，马自达在华销量快速增长，从 2.42 万辆增长到 5.01 万辆。2012 年，马自达中国销量达到 18.7 万辆，其中一汽马自达销量 11.4 万辆。

这种技术引进模式在 2021 年出现转折。2021 年 8 月，马自达公司、长安汽车及中国一汽发布联合声明，长安马自达变更为由三方共同出资的合资企业，出资比例分别为马自达 47.5%、长安汽车 47.5% 和中国一汽 5%。一汽马自达成为新长安马自达的全资子公司。

身处市场竞争，企业如逆水行舟，不进则退。即便是一汽马自达和长安马自达合并，也未能阻止马自达在中国市场节节败退。2022 年，长安马自达销量为 10.4 万辆，同比下滑 21.43%，与巅峰时期相比接近腰斩。

回到 2002 年时的一汽集团。很多人都没有看到，实现"天一合作"和"一丰合作"，控股四川旅行车厂，拥有大众、丰田、马自达合作伙伴，形成东北、华北、西南基地，拥抱中原，开发西部，在中国经济最活跃地区建设新的汽车基地——这是一汽集团实现地域战略转移，突破经济山海关的重要举措。

厘清上述问题后，再来看一汽集团与丰田汽车的牵手。两者之间的交往与合作由来已久。从 20 世纪 70 年代到 80 年代初，一汽集团就曾两次东渡日本到丰田汽车等企业考察，丰田汽车也先后对一汽集团进行过考察和诊断。在一汽集团发展史上，曾经三次在全厂范围内掀起学习推广丰田生产方式的热潮。其后几十年，双方高层又进行了多次互访和考察。中国入世后，一汽集团与丰田汽车合作终于瓜熟蒂落。

一汽集团与丰田汽车携手，可使一汽集团产销量从 50 万辆提高到 100 万辆，继续巩固中国第一的地位。相较以往，这次合作还呈现出三个不同特点。

一是，合作项目是全系列产品，而非单一轿车，覆盖面前所未有。

二是，合作领域跨越长春、天津、成都 3 个城市，将多个城市跨地区组合成有机紧密的汽车产业基地，这也前所未有。

三是，这次合作不像许多中外合资企业那样重起炉灶，在一张白纸上画图，而是分别利用长春一汽、天津汽车、成都川旅现有人力、物力和资产存量，经过整合重组和扩充而成，不仅有利于双方发展，也有利于改变中国汽车工业的产品结构和企业布局。

2003 年 4 月 9 日，一汽集团和丰田汽车在日本东京签署《关于陆地巡洋舰的技术许可合同》《关于霸道车的技术许可合同》《关于皇冠车技术许可合同》《关于引进花冠车的意向书》，向更深更广的合作迈出了重要一步。

当年 10 月 8 日，一汽丰田首款轿车威驰下线。2004 年 2 月，第二款轿车花冠上市。2004 年 9 月，双方就推动混合动力汽车在中国市场的发展与普及达成一致，"一汽·丰田混合动力汽车合作项目"签字仪式在北京举行。2005 年 3 月 21 日，一汽丰田第二工厂（现泰达工厂）落成，皇冠下线。12 月，第一款在国内生产的混合动力轿车普锐斯在长春丰越下线。

至 2011 年，一汽丰田体系已扩展到乘用车、商用车两大类 3 个系列 9 个产品，动力总成形成直列和 V 型两大类，排量覆盖 1.2 升 ~3.0 升汽油机产品。

一汽丰田规模不断扩大，产销量及利润迅猛增加，对一汽集团贡献越来越大。具体表现在以下六个方面。

其一，体系规模不断扩大。

工厂从当年天津 1 个整车工厂 3100 名员工，到 2011 年，已发展成为集整车、动力总成产品为一身的天津、长春、成都 3 大基地，6 家核心合资公司，2 万多名员工。

6 家核心合资公司分别是一汽丰田销售公司、天津一汽丰田、四川一汽丰田、四川一汽丰田长春丰越公司、一汽丰田发动机公司、一汽丰田（长春）发动机公司。

其二，产销量快速攀升。

从 2003 年产销 5.3 万辆，到 2011 年突破 5 万辆，累计产销突破 260 万辆。其中，第一个 50 万辆历时 48 个月，第二个 50 万辆历时 20 个月，第三个 50 万辆历时 14 个月，第四个 50 万辆历时 12 个月。从占一汽集团总销量比例看，从 2007 年起，丰田体系销量一直占据 20% 以上。

其三，利润不断扩大。

一汽丰田体系自成立以来，不断为合资企业和一汽集团创造效益。2003—2005 年，一汽集团对一汽丰田体系累计初始投资 23 亿元，到 2011 年总资产已滚动发展超过 500 亿元，累计实现利润超过 460 亿元，到 2010 年已回报一汽集团现金分红超过 140 亿元。

其四，对自主体系拉动作用不断增强。

从 2004 年开始，通过零部件、制造装备、衍生经济等领域对一汽集团关联企业实施有效拉动。2009 年，拉动首次超过 100 亿元，截至 2011 年，累计拉动总量超过 700 亿元。

其五，对自主体系人才培养效果明显。

学习丰田先进管理经验是一汽集团跟丰田汽车合作的重要目的之一。截至 2011 年，一汽集团向一汽丰田体系累计派遣管理干部 421 人，其中在岗 228 人，回归一汽集团 193 人。这些人成为推行丰田生产方式的骨干，为一汽集团管理提升起到了重要作用。

统计表明，一汽丰田体系各工厂为一汽集团培养、培训自主企业各类人员累计超过 2000 人次。培训人员实地体验丰田汽车先进管理，获得了大规模生产现场作业及管理经验，并在各自岗位中逐步应用。

其六，技术合作扎实推进。

双方合作以来，在传统汽车技术和新能源技术方面开展了广泛的交流和合作，对自主品牌发展起到了一定支撑作用。

回望来时路，曾经竖立在首都机场高速路旁那块"车到山前必有路，有路必有丰田车"的广告牌不知何时已悄然撤换，但丰田汽车意欲占据中国市场 10% 的梦想依然滋长。这需要一汽丰田和另一家中国合资企业广汽丰田共同努力完成。

穿越周期的力量

在中国汽车行业里，一汽集团最早对丰田生产方式 TPS（Toyota Production System）进行研究和学习。

TPS 是丰田汽车在多年实践中逐步建立起来的一套企业管理体系。简而言之，就是以"准时生产"（JIT, Just In Time）和"带人字边的自动化"（Jidoka）作为两大支柱，且以均衡生产、标准化作业、目视管理和 TPS 的其他基本理论为基础。充分体现以人为本，通过全员参与的持续改进来彻底消除浪费，以实现高品质、短交货期、低成本的经营目标，不断提升企业竞争力的生产方式。在现代管理中，它与泰勒体系、福特体系齐名。

综合多方资料，在一汽集团 70 年发展历程中，曾经三次大规模推行丰田生产方式，对这家老企业的生产管理和企业管理实行根本性变革。多年实践，既有成就，也有反思。

第一阶段，1978—1992 年，始于 1978 年一汽组织赴日学习考察团。

1978 年 5 月，一汽组成由厂长刘守华、副厂长李刚为首的 20 人赴日考察团，历时半年考察多家日本汽车制造厂，其中，又对丰田汽车开展的 TPS 进行深入学习。

考察团回国后，一汽掀起学习 TPS 第一个高潮。这项工作首先在生产系统实施，学习重点包括：制造工位器具、均衡生产、看板管理、生产设备排列合理化、直送工位、混流生产、按节拍组织同步生产等。这些项目在试点单位均取得明显效果。1981 年 5 月初，一机部在一汽召开推行现代化管理方法现场会。

1981 年 6 月中旬，丰田生产方式创始人大野耐一应邀到一汽指导"一个流"生产（当时在丰田汽车叫"用意咚"，也叫同步节拍生产线），在底盘厂和发动机厂各改造成功一条单机自动多工序管理生产线。

这是中国最早的两条"一个流"生产线。效果也比较明显，如底盘厂轴承座生产线改造完后，从原来 5 名工人操作 7 台机床改为由 1 人操作；工序在制品从 110 件减少到 8 件，压缩 93%；节约 1/3 生产面积。

应该说，在改革开放之初，党的十一届三中全会尚未召开之前，一汽组织这样大规模的学习，其胆识和勇气可佩可敬。但因受体制和机制限制，这些西方先进方法和管理技术很难大面积推广，即使有所推广也很难坚持。比如上面提到两条线，就给当时一汽带来两大麻烦，一是富余人员安排问题，二是多劳多得的问题。

第二阶段，1992—2002 年，始于一本书《改变世界的机器》、一个典型，即变速箱厂的准时化生产和一篇文章《推行精益生产方式迫在眉睫》的学习。

一汽变速箱厂就是典型案例。1990 年 8 月，通过引进日野公司 LO6S型带同步器六挡变速箱产品和制造技术，建成一汽变速箱厂。该厂设计纲领 6.8 万辆，远远满足不了装车需求，一度成为瓶颈。通过推行丰田生产方式，该厂在没有增加多少设备、面积和人员的情况下，将变速箱产量提高一倍以上；产品由一个基本型发展到 20 多个系列；79 条生产线全部实现"一个流"；人均生产变速箱从 1991 年 27.7 台提高到 1994 年 63.5 台。

变速箱厂准时化生产方式的经验，为一汽集团探索精益生产方式提供了借鉴。

同一年，詹姆斯·P. 沃麦克（James P. Womack）等人所著《改变世界的机器》一书，首次把丰田生产方式定义为"精益生产"，并预示这种生产方式将对世界政治和经济局势产生深远影响。

实践和理论相结合，一汽集团认为，精益生产方式源于丰田生产方式，但又高于丰田生产方式，对一汽这样的汽车集团很有针对性的实践价值。1992 年 6 月，耿昭杰在《一汽集团报》上发表题目为"推行精益生产方式迫在眉睫"的署名文章，号召全厂学习和推行精益生产方式。

但首先需要解决两个问题：一是，变速箱厂是新建厂，而一汽其他大多数专业厂大都已有三四十年历史，准时化生产方式经验能不能推行，谁心里都没底；二是，大多数管理干部对精益生产方式还比较陌生，要先学习理论知识。

1993 年年初，一汽集团在一汽党校河湾子分校举办两级干部"精益生产方式学习研讨班"，耿昭杰提出，要把推行精益生产方式，作为继换型改造和产品结构调整后的第三件大事来抓，要求每个人都成为"精益迷"式领导干部。

衡量"精益迷"式领导干部的标准有四：一是对精益生产方式有浓厚兴趣，能悟进去；二是选择一条最困难的路去走；三是眼睛向内，苦练内功，提高自身素质；四是学习。

研讨班连续举办了 13 期，时长半年多。一汽集团成立了以总经理为首，由分管副总经理和职能部门组成的推行精益生产方式指导委员会，开始在全厂范围内推行，初步摸索出了少投入、快产出、多产出的管理方式。

1994 年，一汽集团采用精益思想掀起大干"三车一机"（中型车中的平头车、轻型车系列中的厢式车、红旗轿车和488发动机）热潮，在老生产线上组织新老产品混流生产。底盘厂54条生产线全部实现混流生产，原计划需要投资7600万元，实现混流生产后只花了1000万元。

1995年，一汽集团把不断降低在制品占用作为衡量拉动式生产的硬指标。当年在制品定额比上年减少24%，实际占用比定额平均减少15%。同年6月，机械部在一汽集团召开全国机械工业企业管理工作会议，耿昭杰做了"一汽推行精益生产方式的实践和认识"主题发言，介绍这几年来精益生产取得的成果和体会。

1996年，一汽集团在创建精益车间、精益班组的基础上，开展创建精益工厂活动。变速箱厂、铸造厂被首批命名为精益工厂。从1997年开始，一汽集团把精益单位、精益车间、精益科室的创建结果作为年终评先评优的重要条件。

2001年，一汽集团党委提出，要重学精益思想，推进流程再造，培育用户第一的经营理念。时任一汽集团党委书记吴畏在工作报告中表示，不要简单地模仿精益生产方式，更主要是贯彻精益思想，努力建设精益化企业、森林式工厂、学习型组织。

第三阶段，2002—2011年，始于2002年一汽集团与丰田汽车的全面战略合作。

一丰合作后，一汽集团推行丰田生产方式掀起第三个高潮。一面邀请日本专家到一汽集团进行现地现物指导，一面组织考察团到日本现地考察，零距离学习TPS。

这次学习有三个突出特点：一是强调原汁原味，在工作手段和方法上尽量采用丰田生产方式标准做法；二是注重从方法到理念的提升，注重用具体方法解决实际问题；三是突出自主品牌。

截至 2005 年，丰田汽车先后派遣 30 多名专家，上百人次在总装、焊装、涂装、物流和质量管理等方面，进行现地现物的改善指导。2007 年后，一汽轿车运用 TPS 理念，结合实际完善现有体系，形成了特有的生产管理体系（HPS）。

2003 年，一汽集团管干分开，公司化体制初步形成。调整和组建后的职能部门率先推进 TPS。2004 年年初，一汽集团下发推进 TPS 指导意见，围绕降成本、降库存、降存货、保利润，深入推进 TPS。

6 月，一汽集团提出，现在的主活动是推行 TPS，其他各种活动都应围绕促进 TPS 长期有效性开展，力争推行 TPS 形成体系。

2005 年，一汽集团通过全面考察各单位 TPS 推进的基础管理和要素运用状况，决定将 TPS 分为 4 个层级，各有侧重，全面推进。

其中，长春丰越公司、一汽丰田、四川一汽丰田等一汽丰田事业体为第一层次，在丰田体系下持续改善。同时，作为一汽集团运用 TPS 理念、工具和方法的学习阵地，培养人才，输出经验。

一汽轿车、天津夏利为第二层次，重点从"点的改善"向标准化和流程化扩展深化，实现职能体系互动，输出经验和方法。

一汽解放等为第三个层次，重点结合生产现场，运用 TPS 工具和方法实施现地现物改善。

其他整车公司及富奥公司、铸造公司等零部件和毛坯生产子公司、辅助生产子公司为第四个层次。

一汽集团自 20 世纪 70 年代末期起，前后 3 次深入推行丰田生产方式，其务实求真的学习态度值得肯定。更值得肯定的是，通过消化吸收，一汽集团还将之转化为精益生产方式，实现从传统管理向精益化管理的转变，练就自己的内功。

现代化管理也是一种生产力，这种生产力不但带来生产方式的变革，还成为企业生生不息的源泉和成长力量，使一汽集团在 70 年长河中穿越一个又一个市场周期。

一部企业改革史

从第一汽车制造厂到中国第一汽车集团公司，一汽集团 70 年创业史，其实也是一部与时俱进的企业改革史。

一汽第一次较大的企业改革是 20 世纪 60 年代试办托拉斯（Trust）。托拉斯是西方资本主义的经济组织实体，是资本主义生产和资本集中达到较高程度后产生的垄断组织的高级形式，由许多生产同类商品和与产品经营有密切关系的企业合并组成。

组织托拉斯由时任国家主席刘少奇提出，时任国务院副总理、国家经委主任薄一波主持，国家经委具体负责，旨在解决当时地区分割、政出多门、重复生产的弊端，减少行政干预、反对官僚主义，以经济手段管理企业。

1964 年 7 月 17 日，国家经委在反复调查研究基础上，向中央提交《关于试办工业、交通托拉斯》的意见报告，提出在中央工业交通战线试办 12 个托拉斯企业。同时，确定试办汽车托拉斯作为试点单位，先行一步。

郭力调任一机部副部长，负责筹办汽车托拉斯，并为此废寝忘食不知疲倦地工作。他曾对秘书刘人伟（1964—1969 年担任郭力的秘书）说，他在一汽工作多年，有中央的直接关怀，有全国的支持，如今要试办托拉斯，就要创造一条发展我国汽车工业的新路子，托拉斯是我国工业管理的一场革命，一定要办好。

1964 年 10 月，郭力在济南主持召开全国汽车工业工作会议，作出主题为"办好托拉斯，进行工业管理革命"的报告，传达中央关于试办工交战线 12 个托拉斯的战略决策，以及在一机部系统首先试办汽车托拉斯的决定。

经过对全国汽车工业情况摸底调查，郭力向中央呈报成立汽车托拉斯的请示报告，提出参考西方国家办托拉斯的经验，用经济办法改组我国汽车工业的意见。汽车托拉斯以原一机部汽车局为主体，改制为中国汽车工业公司。经中央批准成立后，郭力兼任经理。

郭力带领大家制定了汽车托拉斯章程。比如组织形式，中国汽车工业公司是全国汽车行业的国有大型汽车生产企业，改革行政机构职能，公司下属长春、南京、北京、轴承（洛阳）、汽车配件销售、汽车零部件等分公司，归中国汽车工业公司直接领导管理。再比如管理体制实行五统一：计划、生产、销售、研发和规划的统一，实行垂直领导，以分公司为基础。

1964 年 11 月 24 日，经中国汽车工业公司批准，第一汽车制造厂改名为一机部长春汽车分公司，由一汽第三任厂长、时任一机部汽车局副局长刘守华担任分公司经理，开始参与试办汽车拖拉斯工作。

长春汽车分公司主要做了四件事情。

一是成立三个工作组。他们带着国家经委的介绍信，分别到东北三省把原属地方领导的 13 个企业收归分公司管辖。

二是从调查研究入手，帮助下属企业解决生产与发展中的急需问题，有计划、有重点地进行技术改造。

三是建立分公司管理体制。以一汽为主体，实行一套机构，一个领导班子。

四是开展管理革命化试点，成立以刘守华为首的"企业管理革命化领导小组"，指导各部门制定方案，掌握动态，及时处理存在的问题。同时，在铸造厂、工具厂和发动机厂成立三个蹲点工作小组，实施管理革命化改革。

试办汽车托拉斯初见成效。1965 年，薄一波在北京主持召开全国 12 个试办托拉斯公司经验交流会，国务院将中国汽车工业公司作为试办榜样推向全国。但就在这时，"文化大革命"开始，汽车托拉斯被作为资本主义的毒瘤而停办。1969 年 3 月，长春汽车分公司被撤销。

北戴河会议

1984 年 8 月举行的北戴河会议，是决定一汽改革发展方向的一次关键会议。

"这是以党委书记徐元存、厂长黄兆銮为领导的一汽班子对一汽作出的最大贡献。"一汽党委办公室原主任邱文超回忆，在关乎一汽生死存亡之时，经过多方努力，他们促成了这次会议召开，为一汽的改革发展松绑放权，打开了一扇大门。邱文超自 1978 年起，在徐元存身边工作近 8 年，担任其专职秘书 4 年。

当年 8 月 11 日上午，中央财经领导小组扩大会议在北戴河召开，专题听取一汽如何适应汽车工业大发展设想的汇报。会议从上午 9 时一直持续到中午 12 时 10 分，最终原则同意给予一汽工厂发展、资金筹措、产品销售、技术引进和外贸等自主权。

这次会议的大背景与全国经济体制改革进程相关。1984 年 5 月，时任中共中央总书记胡耀邦、书记处书记胡启立相继视察一汽，赞成对企业继续实行利润递增包干，超产分成，扩大自主权。

5 月 10 日，《国务院关于进一步扩大国营工业企业自主权的暂行规定》出台。

由此可见，国家对经济体制改革的思路逐步加深，对给企业松绑、放权、减负、让利，政策渐进而果断。这就为从计划经济向市场经济过渡，进一步搞活企业，加速企业改革和发展提供了良机。

但一汽形势并不乐观。一是，1979 年，东风 EQ140 五吨载重车投产，对生产近 30 年的老解放构成巨大威胁。二是，1980 年，国家实行节油封车政策，解放牌市场进一步萎缩。当年计划生产 6 万辆，国家分配只有 1.6 万辆。产品严重滞销，资金大量积压，汽车发送站被形容为一片"蓝色的海洋"。

尽管 1983 年 5 月国家将一汽换型改造列为"六五"期间 70 个重点建设改造项目之一，但由于一汽既要保持正常生产经营，又要全力抓好换型改造，两面出击，腹背受压，可以说举步维艰。

一汽还存在很多自身难以解决的困难。比如设备大幅涨价，不能及时交货；土建材料价格高，而且严重短缺；资金严重不足，缺口在 1 亿元以上；职工工资收入很低，每月仅几十元；技术干部和一线工人为换型加班，企业无力支付加班工资……可以说，一汽面临生死存亡的考验。

恰好在此时，中汽公司先后上报两份文件，强调要把中汽公司办成经济实体。

第一份文件，1984 年 4 月 16 日，中汽公司做出《关于开创汽车工业新局面若干问题的决定》，提出要以改革精神搞好管理体制改革试点工作，把中汽公司真正办成经济实体；中汽公司作为一个经济实体，必须具有一定的集中权力和职责。

第二份文件，1984 年 7 月 2 日，中汽公司以党组名义，向中央呈报《关于汽车工业大发展和改革工作的报告》，提出改革现行管理办法，把公司作为一级计划单位，办成在计划、财务、物资、内外贸、劳动人事等方面拥有必要自主权的全国性经济实体公司。各项国家计划由公司一个口直接安排所属企业，财务计划由公司一个口对财政部，对国家承包经济责任。

对第二份文件，1984 年 7 月 6 日，中央领导作出批示：汽车工业要大发展，是必然趋势，也可能成为今后经济增长的一个重要组成部分（外国都经过这一阶段）。问题是如何因势利导，避免大的盲目性。另外，体制（组织结构）如何搞，也是一个大问题。中央建议计委牵头（体改委参加）议几次，国务院或财经领导小组再最后议定。

对于报告中提到的汽车工业大发展应彻底改革"小而全"生产格局，中央领导批示道：要避免重新出现小而全，纷纷办汽车厂的情况出现，就必须考虑如何解决产需矛盾。因此，一要支持专业化，大批量，质高价优的汽车产量尽快多搞一些；二要有计划地进口散件到国内组装（最好在大厂组装），也是一个过渡的办法。

一场争取与维护自主权的努力由此展开。一汽、二汽等企业纷纷上书，要求打破行业垄断，给企业放权让利，使企业成为市场竞争主体。

针对这两份文件提出的观点，一汽主要领导先后以信函方式向中央报告，反映企业诉求。

这些信引起了中央领导高度重视，中央财经领导小组要求一汽当面汇报。8月7日，徐元存接到李刚打来的电话，8月11日上午中央财经领导小组在北戴河召开会议，专门讨论一汽报告，让一汽去4人，其中2位领导，汇报材料复印30份。

会议结束后第5天，1984年8月16日，中央财经领导小组办公室印发了《中央财经领导小组会议纪要》（第十三期）。纪要指出：会议原则同意一汽关于开展竞争、搞活企业的设想和进一步扩大自主权的要求。明确给予一汽工厂发展、资金筹措、产品销售、技术引进和贸易等自主权。

一场关于企业生存发展的争论，经过一番风风雨雨，终于有了结果。但工作还没有结束。

1984年8月12日，徐元存、黄兆銮回到一汽，立即召开党委常委会、党委扩大会、职工代表大会，向广大干部、工程技术人员和职工进行传达、学习、讨论、贯彻，并组织力量，分头制订方案，起草文件。

8月21日，一汽上报《关于申请外贸权并成立解放汽车进出口公司的报告》。

8月31日，以（84）一汽调字443号文，向中央财经领导小组上报《关于落实中央财经领导小组（扩大）会议精神的情况报告》。

9月3日，一汽向吉林省人民政府上报《关于请省政府为一汽申请扩大外贸权并成立解放汽车进出口公司的报告》。省政府随即以吉政发〔1984〕131号文向外经贸部发文。

8—9月间，耿昭杰组织力量编写一汽"七五"形成20万辆生产能力，"七五"技术改造总体方案和2000年目标设想等方案。这期间的大部分文字材料，包括北戴河会议的汇报提纲和附件等，都是以耿昭杰为主组织起草，经一汽党委常委集体讨论，由徐元存和黄兆銮拍板敲定。

10月2日，一汽上报《关于一汽自筹资金进行工厂改造，争取在"七五"期间形成20万辆生产能力的报告》。

10月6日，黄兆銮、韩玉麟、葛葆璇带着连夜赶印的《一汽"七五"期间技术改造总体方案和2000年目标设想》文件，到北京汇报，派人分送党中央、国务院和有关部委领导。

此后，一汽又陆续向中央报送了其他需要解决政策问题的文件。这些文件得到中央领导高度关注和重视，批示有关部门尽快解决。

1984年11月9日，国家外经贸部以[急件]复函给吉林省人民政府，"同意一汽扩大外贸权并成立解放汽车进出口公司"。

1984年11月19日，国家计委向一汽下发《关于同意一汽技术改造总体方案和在国家计划中单独立户》等问题的批复。

1985年7月22日，国务院（85）国函字114号《关于第一汽车制造厂扩建和技术改造设计任务书的批复》下发一汽。

至此，历时一年多的争取扩大企业自主权的努力终于有了结果，这让一汽在"七五"和"八五"前期进入了发展快车道。

建立现代企业制度

建立现代企业制度是国有企业的一场革命。在这条革命道路上，一汽集团上下求索，主动迎接挑战。

20世纪90年代初期，一汽集团响应国家号召，积极进行公司化体制改革试点。

这是一场自上而下的改革。1991年12月14日，国务院批转国家计委、体改委和国务院生产办公室，同意选择一批大型企业集团进行试点，其中有57家企业集团被列为首批试点单位，一汽集团名列榜首。

按照公司化体制改革要求，一汽集团要从现有厂与专业厂的两级工厂型管理体制，逐渐过渡到公司、分公司（事业部）、专业厂的三级公司型管理体制，进一步调整和理顺公司与紧密联营厂的领导与被领导关系，将厂办联营真正过渡为公司办厂。

一汽集团明确1991年的主要任务为制订改革方案，先从条件成熟的分公司和事业部着手，再调整一汽集团与公司的机构和分工，改制工作两年完成。

通过这次公司化体制改革，一汽集团主要解决了以下四个问题。

其一是，确定一汽集团及其核心企业名称。企业集团名称为"中国第一汽车集团公司"，集团核心企业名称为"中国第一汽车集团公司"，其从属名称为"第一汽车制造厂"。

试点之前，一汽集团名称是"解放汽车工业企业联营公司"。1982年12月，经国家经委批准，以一汽为主体的解放汽车工业联营公司成立。1986年12月，在国家计委实行计划单列时，公司改名为解放汽车工业企业联营公司。

联营公司实行董事会领导下的经理负责制，人们习惯地称为"一汽办联营"或"厂办联营"。联营公司汲取了20世纪60年代办托拉斯的经验和教训，不强调采用行政手段改变隶属关系的做法。具体做法可概括为五句话——

一个目的：联合起来，发展解放系列产品，走专业化协作道路。

二项原则：自愿协商原则和平等互利原则。

三个不变：所有制不变、行政隶属关系不变、财政渠道不变。

四个统一：产品开发统一、指令性计划统一、行业规划统一、技术标准和质量标准统一。

五种类型：主机制造厂和组装厂、改装车和专用车厂、零部件制造厂、协作配套厂和维修服务网点。

到20世纪80年代末，联营公司成员单位已发展到百余家，这还不包括生产协作互助会和汽车维修服务网点两种外围组织。其中，主机厂13家，改装车、客车生产厂44家，零部件生产厂42家，科研单位2个，这些单位分布在全国22个省、自治区、直辖市与14个部门。

但实践证明，"三个不变"的做法只适用于以生产协作为纽带的松散型联合。要改造小而全、大而全，实现生产要素的优化联合，就必须突破"三个不变"，实行以资金为纽带的紧密联合。

注册"中国第一汽车集团公司"企业名称还有段插曲。因解放汽车工业企业联营公司中"联营"二字给人以松散之感，加之其核心企业第一汽车制造厂业已从工厂化结构向公司化结构转变，客观上起到了母公司的核心作用。按照《公司法》规定，一汽集团在制定章程时，就明确提出企业名称为"中国第一汽车集团公司"。

1991年8月，章程送到中汽公司，有关部门提出不同看法，认为按照

《企业名称登记管理规定》，企业名称不得含有汉语拼音字母、阿拉伯数字，而应该由商号（或字号）、行业和组织形式组成。"第一"不是字号，而是序列或数字。

但一汽集团认为，"第一"已不单是序列，而是一个数词；"一汽"二字作为商号，已被国家批准为中外合资企业名称的组成部分；"一汽"代表中国第一个汽车工业基地。

后来，中汽公司对此表示理解。

1992 年 1 月，国务院召开试点企业集团座谈会，有人问道，二汽已改名为东风集团，核心企业为东风汽车公司，去掉了"集团"二字，第二汽车制造厂的称谓也已注销，你们为什么非要叫第一汽车集团？"解放集团"不是很好吗？

一汽集团与会领导答道，一汽是中国第一个汽车工业基地，一汽开创了中国汽车工业的历史。"第一汽车制造厂"是毛泽东主席亲自题词的唯一工厂，而且，一汽在国内外有知名度，一汽这个名称本身就是一种财富。

这些意见得到了国家体改委的支持。

1992 年 6 月 24 日，国务院生产办公室复函，同意"解放汽车工业企业联营公司"更名为"第一汽车集团公司"。7 月 15 日，"中国第一汽车集团公司"成立，法人代表耿昭杰，其核心层企业有直属工厂 38 个，直属子公司 3 个，科研院校 3 个，紧密层企业 8 个，半紧密松散层企业 135 个。

其二是，确定一汽集团公司与成员单位之间的资产纽带关系。

1993 年 7 月 13 日，国家国有资产管理局下发"国资企函发（1993）74 号文件"，授权一汽集团公司统一经营一汽集团的国有资产。除本部全部资产外，还包括所有全资子公司、控股子公司、参股子公司的国有资产。

文件明确规定，一汽集团公司与各成员企业可以通过规范的资产联结纽带，建立包括全资子公司、控股子公司和参股公司等形成的母子公司关系，在一汽集团形成大型控股公司控制下的多层次、多元化结构。

其三是，确定试点企业的行政领导班子。

一汽集团领导体制做出相应调整。解放联营公司时期实施厂办联营体制，厂与公司是两个名称、两套领导班子，只有一套职能管理机构，而联营公司又不是决策层，因此相互关系不太顺畅。

一汽集团公司成立后，两套领导班子成员合并。一汽集团的董事长和总经理由核心企业一汽集团公司的总经理兼任，副董事长分别由核心企业的党委书记和常务副总经理兼任，副总经理也分别由核心企业的副总经理兼任。

其四是，实行法人经理结构和机构改革。

1997 年 4 月，根据国务院文件要求，一汽集团制定"深化企业集团试点方案"，实行现代企业制度，完善法人治理结构，明确董事会、监事会和行政领导的职责与权力。

在这次深化企业集团试点中，除对十多年来联合兼并的企业实行资产重组，建立规范化母子公司体制外，一汽集团还对原一汽本部各专业厂和管理机构，按照"精干主体、剥离辅助"原则，做了较大规模的公司化体制改革。

改革手术首先从剥离企业办社会事业起步，成立一汽实业总公司就是一个典型案例。

1994 年 5 月，一汽集团将企业办社会的事业部门，如房产处、卫生处、生活服务管理处、电信处、子弟教育处等 6 个服务处室，及其下属 6 个经营实体（共计 1 万多名职工）统一，成立一汽实业总公司，独立核算、自负盈亏。同时进行的还有厂办大学体制和集体企业管理体制改革。

一汽实业总公司成立第一年，兴办了 10 个经济实体，安置富余分流人员 550 人，整建制剥离 7400 人。所办经济实体，边组建、边经营，全年创收 500 多万元。

公司化体制改革中，工作量和难度最大的是改造"大而全"。从 1998 年冬天到 2000 年春天，一汽集团决定把所有毛坯、零部件、轴助生产厂和技术服务等后方厂全部剥离。

一汽集团还成立了一汽轿车、一汽四环两个上市公司，职工人数达 3.5 万多人，改组后实行独立核算、自主经营、自负盈亏。

组建公司和分公司过程中，难度最大的是统一思想。一汽集团多次以日本寓言电视片《狐狸的故事》作比喻："小狐狸长大后，老狐狸要把它撵出去自己找食，只有这样小狐狸才能成长壮大。"以此鼓励从长远和根本利益出发，对待这次公司化体制改革。

1998 年 9 月 27 日，富奥汽车零部件有限公司在长春经济技术开发区挂牌成立。成立时有 9 个汽车零部件专业厂和 8 个中外合资企业，员工总数 16491 人，占一汽集团本部 15.6%，是一个大型汽车零部件生产企业。

为何成立富奥公司？耿昭杰表示原因有三：一是一汽集团自身发展需要。充分发挥这些单位在产品开发、生产制造方面的优势，既背靠一汽集团，又面向国内、国外市场，在直接参与竞争中发展壮大自己。二是世界汽车工业结构调整经验的启示。美国德尔福公司 1994 年从通用汽车剥离，仅用 3 年时间，就发展成为跨国公司、世界汽车零部件巨子。三是改变一汽集团大而全的生产格局，适应汽车工业专业化、规模经济要求的必由之路。

富奥公司成立是一汽集团与世界汽车工业接轨、迎接 WTO 挑战迈出的重要一步，但公司成立之初并不轻松。因其所属各直属专业厂大都产品设备老旧、人员多、包袱重，且控股或参股的合资企业未进入产出期，品种少、产量低、负债重，17 家企业中有 9 家亏损。

压力重重，就得化压力为动力。富奥公司成立第一年，在巩固内部市场的同时，主动出击寻找社会市场，实现为风神汽车、上汽大众、奇瑞汽车、天津一汽、北京吉普、厦门金龙、丹东黄海等 20 多个整车厂配套，在全国各地建立了 21 个社会维修特许经销商网络。它还冲出国门，通过多种渠道向美国、德国、瑞典、日本等 8 个国家出口零部件。

付出终有回报。1999 年，富奥公司不仅完成扭亏指标，还实现 7220 万元盈利。此后，企业生产经营不断发展，销售收入逐年攀升，还与国际零部件公司开展了合资合作。

铸造一厂在一汽素有"铁军"之称，历次技术改造、体制改革都不甘人后。这次改革剥离试点，他们刚开始还有些想不通，但明白过来后就主动请战，携手其他三个专业厂组建铸造有限公司。

他们从挖掘内部潜力入手，积极开拓铸件市场。经过 3 年努力，铸造一厂月产量从改制前 8000 吨增长到 1.6 万吨，而且开始向国内其他企业和外国公司供货。铸造公司实现了组建时确定的 3 年减亏 9600 万元目标。

2001 年，一汽集团决定将工艺处的铸工实验室、轻发厂的有色铸造，以及大连柴油机厂、无锡柴油机厂的铸工车间划归铸造公司。重组后，铸造公司优势进一步扩大。

一汽模具制造公司的前身是车身装备厂，肩负给轿车作嫁衣的重要角色。其设备都是数控机床、加工中心、数码设计加工系统等高尖设备，操作人员也是知识型高级蓝领。但由于机制不合理，先进设备无法形成生产能力，承接一汽－大众第一批冲模延迟一年多还无法交货，每年亏损超过 1000 万元。

一汽模具公司成立后，深化内部改革。1999 年 10 月，同样是一汽－大众的模具订货，他们 13 天就完成原计划 40 天完成的任务。相较 1999 年，2001 年其销售收入增加 6 倍，劳动生产率增长 7.5 倍，效益则从亏损 1900 万元转为盈利 1000 万元。

启明信息（启明信息技术股份有限公司）于 2000 年成立，以电算处为基础组建而来，2008 年在深交所上市（股票代码 002232）。现有员工近2000 人，年营收近 20 亿元。

作为国内领先的政府、行业、汽车等制造业数字化转型产品和服务提供商，启明信息专注于数字化产品的研发与创新，融合云计算、区块链、大数据、人工智能等前沿技术，为政府及企事业单位提供完整的数字化解决方案。

在进行零部件、毛坯辅助生产单位剥离重组的同时，整车制造系统的整合调整也在同步进行。2002 年 9 月，一汽集团以无锡汽车厂、大连客车厂、客车底盘厂为基础，组建了一汽客车有限公司。

同年 10 月 9 日，由总装配厂、车身厂、底盘厂、变速箱厂、青岛汽车厂、大连柴油机厂、无锡柴油机厂、一汽贸易总公司组成的一汽商用车中心挂牌成立。该中心模拟全资子公司运行，自负盈亏，分灶吃饭。

3 个月后，2003 年 1 月 18 日，在一汽商用车中心基础上，一汽解放汽车有限公司成立。作为一汽集团规模最大的全资子公司，一汽解放总资产290 亿元，员工总数 2.2 万人，设有 11 个职能部（室）、1 个专业厂、6 个分公司、2 个全资子公司和 4 个参股公司。

一汽解放从此走上一条快速发展轨道。

改革过程中，一汽集团管理部门职能也发生了变化。2000 年年初，一汽集团总部原有的 47 个行政和党群部门优化、重组为 22 个部门和事业单位，机构减少 53%，人员精减 30%。2002 年，22 个部室减少到 18 个，负责宏观管理。微观管理职能下沉到子公司或分公司，真正从组织上实现管干分开，管理放大，决策集中。

2003 年，一汽集团公司化体制改革任务基本完成。完成后，拥有 18 个职能部、3 个分公司、30 个全资子公司、15 个控股子公司和 26 个参股公司。

一汽集团公司的组织体制实行三个层次和三个中心模式：集团本部是

决策层，是投资决策中心。各分公司是经营层，是经营利润中心。各直属专业厂是生产执行层，是生产、质量、成本中心。集团公司对下属全资子公司、控股子公司，成立监事会，派遣监事，实施财政监督。

一汽集团也分成三个层次——核心层就是一汽集团母公司。紧密层就是一汽集团的全资子公司和控股子公司。半紧密层和关联层就是一汽集团参股公司和生产协作企业。

经过多年改革，一汽集团原有大而全、工厂型的企业结构发生了脱胎换骨的变化，建立了一个跨地区、跨行业、跨所有制、全方位的特大型汽车企业集团。

1989 年，时任一汽厂长耿昭杰在《瞭望》杂志上刊登《我是一汽人》署名文章，提到 1988 年 10 月艾柯卡到一汽和他见面的往事：

"我们这一对打了两年交道而又初次见面的老朋友谈得很投机……宴会即将结束时，他再次举起酒杯，不无激情地说：耿先生，用我们美国人的话说，你是一个天生干汽车的家伙，你血管里流的是汽油，不是血。艾柯卡的话，说得我心里热辣辣的。我们一汽人的满腔热血，能够真正燃烧起来，是在这 10 年。"

而与艾柯卡见面之前，一汽已经确定，年产 3 万辆轿车先导工程跟大众汽车集团合作。商场如战场，前后仅相差几分钟，哈恩战胜了艾柯卡，大众汽车集团战胜了克莱斯勒，拿到进入中国汽车市场举足轻重的一张门票。

"终于拍板了：'娶奥迪'。三个月后，当数以吨计的图纸、资料由狼堡发到长春的时候，一汽 3 万辆轿车先导厂已开始设备安装，15 万辆轿车生产基地开始了前期准备，第一批组装的奥迪已经开出了总装生产线……"耿昭杰用饱含深情的笔墨继续写道，"几代一汽人梦寐以求的事业，现在终于起步。我当警醒，因为前面的路更长；我当警醒，因为过去、现在、未来，我永远是一汽人。"

1985年，正在二汽参加两厂友谊振兴活动的耿昭杰突然接到一汽来电，让他尽快赶回长春。当晚，中组部跟他谈话，组织已经做完民意测验，决定任命他为一汽厂长。作为一汽第六任厂长，他在一汽掌门人位置上干了14年，直到1998年秋天，也就是《我是一汽人》文章发表9年后，有一天下午，他在一汽轿车股份公司研究小红旗相关事宜后，赶回办公室处理文件，当晚突发脑出血，病倒在案头上，63岁的他不得不离开为之贡献了大半生的领导岗位。

38岁的竺延风从耿昭杰手里接过第七棒。他在这个岗位上接着干了9年，如其所言："从接棒的那一天起，我就告诫自己责任重大、如履薄冰、不敢懈怠。"不敢懈怠的他带领这家老国企继续闯关，解放思想、转变观念，推进内部改革和结构调整，践行自主发展、开放合作战略，建成"三化"新一汽，争取让每个一汽员工家庭都有一辆轿车。

2002年，他因为一句"自主品牌要耐得住寂寞20年"而引起轩然大波。尽管他后来也做过解释："这句话的本意被很多人曲解了。汽车自主研发本身是一个体系的培养，欲速则不达。我们要发展，也要承认差距。"时过境迁，今天的人们已经自觉不自觉地接受了这种耐得住寂寞的商业常识。但在那个非理性的狂热年代，很难有人冷静地体味其中深意。尽管受到口诛笔伐，但他初心未改，2018年6月，他在接受央视财经频道"改革开放40年致敬中国汽车人物"颁奖后说："汽车行业就是一块吸铁石，我是一块铁屑，始终被吸引，无怨无悔。"

2007年12月28日，长春天寒地冻，47岁的竺延风告别25年的一汽岁月。离别时他颇为动情地说："今天，在这里，我和大家深情告别，和一汽员工深情告别，和一汽这方热土深情告别。正如诗人艾青所说，为什么我的眼里常含泪水，因为我对这土地爱得深沉……无论我走到哪里，在一汽工作的岁月，都将成为我永远的记忆和珍藏；无论我走到哪里，都会关心一汽，情系一汽，尽心尽力支持一汽；无论我走到哪里，都会为一汽的发展、进步与成功感到欢欣鼓舞，感到骄傲自豪。我永远是一汽人。"

此去经年，流水带走了光阴的故事，尽管岁月在"耿昭杰"们、"竺延风"们身上打下了印痕，时间让他们改变很多，但唯一未能改变的，则是他们对汽车业的那份深情和热爱，以及"我是一汽人"的铮铮誓言。

但还来不及告别，我们就被推进了新汽车时代。

2012 年 11 月，举世瞩目的党的十八大开幕。新一届中央领导集体，接过历史的接力棒，明确提出到 2020 年，实现全面建成小康社会宏伟目标。

这一年的 6 月 22 日，一家名叫特斯拉的汽车公司开始在加州弗里蒙特（Fremont）工厂生产 Model S。这是它成立 9 年来，继 Roadster 跑车后推出的第二款车型，也是其第一款量产车。但在当时，没有多少人看好这家深陷亏损泥淖的初创公司，直到几年后，它突然变成一个咄咄逼人的竞争对手，并以己之力改写全球汽车产业格局。

新汽车时代就这样到来了。

第四部分

沸腾新时代

（2012—2023）

2012 年 11 月 8 日，中国共产党第十八次全国代表大会（简称中共十八大）在北京召开，中国开启新时代。新时代十年，中国取得令人瞩目的成就——历史性地解决贫困问题，小康梦想成为现实，国家经济实力、科技实力、综合国力跃上新台阶，环境污染得到根本遏制，反腐斗争取得压倒性胜利……

2022 年 6 月 28 日，中共中央宣传部举行"中国这十年"系列主题新闻发布会。发布会上公布，新时代 10 年，我国经济总量由 2012 年的 53.9 万亿元上升到 2021 年的 114.4 万亿元，实现年均 6.6% 的中高速增长，占世界经济比重从 11.3% 上升到超过 18%，每年对全球经济增长贡献率达 30% 左右。人均国内生产总值从 6300 美元上升到超过 1.2 万美元。社会研发投入占国内生产总值比重由 1.91% 提高到 2.44%。全球创新指数排名由第 34 位升至第 11 位。

"十年来，我们经历了对党和人民事业具有重大现实意义和深远历史意义的三件大事：一是迎来中国共产党成立一百周年，二是中国特色社会主义进入新时代，三是完成脱贫攻坚、全面建成小康社会的历史任务，实现第一个百年奋斗目标。这是中国共产党和中国人民团结奋斗赢得的历史性胜利，是彪炳中华民族发展史册的历史性胜利，也是对世界具有深远影响的历史性胜利。"习近平总书记在党的二十大报告中高度评价了新时代

10 年的三件大事。

新时代 10 年，中国汽车工业亦取得举世瞩目的成就。2022 年 5 月，时任中国汽车工程学会名誉理事长的付于武在接受《中国汽车报》采访时总结道，这 10 年，是中国汽车产业颠覆性创新不断涌现、实现产业重构的 10 年，也是中国汽车产业依靠科技创新引领汽车产业发展进入快车道的 10 年。这 10 年，正是汽车产业经历百年未有之大变局的重要战略机遇期，我国汽车产业在由大变强的新赛道上实现了跨越式发展。

中国汽车工业协会则从汽车产业规模、新能源汽车发展、汽车产业创新能力、中国品牌高质量发展和汽车出口等维度进行了详细解读。根据中国汽车工业协会的数据，新时代 10 年，我国汽车产销稳居全球第一，汽车工业作为全球最大市场的地位日益巩固。从数据来看，我国汽车销量从 2012 年的 1931 万辆增长到 2021 年的 2628 万辆，年均增长 3.5%。其中 2021 年，新能源汽车销量达到 352 万辆，年均增长超过 86%。中国品牌乘用车销量达到 954.3 万辆，同比增长 23.1%。汽车出口超过 200 万辆，取得历史性突破，10 年年均增长 7.4%。

新时代 10 年，在中国汽车工业史上留下深刻烙印的还有"风景这边独好"的中国一汽。从 2020 年 7 月 23 日国家领导人对中国一汽提出做大做强民族汽车品牌起，中国一汽抢抓全球汽车产业颠覆式变革重大机遇，掌控关键核心技术，在打造世界一流企业的道路上奋力前行。

2012 年，中国一汽实现整车销量和营业收入分别为 265 万辆和 4094 亿元，2021 年这两个数字分别为 350 万辆和 7057 亿元，分别增长 32.1% 和 72.4%，累计实现整车销量 3202 万辆。截至 2021 年年底，中国一汽已连续 14 年在国务院国资委中央企业负责人经营业绩考核中获得 A 级，在 2019—2021 年任期经营业绩考核中被评为 A 级单位且名列第一。2021 年，中国一汽位列世界 500 强第 79 位，较 2012 年提升 86 位。

"共和国长子"没有辜负国家和人民的期待。

打一场硬仗

中国一汽人对"改革"二字并不陌生。

30 多年前，解放换型改造工程"背水一战"，打破了"30 年一贯制"的被动局面，这是中国一汽创业史上的一个里程碑。从世界汽车工业史上少有的单轨制垂直转产中，中国一汽人感受到了改革的力量。

20 多年前，轻（轻型车）轿（轿车）崛起时期的"资产重组""规模扩张"，成为中国一汽创业史上的标志性记忆。从初步建立以产权关系为纽带的集团管理体制中，中国一汽人感受到了改革的魅力。

此后的发展历程中，改革一次次成为推动中国一汽破浪前行的强大内生动力——体制机制的革新、思维方式的刷新、管理方式的创新……尤其是合资合作、公司制改造，让中国一汽实现了由计划经济时期工厂体制，转轨到以现代企业制度为特征的公司化体制。而主业重组和股份制改造，则让中国一汽主业产权结构完成了从单一国有独资到多元投资主体的转变。

中国一汽砥砺前行，既是国有企业的调整改革，也是中国市场经济变革缩影。但是回望历史，没有哪一次比 2017 年 9 月 18 日这么出人意料。

改革必须直面问题、直击痛点。唯有改革，才能加速中国一汽的创新和发展；唯有改革，才能加速红旗品牌的振兴。也只有改革，中国一汽才有出路。只有勇于改革、善于改革，中国一汽才能走出一条胜利之路……

2017 年 9 月 18 日，在位于长春市东风大街 2259 号的会议室里，中国一汽正在召开深化改革工作动员会。这是一场涉及组织架构和人事体系调整的关键会议，它关乎每个中国一汽人——包括一汽－大众和一汽丰田等合资公司在内的员工职业发展。数字显示，这次改革涉及16个行政部门、9个经营部门和7个党群部门，计8000余人。

按照"一个月内摸底一汽集团，两个月内给出改革发展方案，三个月内付诸实施"的规划，在"增强动力、传递压力、激发活力、提高能力"改革初衷下，以"明确总部定位，提高决策效率，做强红旗品牌，加速自主发展"为主的改革方案迅速落地。

从两页纸的初步思路起步，到最终完善和通过，这份改革方案仅用时11天。

在一个有着60多年历史，被誉为"共和国长子"的中央特大型汽车集团里，改革的复杂性和艰巨性可想而知。千头万绪中，中国一汽首先对品牌进行重新梳理，将振兴红旗作为改革的首要战役，且表示要"举全集团之力，多维度支持和打造红旗品牌"。

60多年发展历程中，中国一汽积累了红旗、解放、奔腾等多个品牌资产，但问题也相对突出——部分品牌之间存在区隔不明显、产品线重叠现象。经过重新梳理，将集中打造红旗、奔腾、解放3大拳头品牌，进一步强化自主品牌规划。

其中，红旗品牌上升为集团总部直接运营。奔腾事业本部整合轿车公司、吉汽公司、夏利公司于一体；解放事业本部将解放公司、客车公司、一汽通用纳入管理。两大事业部均实现全价值链（研产供销）功能封闭，且作为独立预算及考核单位，由中国一汽实施战略管控。

新的品牌构架中，"红旗"的重要地位显而易见。为更加高效地打造红旗品牌，中国一汽对总部各职能部门进行了"大梳理"——将26个部门缩减为19个，聚集优势资源，在生产、研发、质保、营销等方面给予最大支持和最直接管理决策。这为红旗品牌的快速振兴奠定了基础。

改革中最"伤筋动骨"的是重构研发板块。2017 年 9 月 21 日，中国一汽技术中心正式摘牌，完成了其 67 年的历史使命。

中国一汽技术中心的前身，可追溯到 1950 年 4 月成立的中央人民政府重工业部汽车工业筹备组。1950 年 7 月更名为汽车实验室，1956 年 3 月更名为第一机械工业部汽车拖拉机研究所。1957 年 12 月，汽车拖拉机研究所的汽车部分迁到长春，定名为第一机械工业部汽车工业管理局汽车研究所。后又经过多次更名和调整，于 2001 年组成中国一汽技术中心。

作为中国一汽的全资子公司，中国一汽技术中心负责全集团商用车（重、中、轻、微）产品、乘用车（轿、微、客）产品及相关总成、零部件的自主研发，是中国汽车行业规模最大的汽车产品研究、开发和试验检测基地。

中国一汽技术中心为中国一汽甚至中国汽车行业输送了大量技术人才，一度被喻为"中国汽车研发人才摇篮"。但受诸多因素影响，新时期中国一汽技术中心在独立运行和交叉管理模式下，产品研发设计与市场脱节，与生产制造衔接不够紧密，效率低下，往往一代车开发七八年后再上市，已无竞争力可言。

不破不立。这次改革中，中国一汽对技术中心进行重组，设立研发总院和造型设计院，强化红旗品牌开发。同时，整车开发业务下沉到奔腾事业本部和解放事业本部，形成研产销一条龙体系，以此强化对市场需求的快速响应。

日常运营方面，中国一汽以产品研发为中心，向能创造核心价值的技术岗位倾斜，以此提升研发人员的积极性。时任研发总院首席高级工程师侯国政，以前有一半时间和精力放在事务性工作上，改革后每天用在研发上的精力达到 90% 以上。全新的组织架构让工作方式骤变，工作效率大幅提升，侯国政发现"大家那股劲头又回来了"。

为应对新技术发展趋势，中国一汽颇为前瞻性地设立新能源开发院、智能网联开发院，专注于新技术开发研究，支撑"行业领先，进入国内该领域第一阵营"的愿景。

改革最终要落实到人，品牌布局和机构体系重构，需要与之相匹配的人事改革。"干好干坏一个样、大锅饭；价值创造者未得到有效激励，成就感、获得感不强；员工发展论资排辈。"这是改革前中国一汽人事制度存在的三大问题，以及被员工普遍诟病的"四不"（不思进取、不接地气、不抓落实、不敢担当）现象。

中国一汽开出了"四能"药方——干部能上能下、薪酬能高能低、员工能进能出、机构能增能减，也就是此后被外界熟知的"四能"改革。其中，第一阶段任务是引入竞争机制，实施全员竞聘；第二阶段任务是完善发展通道，强化绩效和薪酬激励。

按照"全体起立，全员竞聘"举措，2017 年 9 月 18 日当晚，中国一汽核心业务板块 28 个部门一把手名单出炉。第二天一大早，新上任的部长们就开始副职竞聘工作，这是一场硬仗，"不给准备时间，只看竞聘者业务水平是否过硬"。

按照中国一汽以往经验，一名员工从进入企业到走上高级经理岗位，最快需要 16 年时间，这次改革让一些优秀人才在竞聘中脱颖而出，创造出优秀员工工作 9 年就走上高级经理岗位的纪录，也有 1985 年年底出生（当年 31 岁）走上处长岗位的最年轻二级经理，中层干部平均年龄下降 5 岁左右。

年轻人更懂年轻人的需求。随着"四能"改革走向深水区，80 后、90 后在红旗品牌研产销体系中挑起大梁，这也是为什么后来红旗产品开始被越来越多年轻人接受的根本原因所在。至 2019 年年底，80 后、90 后消费者在红旗品牌销量中的占比已经达到 60%。

更重要的是，竞争上岗成为中国一汽人的普遍共识。"四能"改革打破了很多人头脑中残存的国企"大锅饭"和"铁饭碗"认知，将各类人才从过去体制中解放出来，实现了人尽其才、才尽其用。

让理想飞扬

中国一汽从未放弃过重振红旗品牌的努力。

2012 年 4 月 20 日晚，红旗品牌战略发布会在北京钓鱼台国宾馆举行，其品牌核心内涵被确定为大气、尊贵、经典、科技。中国一汽表示将投入最优质资源来打造红旗，项目团队达 1600 人，累计投入研发费用 52 亿元，开发 L、H 两大系列整车产品，形成覆盖 C、D、E 级高级轿车的发展基础。

根据规划，"十二五"期间，中国一汽将再投入 105 亿元，进一步提高红旗品牌研发能力，丰富产品系列。未来 5 年，红旗品牌拟投放两款 SUV、一款商务车和一款中型礼宾客车，满足用户对高端车的需求。中国一汽高层在接受采访时表示，从 2008 年到 2012 年，已累计投入研发费用 223.4 亿元，其中相当大比例用于红旗品牌研发。

在 2012 年北京国际车展上，红旗 H7、红旗 L9 两款车亮相。外界一致认为，红旗品牌以此开启了重新出发的新征程。当年 7 月 15 日，红旗 H7 下线。

2013 年 4 月 25 日，法国总统弗朗索瓦·奥朗德访华，红旗 L5 国宾车亮相，此举引发外界广泛关注和热议——诸位，这是时隔多年后，红旗车重新成为国宾用车。

之后的 5 月 30 日，红旗 H7 面向私人消费市场发售，3.0L 和 2.0T 两个排量 5 款车型，售价区隔 29.98 万 ~47.98 万元。同时，首批销售红旗的城市展厅红馆陆续在北京、上海、广州等 9 座城市开业。

在渠道建设上，中国一汽不惜重金。北京红馆位于寸土寸金的金宝街，占地面积近 600 平方米，投资约 3000 万元，毗邻宾利、劳斯莱斯、法拉利和玛莎拉蒂等超豪华品牌店。业内人士推算，红馆一个月租金约需 20 万元，一年下来仅店面租金运营成本就超过 200 万元。

作为红旗 H 平台首款量产车型，红旗 H7 迈出了品牌振兴战略的第一步。但遗憾的是，红旗 H7 未能承担起此番使命，上市后其月销仅区区三位数，未能真正打开私人消费市场。

就在红旗 H7 上市的 2013 年，红旗品牌全年销量 2961 辆，2014 年销量 2589 辆，2015 年上升至 5022 辆，但到 2016 年又降至 4815 辆，2017 年为 4665 辆——这个数字不及市场主流品牌单月销量。

惨淡的数字说明"红旗"振兴战略以失败告终。不菲的研发、营销投入与销量不成比例，让红旗的市场化之路饱受质疑。

"市场化新课题面前，'红旗'面临巨大而痛苦的转型调整，经历了彷徨和迷茫，遭遇了挫折和困顿。每念及此，我们深感自责、惭愧、心痛和不甘。"面对红旗现状，2017 年 8 月履新中国一汽的徐留平说。细心者可以发现，上任之初，其微信头像就换成了一辆红旗概念车，昵称变成"第一汽车，第一品牌"。

"红旗"的诞生，始于一个理想，"红旗"的未来，则承载着国车的众望。

2017 年 8 月 21 日，中国一汽发起"我心中的红旗"大讨论，和"我为红旗复兴献一计"活动。中国一汽对旗下各职能部门及分公司、合资子公司、控股子公司就大讨论活动发出动员令，要求全体员工就如何干好红旗、如何复兴红旗品牌建言献策。

中国一汽认为，这不仅是一次有关红旗品牌的大讨论，也是中国一汽人一次解放思想的大讨论；这不仅是一场深刻变革行动的开始，也是中国一汽人蕴藏于内心深处的与生俱来的，那种不甘落后、永不言败、永争第一的爱国情怀和价值追求的再次爆发。

中国一汽领导层希望，通过这样的讨论，形成全员关心"红旗"、关注"红旗"，支持"红旗"发展，集中力量干好"红旗"事业的浓厚氛围。"'红旗'只有在中国一汽每个人心中发芽，才能在中国发芽，才能在世界上辉煌。"

振兴"红旗"的希望与梦想在这场大讨论中被点燃。

在两周时间里，中国一汽组织召开座谈会 1211 场，有 2 万多名员工加入讨论。其中，参与"我为红旗复兴献一计"活动计 54120 人次，提出建议 54724 项。通过网络渠道参与问卷调查的员工达 35153 人。征集红旗产品标识及文化标识作品共 114 件，征集"红旗"传播用语 1295 条。

81 岁的原一汽设计处设计员谷旭照写下一封长达 4000 字的信函，除对解放品牌和红旗品牌标识提出建议外，他还写到，发动全体职工就发展问题开展大讨论、提意见，这虽不能说在一汽是空前的，但恐怕也是很久以来未曾有过的事情。"作为一位老一汽人，我深为感动。"

9 月 9 日，在"我心中的红旗大讨论"总结大会上，"要集一汽集团之全力，来打造红旗品牌的产品和服务""未来的集团公司总部就是运营红旗""要在最可能短的时间内，提出半年和一年这两个时间点，让红旗口碑得到完全扭转"被确定下来，至此成为中国一汽运营红旗品牌的行动纲领。

中国一汽同步开启涉及全集团的组织架构重组和人事调整。

在此之前，中国一汽在红旗产品质量誓师大会上提出，红旗产品质量应该达到世界顶级豪华车标准，并给红旗产品质量制定了苛刻的时间表。大讨论总结大会后一周，中国一汽宣布红旗产品终身免费保修。

这一系列改革举措之后，2018 年红旗品牌焕然一新。从这一年开始，红旗品牌进入 5 年增长 65 倍的高速发展阶段。

改革从来都伴随着阵痛。2017 年 9 月 18 日拉开了中国一汽深化改革的序幕，在向沉疴顽疾开刀的同时，也注定会有阵痛。

这场刀刃向内、刮骨疗伤式的改革势必触碰到某些既得利益者。无论是技术中心的分拆，还是全员竞聘上岗，都给中国一汽人带来前所未有的冲击。有人在改革中脱颖而出，就会有人在重组中被下岗，也会有人在竞聘中被淘汰。

事实上，大改革前 17 天，即 9 月 1 日，在中国一汽专题党委理论学习中心组学习扩大会上，领导干部已提前打了能上能下的预防针："工作本来是快乐的事，能力不足会导致自己难受，家庭不快乐，上级不满意，下属不舒服。这样的干部就赶快让贤吧！"

对当时的中国一汽来说，这艘巨轮已经沉寂太久，亟须一场轰轰烈烈的改革来唤醒。这是新班子的主要任务，也是"共和国长子"被赋予的振兴东北的使命。

自 2015 年起，因为众所周知的原因，中国一汽陷入反腐风暴中。2016 年，中国一汽销量 314.8 万辆，其中合资品牌贡献了近 80% 销量。同一年，上汽集团销量为 648.9 万辆，东风公司销量为 427.67 万辆。

留给中国一汽追赶的时间并不多。正因此，一场唯快不破的改革势在必行，不快不狠就没有机会。

回望改革，中国一汽大多数干部表示理解，认为改革"是手段，不是目的"，而且非常必要。"没有那种疾风骤雨的改革，就打不破这潭死水。"有干部这样评价道。

改革激发了竞争意识。相当数量的员工认为，"中国一汽从来不缺技术，缺的是坚决的执行力和从上到下思想统一、目标一致。"随着改革持续推进和不断深化，有效地激发了干部员工冲锋担当、迎难而上、开拓创新的精气神。

根据中国一汽数据，改革以来，管理人员通过竞争上岗方式聘任411人，新聘任管理人员比例达 56.3%，实现了"干部能上能下"。新能源、智能网联等领域增加 3061 人，绩效落后领域退出 6091 人，实现了"员工能进能出"。新成立机构 11 个，优化管理领域机构 14 个，实现了"机构能增能减"。

"以价值创造者为本"的企业文化，使中国一汽体系焕发了创业激情，中国一汽、红旗品牌迎来了脱胎换骨般的新生。

2020 年，全国汽车销量同比下降 1.9% 的大背景下，中国一汽逆势上扬——销量达 370.6 万辆，比上年增长 7.1%。在 43 项关键核心技术上取得突破或阶段性成果，全年申请专利 3508 项，同比增长 19.8%。

即使是在极其艰难、极富挑战的 2022 年，中国一汽实现整车销量 320 万辆，营业收入 6300 亿元，利润超过 490 亿元。

具体来看，红旗品牌年销量突破 31 万辆，同比增长 3%，站稳了中国市场高端品牌领先位置。解放品牌实现销量 17 万辆，中重卡国内市场份额提升 1.9%，保持行业第一。奔腾品牌加快调整，各项工作蓄势待发。一汽-大众尽管销量持平，但仍保持利润增长。一汽丰田销量增长 0.1%，利润增长 36.3%。资本控股公司利润同比增长 109%。海外出口 3.58 万辆，同比增长 49%。

世界品牌实验室发布的《2022 年中国 500 最具价值品牌》分析报告显示，中国一汽、红旗、解放品牌价值稳步增长。其中，中国一汽品牌价值 4075.39 亿元，位列汽车行业第一。红旗品牌价值 1036.08 亿元，位列乘用车品牌行业第一，成为中国首个价值突破 1000 亿元的乘用车品牌。解放品牌价值 1077.82 亿元，位列商用车品牌行业第一，成为中国首个价值突破 1000 亿元的商用车品牌。

但是，改革没有完成时，只有进行时。

2019 年，中国一汽将"全面深化改革"列为年度四大攻坚战之首，推进以市场化改革为根本特征的全面深化改革。对中国一汽而言，理顺体制、完善机制、调整布局的探索实践依然在路上。

2020 年 9 月，中国一汽实施更加系统化的高级经理新三年任期改革——先定目标再上岗，鼓励挑战高目标。一周内完成高级经理匹配，干部平均年龄再降低 1.4 岁。这些改革措施将在"十四五"期间延续，以此激发职工的干事创业热情。

2023 年，站在建厂 70 周年这一历史节点，中国一汽正在向打造世界一流企业目标奋勇前进。

民族品牌突围

目前，中国一汽已进入创新驱动、转型发展的关键阶段。

创业前行 70 年，自主创新的基因已经刻进中国一汽的骨子里。做大做强民族汽车品牌关乎中国一汽能否安身立命之根本，也关乎其能否在新一轮全球产业变革中继续领航前行。

中国一汽势必探索一条新时代中国民族汽车品牌跃迁发展之路。

"红旗"振兴

2018 年 1 月 8 日晚，以"新红旗 让梦想成真"为主题的红旗品牌战略发布会在人民大会堂举行。中国一汽借此昭告天下，甲子之年的"红旗"将乘新时代中华民族伟大复兴和汽车产业转型之东风，集中国一汽之力，集全球供应商之力，打造新红旗。

镁光灯打在舞台中央，新红旗中国式新高尚精致主义的品牌理念，聚焦中国式新高尚情怀人士，中国第一、世界著名的长远目标，产业报国、工业强国，强大中国汽车产业的使命，成为共和国汽车工业"长子"当晚的庄严承诺。

新红旗家族包括四大系列产品——L 系 – 新高尚红旗至尊车、S 系 – 新高尚红旗轿跑车、H 系 – 新高尚红旗主流车、Q 系 – 新高尚红旗商务出行车。至 2025 年前，新红旗拟推出 17 款全新车型。

销量目标更为宏伟——2020 年 10 万辆、2025 年 30 万辆、2035 年 50 万辆——中国一汽坚信，"红旗品牌一定会在我们这一代人手中实现复兴"。

当天发布会结束后，徐留平在中国一汽内部平台上留言："让我们努力到不能再努力，创新到不能再创新，坚决把新红旗打造成中国第一、世界著名的新高尚品牌。不达目的，誓不罢休；鞠躬尽瘁，死而后已。"

看得到的改变在红旗品牌上呈现。

随后的 2018 年 3 月，红旗品牌开始红馆改造，更新销售和服务渠道。在红旗 H5 上市前的 106 天内，中国一汽按照建 4S 店的严格标准和要求，迅速在全国开设了 60 多家体验店。

2018 年 4 月 25 日，北京国际车展首日，人们赫然发现，红旗品牌首次独立参展，并带来红旗 H5、红旗 E·境 GT concept 概念车、红旗首款 SUV E-HS3、红旗 L5 和智能座舱，以及旗宝机器人等 7 款车型及技术。当天的重头戏是红旗 H5，它以 14.98 万 ~19.58 万元价格面世，承担着让红旗品牌走进千家万户的使命。

效果立竿见影。2018 年上半年，红旗品牌批售 9363 辆，零售 6945 辆，同比分别增长 472% 和 239%。其中，仅 6 月就批发 3003 辆，零售 2700 辆，创单月销量最佳纪录。后继会看到，2018 年红旗品牌提前半月完成全年 3 万辆销售目标。

这是"红旗"振兴的阶段性成果。此后一年多，即使是面对中国汽车市场28年来首度负增长，中国一汽仍以良好经营业绩展现出逆行者的姿态。

继2018年红旗品牌销量突破3万辆之后，2019年，红旗车销量突破10万辆，提前1年迈入10万量级阵营。2021年，红旗车销量突破30万辆，提前4年完成2018年掷下的豪言。2022年，红旗品牌以31万辆销量，创造5年增长65倍纪录，这在5年前不可想象。

回到2018年那个夜晚，无论是内部还是外界，没有人不为红旗品牌立下的flag感到震惊，即便有支持者也暗地里捏着一把汗。当然更多是质疑，大家都认为这是一个不可能完成的任务，甚至连内部员工都觉得，这与当时业界盛行的"PPT造车"没有区别。

跳跃的数据让质疑不攻自破。除销量外，红旗品牌在质量上也向世人证明，它可以比肩世界豪华品牌。

徐世利自2017年起担任中国一汽总经理助理、研发总院常务副院长。作为红旗品牌全系平台车型开发项目总负责人，他负责技术路线总体规划、总体设计方案决策，以及多目标相容性的平衡决策。红旗H7立项之初，他就提出要打造"双五星"安全——不仅要达到C-NCAP五星，还要达到欧洲NCAP五星。

无论是对中国一汽，还是对其他中国品牌而言，"双五星"目标都是一个巨大挑战。尤其是欧洲NCAP，除正面、侧面碰撞评价较国内法规更为严苛外，像行人保护、鞭打保护、Knee mapping、主动安全等测试评价项，都有待中国一汽补课突破。

为何瞄准欧洲NCAP？综合考量因素有二：一是与市场战略有关，当时包括中国一汽在内的一些中国品牌，正在考虑开发欧洲市场。二是全球测试评价标准中，欧洲NCAP标准比较成熟，也比较客观。一旦确定这个方向，不管去不去敲开欧洲市场那扇门，所有设计细节都有待欧洲评价体系验证。

那是一段长达 4 年的艰苦赛跑。没有技术经验，就去学习摸索；没有试验设备，就去设计开发。成人保护、儿童保护、行人保护等被动安全性能瞄准先进标准，紧急制动（AEB）、前撞预警（FCW）、车道偏离预警（LDW）、自动巡航（ACC）等主动安全装备接轨国际。

2012 年 8 月，西班牙 IDIADA 试验室，红旗 H7 挑战欧洲 NCAP 五星碰撞成功。当合作伙伴——包括德国人、法国人、美国人和日本人向中国一汽安全团队表示祝贺时，后者心潮起伏，既自豪又欣慰："这时才真正感觉到研发的力量，感觉到红旗品牌的力量。"

"红旗"安全团队在整车耐撞、系统集成、行人保护、主动安全等多个领域的能力逐步成熟，具备了国内一流研发水平。这也是为什么红旗品牌敢于将"安全"作为着力打造技术 IP 的原因。

2021 年 6 月 6 日，一场声势浩大的挑战碰撞试验在位于天津的中汽中心试验室开启。碰撞试验的主角是红旗纯电 E-HS9。它要挑战双侧柱碰试验，这是国内首款公开挑战该试验的电动车。相比于正面和后面碰撞，对电动车的动力电池来说，侧面柱碰危险性更高，应对难度更大。在这类碰撞事故中，不仅车内乘员伤亡概率高，电池还可能发生泄漏、起火、爆炸等严重后果。

早在 2018 年，在产品定义之初，红旗品牌便要求充分结合中国道路安全实际，不仅要保护法规要求的驾驶员位置，还要保护左右两侧所有位置。经过探讨，红旗 E-HS9 安全团队开创性提出侧面无差别防护理念——车身侧面无论哪里撞到柱子，都要确保动力电池的安全。为验证红旗 E-HS9 侧面无差别保护效果，安全团队设计了双侧柱碰试验——除撞击前排驾驶员位置，还要再撞击右侧后排乘员位置，这是柱碰试验中最严苛的撞击位置。

试验结果表明，红旗 E-HS9 电池壳体最大变形量仅 36 毫米，电池无位移、未起火、无泄漏。通过央视等近百家媒体报道，红旗 E-HS9 挑战成功的消息迅速传遍市场。

"一切为了用户、一切服务于用户、一切谦敬于用户"的服务理念，是红旗品牌被私人消费市场被接受的关键。

红旗品牌已向市场投放红旗 H9、红旗 E-HS9、全新红旗 H5、红旗 HQ9 等产品。到 2025 年，红旗新能源品牌将推出 15 款产品，分别覆盖 A、B、C、D 级轿车、SUV 和 MPV（多用途车）细分市场。

最新动作是，2023 年 1 月 8 日，红旗品牌宣布要"All in"新能源，全域推动所有车型电动化，停止传统燃油车技术和产能的新增投入。

新的发展目标同步出炉。到 2025 年，红旗品牌销量达到 100 万辆，其中新能源汽车销量超过 50 万辆。到 2030 年，销量突破 150 万辆，其中新能源汽车成为销售主体。此外，红旗品牌影响力、创新能力和整体实力等，也将和销量指标一起，进入世界高端品牌第一阵营，真正达成中国第一、世界著名，实现"红旗"新能源强势崛起。

这是"红旗"进入寻常百姓家必须要实现的规模，当然也是一个更具野心的目标。但是相比 5 年前，质疑声明显减少，因为红旗已经证明了自己。

同样在 1 月 8 日那次发布会上，红旗新能源品牌全新标识和全新设计语言浮出水面。它以"旗妙双翼"为主标识，犹如新芽破土、生命激发，又似雏鹰展翅、擎旗而起。

时值红旗品牌创立 65 周年之际，它正以全新姿态开启第二阶段跃迁发展新篇章。

"解放"领航

新时代 10 年，解放品牌重回巅峰，持续领航。

这 10 年，中国商用车市场先抑后扬，既与前所未有的井喷式增长不期而遇，也与史无前例的断崖式下滑狭路相逢。高手过招勇者胜，各种豪杰起落沉浮中，一汽解放抓住黄标车淘汰、GB1589 实施等机遇，提前布局，一年一登峰，一步一跨越。

2012 年，一汽解放销量为 15.1 万辆，至 2021 年达到 44 万辆。10 年间，累计销售整车 275 万辆。其中，牵引车、载货车保持绝对领先，自卸车、专用车稳步提升，海外市场翻倍增长。10 年间，解放中重卡市场份额由 17.1% 提升至 23.7%，实现了中重卡全球五连冠，重卡全球六连冠。经营质量方面，10 年来企业营收累计超过 6100 亿元，盈利能力显著提高。自 2012 年以来，"解放"品牌价值连续 12 年蝉联商用车行业榜首。

新时代的目标已经确立。解放要做中国第一、世界一流，创建新中国百年民族汽车品牌。

带领解放重回行业巅峰的是胡汉杰。2015 年 7 月，胡汉杰调任一汽解放党委书记兼常务副总经理，不久便升任党委书记兼总经理。时隔 12 年后，再次回归一汽解放，胡汉杰意识到，要让这家有着 60 多年悠久历史的国有企业保持活力，必须依靠双轮驱动——创新和变革。

首先是技术创新。通过积累和研发，开放合作，充分利用世界资源，做到资源领先，技术领先。

其次是管理变革。相比前者，管理变革的紧迫感更甚。技术可能花钱拿来，但管理是慢功夫，只能靠自己建立、自己培育。"当然也可以借助外力，但如果没有这种思想，或者没有这种方法，那也只能纸上谈兵。"

剩下的就是时间。彼时合资已成中国商用车行业美丽的风景——东风公司与沃尔沃、福田汽车与戴姆勒集团、中国重汽与德国曼集团、上汽集团与依维柯……合资企业通过复制外方管理体系，一旦挺过磨合期，极有可能在体系能力支撑下后发制人。倘若一汽解放不能在这个时间窗口期解决好管理问题，不但原有优势荡然无存，甚至优势还可能变成劣势。

"一汽解放有经验，有积累，也有人才，但在体系能力方面尚有欠缺，尤其是与世界一流公司相比。"为什么世界一流公司能到全球建厂？因为他们有体系，有方法论，有管理哲学，可以输出标准、技术和管理。

一汽解放要成为世界一流企业，就需要在体系能力和管理方面，形成独特的方法论或者经营哲学。胡汉杰决定从管理创新和变革入手。经过调研策划，以及 2015—2016 年，先后三次组织管理干部实地对标交流，一汽解放班子和管理干部统一思想——向华为学习流程化组织建设，补齐管理短板，建立现代企业制度。就其重要程度而言，这相当于一汽解放的"生命工程"。

于是，一汽解放流程化组织建设提上了日程。2016 年 9 月，一汽解放变革委员会成立，由胡汉杰挂帅。"从这时起，胡董就开始筹划这件事，仅仅与解放高层沟通就用了一年时间，还邀请华为顾问给解放各个部门做培训。"一汽解放总经理吴碧磊说。

这意味着，一汽解放要聚焦客户满意和商业成功，引入世界先进的 IPD（Integrated Product Developmeng，集成产品开发）管理实践和开发模式。围绕战略目标，一汽解放将建立端到端的业务流程，使所有业务对准客户，所有组织对准业务，所有流程反应业务本质，实现业务的连通与集成，塑造一体化管理体系。

2017 年 3 月，一汽解放启动流程化组织建设——征途项目。征途如其名，有着"路漫漫其修远兮，吾将上下而求索"之喻义。2018 年 4 月，征途一期项目启动，分为四个模块：一是市场与客户洞察；二是战略管理；三是产品规划及策划；四是项目群管理，重点在于战略。

2019 年 5 月，征途二期项目启动，重点在于 IPD。包括 9 个子项目，将 IPD 开发贯穿到各职能中，把组织模式变成产品线组织。所谓产品线组织，就是从端到端、从市场到市场、从客户到客户、以绩效为核心的业务系统。

一汽解放逐步建立起基于流程来分配权力、资源和责任的流程化组织。构建起市场和客户需求驱动的集成产品开发管理体系，协同开展 PBI、项目财务、产品线组织设计等变革项目。

2021 年，流程组织建设转入实战阶段，一汽解放相继启动 J101、J167、J333 三个项目试点，初步实现研发周期缩减 30%，产品利润率提升 4.2%，产品质量提升 20% 等重要突破，变革取得实质性进展。

2022 年，为支撑 IPD 变革落地，一汽解放长春本部中重型车产品线、青岛中重型车产品线及轻型车产品线、动力总成事业部成立，构建起了"产品线主战、部门主建"运作模式，沿着产业战略、产品项目、经营责任共担三条主线实现端到端管理，真正做到客户满意与商业成功。

为让老企业持续焕发新活力，一汽解放大力推进企业体制机制改革。2017 年 10 月，一汽解放按照经营分担、责权对等原则，对主营业务分工及组织阵形重新布局，将 20 多家分公司、子公司和直属工厂重新划分为四大事业板块，按照公司和事业部两级管理主体，横向推进职能部整合，纵向实施工厂制运营，压缩组织机构和管理层级，全面提升运营效率和管理能力。

一个典型案例是，原一汽技术中心商用车研发职能独立为商用车开发院，纳入一汽解放管理，与一汽解放各板块主体融合，按照研产供销全价值链过程的功能闭环运营，助力产品实现"准快合领"。与此同时，一汽解放通过推进所属困难企业改革重组，推动"处僵治困"，解决了一大批长期困扰解放事业发展的改革难题，效益大为提升。

2020 年，一汽解放重组上市。3 年来，其市值稳居 A 股商用车上市公司之首。

新能源转型是一汽解放走上世界一流的重大战略机遇。2020 年，一汽解放召开首届科技大会，发布"解放创领"技术品牌及《一汽解放科技发展规划纲要（2021—2030 年）》，明确构建"四化一高"技术框架，形成"四国九地"研发布局。3 年来，一汽解放聚焦重点领域关键卡点，先后攻克电液转向系统及电控气制动系统、集成后处理器总成设计开发、港口车自动驾驶等多项卡脖子技术，有效提升了产品自主可控程度。

新能源战略方面，一汽解放坚持纯电、混动和燃料电池 3 条技术路线并行。目前重、中、轻、微、客 5 大平台 3 条技术路线的传统车电动化产品已经全部完成。2022 年，一汽解放战略投资上海重塑能源科技有限公司，成立佛山迪一元素新能源科技有限公司，完善了燃料电池产业战略布局。同年与宁德时代组建解放时代合资公司，重点布局新能源后市场运营业务。

一汽解放聚焦战略新兴业务，组建 F 事业部，实施"哥伦布智慧物流开放计划"。自 2019 年来，一汽解放先后成立鱼快创领、挚途科技、赋界科技三家新型科技公司，加速新业务核心竞争力构建和商业落地。

2022 年，中国商用车行业仍处于深度调整期。一汽解放实现整车销量 17 万辆，营业收入 383.32 亿元，归母公司净利润 3.68 亿元。其中，中重卡销量 14 万辆，北斗数据口径国内市场终端份额 25.7%。新能源产品销量 2723 辆，同比增长 22.22%。海外市场表现抢眼，销量达到 2.8 万辆，同比提升 98%，创历史新高。2023 年重卡市场有望回暖，一汽解放或将继续领跑重卡板块。

追踪一汽解放新时代 10 年发展轨迹不难发现，其雄心壮志有二：其一，将解放打造成中国第一个百年汽车品牌；其二，成为中国第一、世界一流的智慧交通运输解决方案提供者。

中国一汽也对其寄予厚望，希望一汽解放"勇当世界和中国商用车新能源智能转型发展的引领者、产业链供应链的构建者、产业生态系统的主导者、"人—车—社会"和谐发展的创造者，努力为中国一汽永葆风景这边独好、创建世界一流企业，为强大中国汽车产业、建成汽车强国作出新的更大贡献"。

技术创新在左，管理变革在右，解放的新画卷正在绘就。

"奔腾"调整

相比"红旗"复兴、"解放"领航，中国一汽旗下第三个自主品牌——奔腾，还处于调整提速期。

借鉴红旗品牌强势崛起的经验，2021年5月，在成立15周年之际，一汽奔腾发布全新品牌战略，确定了2023年实现销售30万辆、2025年达到60万辆、挑战100万辆目标。

目前来看，奔腾要完成这个目标极具挑战性。

2022年12月，在T77、T99的2023款车型上市现场，一汽奔腾发布全新产品标识，寄希望通过企业品牌+产品品牌新模式主动求变，开启新篇章。

一汽奔腾强调，这次发布的全新产品标识，并不是传言中的换标，而是在既有品牌标识之下，发布的全新产品标识，形成企业品牌+产品品牌，既相互独立，又相互赋能的品牌新格局。也就是说，一汽奔腾企业标识维持不变，全新标识只出现在相应产品上。

道理很简单。产品品牌的独立，可为多品牌同步运营厘清思路，从而打开运营空间，实现企业品牌、产品品牌、技术品牌、服务品牌、公益品牌等相互支撑、相互促进新格局。未来，一汽奔腾将覆盖轿车、SUV、MPV、跨界等多个产品序列，拓展混动、纯电等动力体系，满足用户的差异化需求。

2006 年，奔腾 B70 的诞生填补了中国品牌在中高级轿车市场的空白，为中国人的国民车奠定了基础底色，以此为起点，一汽奔腾 17 年发展，走出了一条奔腾不息的"进取之路"，从单一市场破冰到如今全面覆盖轿车、SUV、MPV 等细分市场，及燃油、新能源双赛道。

2023 年上海车展期间，一汽奔腾推出新世代全能 MPV 奔腾 M9，全新战略 SUV 奔腾 T90、首款微型纯电车型奔腾小马也悉数亮相。值得一提的是，一汽奔腾还展示了 FMA、FME 两大平台，以及装甲电池、三合一电驱等新能源核心技术领域自主创新成果。在此基础上，一汽奔腾明确了以"实"取胜的战略定位。

以"制造买得起、用得住、信得过的汽车，促进人与社会幸福和谐"为品牌使命，以"国民好车实创者"为品牌定位，一汽奔腾坚持"守心向实"。518 售后服务权益持续升级、腾粉购车节让惠于民，这是服务之实；依托一汽强大生产制造能力、打造耐用可靠的产品，这是制造之实；汇聚全球资源，打造两国四地研发布局，这是研发之实；整车最高标准制造精度、健康安全的扎实用料，这是品质之实。

奔腾品牌的人群，正是同样踏实向前、努力奋斗，实现人生理想和社会价值的"时代奋斗者"。奔腾品牌的"实"，实现了与时代奋斗者们的情感共振，成为与用户最坚实的情感纽带。

面向未来，一汽奔腾在新能源赛道已开始加速奔跑。基于 FMA/FME 两大平台，一汽奔腾将推出覆盖多个级别的轿车、SUV、MPV 新能源车型。随着新产品的密集投放，以集团总体战略为指引，以快速上量、加速转型、改革创新、破局复兴为方针，一汽奔腾正在向下一个 17 年全面进发。

如此看来，奔腾品牌的调整已进入提速期。

很多人没有看到，在出口方面，奔腾已经走在前列。2022 年，奔腾海外销量 10397 辆，同比增长 93%，创历史新高。2023 年一季度，奔腾品牌海外销量同比增长 450%。当年 5 月，奔腾已实现去年全年海外销量成绩。

另一个可供参考的数据是，2023 年前 4 个月，一汽奔腾完成产值 38.5 亿元，同比增长 414.4%。

但还远没到庆祝的时刻。

奔腾曾创造过辉煌时代。2006 年，一汽轿车推出基于马自达 6 平台打造的红旗奔腾轿车（奔腾 B70），彼时奔腾尚未独立为一个品牌，肩负小红旗继任者的使命，以红旗奔腾之名面世。当年年末，奔腾以车顶静压试验以及真人侧翻试验完成首秀。作为第一款高起点、高品质、高性能的自主品牌中高级轿车，奔腾以出色的性能、15 万元的起步售价收获拥趸无数，平均月销量达到 6000 辆。

初战告捷后，2008 年，一汽轿车将奔腾产品升级为一个品牌，与红旗品牌分切。管理层的初衷在于，红旗品牌以固有形象继续高举高打，奔腾品牌向下，为一汽轿车贡献销量和利润。这种背景下，奔腾推出旗下第二款车型 B50，原有红旗奔腾轿车则以奔腾 B70 之名推出。站在奔腾 B70 积累下来的用户口碑之上，奔腾 B50 上市数月后，其月销量便一举突破 6000 辆，成为销售主力和走量产品。

好景不长。2011 年，中国一汽掌门人不顾市场及各方反对，将奔腾 LOGO 统一为一汽品牌标识。事实证明，这是一次非常失败的换标行动，也是一汽奔腾由盛而衰的转折点。奔腾品牌溢价能力迅速跌落，坊间人士占卜，无论是奔腾 B70，还是奔腾 B50，其品牌溢价均降低至少 3 万元。

2009 年，奔腾换标后推出首款车型奔腾 B90。这本是一款旗舰产品，最终却被 13 万元的起步价和令人担忧的品质问题压倒。自此后，奔腾品牌被一众后发制人的中国品牌，如吉利汽车和长安汽车等反超。

进入新时代 10 年，奔腾品牌一直在寻找突围方向，但方向一直混沌未明。

2012 年，原本应该以奔腾 B30 上市的三厢轿车，却在众口难调的数轮造型改造方案后，被作为欧朗推出，后续欧朗的惨败当在情理之中。

2013 年，奔腾品牌首款 SUV 奔腾 X80 面世，其造型带来的惊艳令人眼前一亮。奔腾 X80 有过一段不长的高光时刻，其月销量一度达到 6000 辆水平，但因产品力不足而再次滑落。

奔腾品牌令人耳目一新还要等到 2018 年。当年 10 月，新奔腾品牌战略在云南腾冲发布，战略车型奔腾 T77 上市，一汽奔腾提出要打造不一样的新奔腾。

各种各样的新玩法推陈出新——从云南腾冲开启"世界之窗"，到壶口瀑布唱响"黄河大合唱"；从全球首款 3D 全息智控 SUV 奔腾 T77，到全新物联网汽车奔腾 T33，再到大五座智慧旗舰 SUV 奔腾 T99；从新品牌到新产品，再到新模式，从汽车坦克到空投翻滚试验，再到喊话脱口秀红人李雪琴短视频……

结果有目共睹。2019 年，一汽奔腾销量达到 12.2 万辆，同比增长 33.4%。但到 2020 年，一汽奔腾又掉头向下，终端销量 7.32 万辆，同比下滑 35.2%。

严峻现实面前，2021 年 5 月 18 日，一汽奔腾在长春庆祝成立 15 周年之际，再次发布全新品牌战略，明确中国主流汽车市场中高端品牌定位，构建"产品 + 服务 + 渠道"铁三角架构。

至此，自 2006 年横空出世以来，一汽奔腾经历了品牌发展的孵化期，经历了野蛮增长大环境下的成长期，也经历了高质量发展时代下的品牌焕新和产品品质锐化期。15 年来，一汽奔腾曾攀上高峰，也曾经历过低谷。自 2018 年新奔腾品牌战略焕新以来，一汽奔腾在中国一汽的谋划和支持下，先后经历三次重大改革调整，实现了向轻资产、创新创业型公司的转型。

但这依然是一条艰难的突围之路。2022 年，一汽奔腾销量跌至 5.88 万辆。对于个中缘由，业界莫衷一是。有人将其归之于领导层频频调整，有人归之于产品换代周期长，缺乏新鲜感及创新，有人归之于缺乏明星产品，新能源发展缓慢……一汽奔腾就像一面镜子、一个样本，在它身上，折射出中国品牌在转型之际的现实境况。

一汽奔腾仍在努力。15 年来，奔腾品牌也从未停止过变革。

下半场做生态

智能汽车下半场，民族品牌如何突围？中国一汽将目光瞄准新能源汽车产业生态。

2021 年 3 月，中国一汽规划了以城市为平台的未来智慧绿色汽车生态系统 Ecolin5 "五链融合"，目前正在吉林市和长春市推动大规模试点。

Ecolin5 是以新能源智能汽车产业链为核心，融合新型消费链、智慧交通出行链、智慧能源链、智慧新基建链等五链为一体的未来型智慧绿色城市和区域汽车生态系统，并在实践中不断迭代进化。

这是中国一汽和红旗品牌努力探索新时代汽车产业可持续发展的创新解决方案。为创建"宜创、宜业、宜居、宜游"美丽都市、美妙出行做前瞻布局。

"旗 E 春城 绿色吉林"则是践行 EcoLin5 "五链融合"的具体行动之一。

2021 年 3 月，"旗 E 春城 绿色吉林"项目启动。中国一汽力争用 3 年时间全力推动长春市出租车、网约车、公务用车基本实现新能源化，实现电池银行流转电池 4.1 万块规模，新建运营换电站 120 座，待模式成熟后，再向吉林省其他市区复制推广。

中国一汽及红旗品牌不仅为该项目打造专属定制产品，同时还构建配套服务生态，成立政企联动专班组，在出行运营、服务配套、协同推动"政企联动专班"方面，与长春市政府及各相关企业展开合作。

为助力"旗 E 春城 绿色吉林"项目落地，中国一汽针对长春市冬季环境制约问题，打造 DHS 双模加热系统，再配以快补给技术，创新推出面向出行领域的首款新能源专车红旗 E-111。此后 3 年，红旗品牌将与各方携手，推动长春市成为全国首个季节性冻土区新能源化示范城市。

2021 年 11 月，红旗 E-QM5 换电版车型投放运营，奥动新能源在长春市首批 22 座换电站同步上线，长春换电时代正式开启。随着换电网络在长春的布局，更适合运营车辆的车电分离模式，将为"旗 E 春城 绿色吉林"行动提供坚实保障。

中国一汽也在积极布局移动出行业务，目前已覆盖全国 90 多个城市。其中，由中国一汽主导，承载新红旗品牌战略的"旗妙出行"正在加速打造政商家庭出行服务第一品牌，而与长安汽车、东风公司、苏宁、腾讯、阿里巴巴等联手打造的 T3 出行平台，其市占率位居行业第二。

在全球汽车产业百年未有之大变局和颠覆式转型的大背景下，中国汽车产业的边界越来越模糊，生态融合发展成为主旋律。

唯有合作才能实现共赢。

在关键核心技术领域，中国一汽已与华为、阿里、腾讯、百度、科大讯飞、清华大学、吉林大学、复旦大学等全球科技公司和高校，建立了 38 个协同创新实验室、5 个基础研究实验室，技术创新成果陆续在红旗、解放、奔腾品牌上搭载。

为加速新能源转型，2022 年 2 月底，中国一汽和比亚迪合资的动力电池项目开工。项目总投资 135 亿元，达产后将满足 100 万辆电动车配套需求，实现年产值 200 亿元以上。

智能化发展浪潮下，中国一汽早在 10 年前就进行前瞻性布局，携手合作伙伴建立以车为产品载体、服务入口、商业模式创新这三类要素的智能网联生态。

2018 年 4 月，腾讯与中国一汽签署战略合作框架协议。双方基于腾讯车联"AI in Car"智能解决方案，打造具有差异化竞争力的智能网联产品，共建基于数据运营和增值服务的联合体，将加速推动汽车行业迈入智能网联时代。

2019 年 12 月，中国一汽与阿里巴巴签署战略合作协议，以斑马智行系统为基础，打造下一代智能网联汽车。中国一汽将建设以云计算、数据智能、中台和移动协同技术为核心的数字化基础设施，推动汽车行业迈入云上智能时代。

2020 年 8 月，地平线与中国一汽智能网联开发院签署战略合作协议，双方以高级辅助驾驶（ADAS）、高级别自动驾驶和智能座舱方向为重点，深入合作，共同探索智能化、网联化汽车科技，开发智能网联汽车产品。

中国一汽还抢抓机遇，与华为云 Stack 合作构建云平台，打造集团数字化云底座，支持中国一汽办公、大营销、车联网、移动出行等创新业务。

中国一汽还建设了"旗智春城智能网联示范工程"。以智能车为核心，推动智慧出行与智慧城市共建、智慧交通共享，探索聪明的车、智慧的路、便捷的云、无缝的网、高精的图、愉悦的这六大维度场景化融合，打造智能网联业务生态。

在一期工程建设中，中国一汽已在长春完成 10.5 公里智慧路建设，投放了 4 辆红旗 E-HS3 L4 智能车，开展智慧出行示范运营，实现车、路、云、用协同，已安全运营近 3 万公里。

正如中国一汽多次强调的那样，只有合作才有力量，只有合作才能走远。

掌控关键核心技术

要推动汽车制造业高质量发展，就必须加强关键核心技术和关键零部件的自主研发。近3年来，中国一汽坚定不移走自主创新道路，在关键核心技术上奋力攻坚，推动中国汽车产业实现高水平科技自立自强。

中国一汽成立了创新技术委员会，强化集团总部对技术创新的统筹管控。自2020年发布阴旗技术发展战略以来，每年从技术趋势、政策引导、产业发展、企业愿景等方面综合分析，滚动更新技术发展战略。2022年5月，发布"创新·2030中国一汽阴旗技术发展战略R•Flag1785"，集中力量打造八大核心技术集群，实现技术创新能力整体突破。

为加快突破关键核心技术和卡脖子问题，中国一汽在全球范围内招聘优秀创新人才，落实国家科技体制改革三年行动计划，建立推行揭榜挂帅、任务承包、奖惩对价等机制，持续激发创新的动力和活力。

在传统燃油机领域，中国一汽已自主掌控排量覆盖1.0升至6.0升乘用车高效节能动力平台，发动机热效率达39%以上。在混合动力领域，突破了超高压缩比米勒循环、低压EGR（废气再循环系统）等6项核心技术。在新能源领域，突破了高功率电机、高能量密度电池、热失控预警等9项关键技术，现正在进行固态电池、氢燃料发动机等技术研发。

在新能源和智能网联等重点技术领域，最近3年，中国一汽累计突破关键核心技术328项；获得国家级和省部级科技进步奖48项；牵头制定、修订国家行业标准59项；申请专利11192件，专利授权量近两年排名行业第一。在高功率燃料电池发动机等19项关键技术方面打破了国外垄断。

在研发投入上，中国一汽自主品牌研发投入强度从2017年的1.1%，提升到2021年的6.4%。红旗品牌研发投入强度达15%左右，处于行业前列。

突破它

"一定要把关键核心技术掌握在自己手里。"2020 年 7 月 23 日当天，中国一汽研发总院动力总成部部长韩令海召开部门会议，及时传达重要讲话精神。

韩令海所在的动力总成开发团队是红旗发动机的缔造者，所开发的 V 型高性能发动机为红旗产品提供了超强动力。V8TD 发动机是 V 型发动机平台的首款三代机，是中国一汽第三代汽油机家族的最新成员。"立项之初，开发目标设定偏于保守，但 7 月 23 日后，事情发生了转变，V8TD 发动机要向世界最高指标发起挑战。"韩令海接着说。面向新目标，发动机所有方案都需要重新定义，且没有对标机型，也没有技术资料，难度系数很大。项目团队每周要组织多次技术研讨，3 个月内优化了 26 轮性能设计方案。"有困难才会有创新。"韩令海经常给项目团队打气。大家不舍昼夜，查阅资料，研究国外先进机型应用方案，终于突破了关键核心技术。不仅如此，韩令海团队还研制出国内公开发布的第一台热效率达 42% 的氢能发动机。2021 年 5 月，这款氢能发动机在中国自主品牌博览会上亮相。

中国一汽研发总院高级技师、拥有18项国家专利的"发明大王"杨永修，带头参与红旗品牌高端发动机、变速箱、底盘等核心精密零部件的数控加工工作。他参与并完成红旗 V8、V6、4GB、4GC 发动机，6MT、DCT350 变速箱等 30 多项国家级、集团级重点项目加工任务，攻克了 130 多项技术难题，累计获得国家专利 18 项，节约和创造价值超过 1200 万元。

用数控铣床进行精细化加工的核心参数一直是行业机密。为突破这一核心技术，杨永修和团队每天埋头对着图纸琢磨，在一堆代码中反复修改尝试，最终总结出精密参数，在数控铣加工上实现了完全自主。

2020 年 7 月 23 日在现场聆听的王斯博同样心潮澎湃。王斯博是中国一汽研发总院新能源开发院电机电驱动研究所高级主任，他曾带领团队突破超高性能永磁同步电驱关键技术，突破永磁同步电驱性能极限，攻克在超高性能下高效率、超静音等技术难题。

这项技术获评 2021 年世界新能源汽车大会"全球新能源汽车创新技术"，这标志着中国一汽掌握了豪华电动车高性能电驱系统设计能力。超高性能永磁同步电驱技术集中体现在红旗 E-HS9 上，这是一款纯电豪华 SUV，未来，该技术也会应用到其他新能源车上。此外，王斯博带领团队开发的 245 千瓦电驱系统已经量产装车，达到国际领先水平。

中国已经成为全球最大新能源汽车市场，且正在成为电动化趋势的领跑者。为打造加速体验的电动红旗车，中国一汽立项自主开发高功率 245 千瓦电驱系统产品。王斯博带领团队仅用 26 个月就完成技术突破、工程设计等多项任务，其中仅变频器就做了 5 个系列。

回忆这段研发过程，在这 26 个月时间里，王斯博最常说的一句话就是："突破它！"

从无到有

随着新能源汽车进入高速发展期，智能网联成为突破口。

荣获 2023 年全国"最美职工"称号的周时莹，是中国一汽研发总院代理副院长兼智能网联开发院院长、智能网联领域技术研发的领军人。她从无到有建立了红旗智能网联技术架构和验证体系，实现了"车辆神经网络和控制大脑"等核心技术的自主掌控。

作为一汽子弟，周时莹放弃高薪 IT 互联网工作，2009 年博士毕业后，入职刚成立的一汽技术中心汽车电子部。此后，她带领 8 人团队摸索前行，历时 17 个月，开发出国内首套 C 级乘用车整车电子控制系统的硬件外环测试设备，编写了 2 万多条测试用例并实现自动化，填补了国内自主汽车虚拟仿真验证技术空白。

接着，她作为"汽车振动噪声与安全控制综合技术国家重点实验室"电子集成控制子课题负责人，完成了两个电子集成控制试验室的建设，以及数以千计的试验报告，并整理汇总成汽车综合控制验证专家数据库，为中国一汽电子电气发展奠定了坚实的基础。

2011 年，周时莹成长为电子电气测试负责人。她带领团队承担了中国一汽当时所有自主品牌车型的电子电气测试任务，先后完成红旗 H7、奔腾 B30、解放 J7 等 9 个车型项目的测试难题，助力中国一汽一举夺得"红旗高级轿车系列产品自主研发与技术创新"中国汽车工业科技进步特等奖。

十几年来，周时莹耕耘在电子电气领域，先后承担并完成了 L3 级自动驾驶 EE 架构系统开发，实现了网络、电源、制动多重安全冗余技术；研发车载百兆以太网、OTA 远程下载技术，实现了车内及车外高速信息传输；承担工信部工业强基项目，建立中国一汽自主信息安全攻防体系、实现了国密算法在汽车行业首次应用；完成 GA 三代机、GV、DCT400 电控系统开发及标定，产品累计批量生产超 30 万辆，实现经济效益近 2 亿元。

一个优秀的产品必须依靠优秀的技术支撑，否则就会变成无本之木、无源之水。红旗品牌坚持崭新独创、全球首发技术理念，每一款红旗产品必须要有大于两项全球首发技术，否则，策划产品定义时就不会通过。

让"红旗"惊艳世界，是周时莹的理想："红旗不只是超越国外老牌整车厂和造车新势力，更要超越自己，只有坚持自主开发才能突破。"2018 年作为中国一汽重点项目，红旗 E-HS9 计划搭载 L3 级自动驾驶技术，周时莹再次肩负重任。在近 3 年时间里，她带领团队攻克厘米级高精度定位等关键技术上百项，累计申请发明专利近 200 项，形成核心代码 30 万行，最终打破了 L3 级自动驾驶技术壁垒。

红旗第一代自动驾驶系统开发走到瓶颈时，团队成员选择推翻旧方案，开发具备限定区域自动驾驶功能的全新算法。他们最终突破匹配定位、感知融合、全局规划、轨迹规划等多项核心技术，推出了全新一代 L4 级自动驾驶系统。

自主掌控智能网联核心控制器硬件同样重要。中国一汽研发总院智能网联开发院电子电气研究所高级主任王强带领团队，自主开发多款控制器硬件，突破高性能国产芯片应用等关键技术，匹配红旗产品，节省开发费用超 5000 万元。

为突破智能底盘领域，彻底解决卡脖子问题，空气悬架项目团队组织底盘、智能网联等相关工程师，一起到西藏联合攻关。试验路线涵盖自拉萨市区至海拔 5000 多米的生命禁区。这一干就是两个月，白天跑路试，采集数据，晚上分析数据和视频，研讨对策。最终，工程师带着自主创新的空气悬架系统高原控制策略和路试规范回到长春。

雪车是冬季竞技体育项目中的速度担当，最高时速达 160 公里，有冰雪世界中的 F1 之称。但长期以来，中国造不了比赛用雪车，国家队只能在国外找场地训练，雪车装备更是依赖国外租赁或进口。中国一汽与中国航天科技集团有限公司携手研发国产雪车，打破了被动局面。

中国一汽研发总院项目管理部高级主任杨文利表示，因为是第一次做雪车，工程师与 20 多位国家队教练、运动员进行了多达 11 次专题访谈，然后分解出 46 项功能需求和 26 项性能需求清单，每个细节反复推敲。为攻破难题，在 2 个月时间里，仅样件就做了 16 次试验。

中国一汽首席技能大师王智带领团队负责冰刀加工，最长一把长 1.2 米，厚度仅 1.4 厘米，是典型的薄壁件，加工难度很大。如果用传统的多套夹具换装加工，百分之百会变形、脱漆。经过潜心研究和多轮试制，王智团队创新研制出一套精简极致的专用夹具，可以完成 4 种冰刀、12 个工序的加工，工件装上后，一次加工成型，顺利完成了任务。

功夫不负有心人。"大国名片、外观惊艳、快如闪电、身轻如燕、坚如磐石"，国产红旗雪车问世后受到好评。2023 年 2 月，北京冬奥会延庆赛区，国家雪车雪橇中心，在中国首条雪车雪橇赛道上，运动员驾驶红旗雪车飞驰而下，完成首秀，实现国产雪车零的突破，擦亮了中国制造名片。

中国一汽加快突破卡脖子问题，努力把宏伟蓝图变成美好现实。在新能源、智能网联、驾乘体验、安全健康和基础技术等五个领域，中国一汽获得了一系列国际先进创新成果。

数智化浪潮

中国一汽开启聚焦数字化和智能化转型升级，并将数智化转型视为高质量发展的加速器。

2019 年，中国一汽提出"数字驱动美妙出行"愿景，上马红旗营销云和红旗智云等项目，对应到数据上，当年红旗品牌实现销量 10 万辆，同比增长 203%。中国一汽在研发端部署数字孪生技术，减少新车研发中的碰撞试验次数，大幅降低了研发成本和周期，还建成红旗数字工厂，打通了产品开发流程和订单交付流程。

2020 年，中国一汽发布数字化总体战略——以实现行业领先为目标，围绕业务赋能、产品智能、生态智慧、数据增值，以中台为核心，以数据为引擎，以产品诞生、订单交付、客户服务三大主流程为主线，全力推动数字化转型。

4 月 20 日，中国一汽召开数字化大会，与华为等七家数字化解决方案提供商签署数字化转型战略合作协议。当天，中国一汽启动 2020 年领导力与数字化转型培训，500 多名中高层管理人员以全脱产形式分批参加学习，推动数字化转型战略在集团落地。

从数字化到数智化，中国一汽转型决心可见一斑。经过 3 年多探索，中国一汽明确数智化转型"1164"总体战法，以"100% 业务数字化孪生，运营效能最低提升 100%"为总目标，以 DIOS 数智运营系统为基础，以六大业务为主线，从方法、平台、安全、组织四个维度实施保障。

在产品诞生（IPD）领域，通过构建业务全景，对产品诞生全过程进行切段，逐段纵向展开治理、持续优化，缩短产品诞生周期。

在订单交付（OTD）领域，通过建设数字化工厂，实现订单全过程可视化，树立汽车行业智能制造新标杆。

在客户服务(CSP)领域,以用户为中心,通过数字化门店和营销工作台,提供极致用户体验。

在 R&D 领域，构建研发业务数字孪生工作台。

在研发管理（R&D）领域，开发"吉一码""两卡一网"，利用数智化手段打造企业服务金钥匙。

在企业经营管理（EOM）领域，实现业财融合，打造经营管理数字孪生体。

数智化转型带来的阶段结果是，中国一汽产品开发周期、订单交付周期大幅缩短，产品研发效率提升，营销费效比大幅下降。尤其是在 2022 年抗疫复产中，数智化支撑企业做到了停产不停研、停产不停销、停产不停工。

"数字化不仅仅是工具"

数字化本身不是目的，也不仅仅是工具。

在中国一汽 2020 年数字化大会上，中国一汽明确数字化转型，绝不仅仅是用数字化工具来进行业务的标准化和固化，而是产品、经营理念、业务架构、流程架构、组织和能力等方方面面的全面数字化重塑过程，是关乎企业全局的战略考量，是一场全方位的脱胎换骨式的革新。

实施数字化转型，必然面临战略、组织、数据、技术、人才、文化等方面的挑战，要将数字化意识贯穿到企业经营活动全过程，包括决策过程、价值链过程和创新业务活动等环节。中国一汽很清楚，不能只想到在现有业务中添加更多数字技术，而是要从根本上重新思考业务模式、流程、工作方式，用创新思维来调整、优化甚至替代原有业务模式、流程和工作方式。

中国一汽将数字化转型视为长期工程，对内提升信息效率，对外更好触及市场。

为达此目的，中国一汽对内推出一汽 Easy 平台，打造员工离不开、受热爱、强赋能、好看好用好体验的超级工作平台，实现工作实时在线——问题实时在线、计划节点实时在线、任务管理实时在线。

用户是所有工作的出发点、落脚点和挖掘点，所有数字化手段都是为用户创造极致体验的产品和服务。为此，中国一汽创建了客户生态云平台，构建覆盖客户消费全旅程的数字化触点，做到直达用户，赋能经销商。

用户通过公众号、小程序等，可以全场景、沉浸式了解品牌理念，感受产品魅力，尊享品牌服务。经销商也可以通过大数据、人工智能等途径，深度掌握车辆出行数据，实时聆听客户声音，洞察客户喜好。整车售出后，运用车联网、数字孪生实时建模，动态计算百亿级车联网数据，为客户安全出行保驾护航。

数字化研发为中国一汽打造了更加敏捷的汽车开发新模式。通过打造协同设计和虚拟仿真平台，可实现多专业、一体化、全天候的在线协同开发，使开发效率提升 40% 以上，使产品研发周期缩减 6 个月以上。

通过数字建模、虚拟现实、虚拟仿真等手段，中国一汽打通了从概念设计到创意实现，再到造型评审的全流程，让研发团队打破时间和空间限制，极大提升设计效率、质量和速度。

具体来看，红旗品牌打造汽车敏捷开发模式，产品开发周期缩短 6 个月左右；实现四大工艺全流程智能化生产，整车生产周期压缩约 6 个月、订单交付周期缩短约 25%；全面推进企业运营平台管理数字化，办公效率提升 30% 以上。

一汽解放以"数字驱动智慧解放"为战略愿景，47 个重点系统建设项目 100% 达成。一汽奔腾以"奔腾九宫格"数字化框架为核心，营销端、研发端、运营端同步升级。

一汽 – 大众以先进数字化体系为保障，通过数字化驱动，实现高价值产品与精准策略管理，成功稳固市场，持续领跑。一汽丰田公司以数字化转型为引擎，数字化打通研发、生产、销售、服务等线上线下环节，用户满意度和经销商满意度不断提升。

红旗繁荣工厂是数字化制造和工业 4.0 的典型代表。数字化方面，采用激光打码通过二维码和 RFID 技术，将各个工艺参数信息与车身绑定，建立车身档案，实现质量信息可追溯。预测性维护则通过给电机增加震荡传感器，监测设备震荡曲线，同时根据设备不同工况预测分析设备是否有故障风险，提前预测设备运行状态及保养信息，减少计划外停机时间。

营销层面采用"智慧六位一体"体验式模式，直达用户。举个例子，在金山红旗体验中心，销售顾问方佳伟打开手机，红旗营销云——红旗销售助手 App 就已为他列出当日要跟踪的五组客户信息。服务顾问马月刚接到信息提示，号牌为吉 ××× 的红旗 HS5 已驶入场内，迅速浏览车辆相关信息后，马月主动在接车区域等候。在用户休息区，张先生正通过屏幕实时关注数字化透明车间里的爱车保养进度。大屏幕显示，所有作业将在

15 分钟后完成……

这几个被数据联通的片段，正是中国一汽"红旗营销云"双中台解决方案，为营销端进行数字化赋能的场景。

针对红旗海外营销数智化需求点多、线长、面广的特点，中国一汽进出口公司红旗海外营销部的做法是，打造智能生态业务管理平台 EP 系统，并打通销售公司 EP、SCM（Supply Chain Management，供应链管理）、ERP（Enterprise Resource Planning，企业资源计划）等多系统数据，突破原有出口业务模式效率瓶颈。实现营销管理流程 100% 线上化，操作效率提升 60% 以上，整体流程效能优化 80%。

"无数智不工作"

数字化转型有多重要？

中国一汽领导班子多次强调：数字化转型过程中，新技术应用并不是目的。转型的根本目的，从客户角度来说，是提升产品和服务的竞争力。从企业运营来说，是提高效率，实现自动化、智能化，让企业获得更大竞争优势。如果做不好数字化转型，我们面临的将是市场失焦、营销失语、管理失衡、系统失灵、增长失速，我们的企业甚至会面临生存风险。

亦因此，数字化转型要做到"数字化到不能再数字化，创新到不能再创新"。其实，早在数字化战略发布之初，中国一汽就提出，"每个部门、每位员工都要把数字化能力，作为自身建设的核心能力之一"。未来，一些编程语言的应用也要成为每个员工必备通用能力。2022 年，编程培训班开进了红旗长青工厂，员工可以边学习，边结合工作需求编程。

中国一汽提出数智化转型之初，制造体系数字化部智能制造主管邓志华就主动请缨，经过几个月钻研，他学会了编程。"一汽就是有股不服输的劲儿！"邓志华处理焊点数据效率提高了数百倍，他还搭建起以自己名字命名的"邓志华工业软件开发平台"。

制造工厂数智化转型成为企业高质量发展的必由之路。

一汽－大众规划总监余文超将智慧工厂项目作为数智化转型升级的重要抓手。他从冲、焊、涂、总、动力总成、智慧园区六个方面着手,在一汽－大众五大基地分别打造一个数智化先导车间。2022 年,其团队推进实施了 151 个项目,其中,冲压模具废料视觉监控、总装底盘结合全自动"黑灯"线等多个项目实现了行业首创,转型成效显著。预计未来年收益可达 1.35 亿元。

一汽铸造有限公司有色铸造分公司质量工艺主管鲁晓帆主导成立了数智化转型专项小组,因地制宜制定出 10 项转型方案,团队按节点高效完成硬度自动化、B9 无人物流线等 8 个子项,实现了加工、硬度检测、打包等工序智能化。其结果是,外废数据收集效率较以往提升 70% 以上,全年累计降本减费近 200 万元。

为最大限度减少加工线数智化升级造成的产能浪费,2022 年国庆假期,鲁晓帆坚守现场,组织设备调试改造。经过数个昼夜连续奋战,将原计划耗时 12 天的升级计划压缩至 7 天,在假期内完成加工线数智化升级改造。此举不仅攻克 EA888 产品产能瓶颈,加工单件瓶颈节拍降低 18s,整线生产效率提升 8.9%,还直接增加了销售收益 90.8 万元。

身处一线的技能员工,也争做以数智化手段提升工段质量的排头兵。

巧妙运用钉钉"宜搭"程序,合理操作低代码免费平台,自主开发整备、重修问题管理小程序……43 岁的红旗长青工厂质量改进部现场乙段段长张海东,在推动工段作业的数智化转型中走在前列。

自 2022 年 6 月中旬起,张海东所在工段尝试在工作流程中自主搭建小程序,将其应用于整备过程的质量跟踪。这样不但便于质量问题查找和责任追溯,应用到员工绩效、审批流程方面后,还能提升团队运作效率,减少工作失误。

中国一汽汽车金融有限公司风控合规部副经理郑琳琳，大力推进汽金智能识别数智化转型升级，使其智能识别业务占比及通过率分别同比提升 8% 和 1%。她创新开展的鹰眼监控平台三期建设，实现了公司看板 + 风控看板 + 区域看板各层级全覆盖，使一汽汽金资产质量处于行业优秀水平，30~120 天逾期率远低于行业平均水平。

中国一汽体系数字化部 IT 开发主任宋强认为，加快经销商商务政策业务数智化建设已迫在眉睫。

针对痛点，宋强和他所在的 CSP 战队将商务政策解构为 51 项数据因子和 68 项计算规则，通过数智化赋能，开发出一个商务政策在线配置与返利自动兑付系统。将原 1 项商务政策 60 天的开发周期，缩短至 4 个小时的零代码配置，将原每月经销商返利的计算时长，从 2 人 2 周缩短至 19 分钟，且支持自动兑付到经销商返利账户。

围绕数智化转型，中国一汽原有商业模式、业务模式、生产方式正在被重塑。

加码合资

中国汽车工业激荡 70 年，合资企业发挥了不可忽视的历史作用。

在这场百年未有之大变局中，中国新能源汽车正在引领产业变革上半场，智能网联汽车将成为下半场竞争焦点，而合资企业普遍面临转型变革之痛。

自 2019 年至 2022 年，中国新能源汽车单月渗透率从最初的 4.06% 猛增到 31.85%，上涨近 7 倍。2022 年的中国新车市场，中国品牌市场份额首次超越合资品牌。

在电动化、智能化大浪潮下，自主品牌快速崛起，那些曾经在中国市场所向披靡的合资企业，都不得不在大变局时代重新寻找自己的定位与坐标。

作为合资企业的"优等生"，在中国汽车市场上占据举足轻重地位的一汽 - 大众和一汽丰田，业已开始新征程的探索。

对中国一汽而言，合资企业仍是当仁不让的销量与利润担当。做强自主，加码合资，坚定两条腿走路的战略，是中国一汽管理层一以贯之的态度。

"做强自主，不是为了缩小合资，恰恰相反，做大做强自主品牌，才能更好地开放扩大合资，反哺合资。"徐留平在 2020 中德汽车大会上如是说。

根据中国一汽"831 战略"，自主品牌的目标是实现中国领先和世界先进，合资品牌的目标是将合作推到更高、更新、更强的水平。这种背景下，中国一汽制定了"龙腾虎跃"行动，即加快打造合资合作 2.0，在新的产业背景下，增强合资品牌的盈利能力和创新发展能力。

合资合作 2.0 的一个重要动作是，奥迪公司与中国一汽签署谅解备忘录，成立新能源合资公司，专注在华生产 PPE（Premium Platform Electric）平台电动车型。按照规划，从 2024 年起，首款基于 PPE 平台的电动化车型将在新能源合资公司投产。

作为中国车市近 30 年来历次变革的亲历者，一汽 - 大众和一汽丰田在继续保持传统领域领先优势的同时，也在紧锣密鼓地向电动化、智能化赛道冲刺。

一汽 - 大众的 10 个关键词

自 2013 年以来，每年年初，一汽 - 大众都会公布一个关键词作为年度主题词。这个关键词既是当年合资企业的战略重心，同时又对中国汽车业具有风向标意义。

从 2013 年的"进取"，到之后的"挑战""夯实""发轫""专注""攻坚""聚力""创变""启新"，以及 2022 年的"众志"——这些主题词几乎浓缩了一汽 - 大众新时代十年的发展历程，也体现了行业大变局时代，这家头部合资企业的转型思考与布局。

回到 2011 年，一汽 - 大众以年均产量增幅 29%、销量增幅 24% 的速度，提前一年完成百万辆产销规模目标。2012 年是一个丰收的年度，一汽 - 大众不仅完成了产销超过 130 万辆的挑战目标，而且实现了大众品牌终端销量超过 100 万辆，创造中国乘用车市场单一品牌产销超过百万辆的新纪录。

一汽 - 大众并不满足于当时的成绩，将 2013 年定义为进取之年。这一年的 6 月，一汽 - 大众启动中期发展"2020 战略"项目。按照规划，到 2020 年，一汽 - 大众年产销量达到 300 万辆，成为汽车市场的领导者，其中大众品牌和奥迪品牌的市场份额，分别在量产车和豪华车市场排名第一。

2013 年，一汽 - 大众继续保持跨越式增长，完成整车生产 153.9 万辆，同比增长 15%，终端销售 152.6 万辆，同比增长 18%。在此基础上，"挑战"更高的目标成为一汽 - 大众 2014 年关键词。

2014 年 12 月，一汽 - 大众第 1000 万辆整车在位于长春的一汽 - 大众轿车一厂总装二车间下线，创造了 23 年实现 1000 万辆的最快纪录，11 年间实现累计销量从 100 万辆到 1000 万辆的跨越，相当于仅用 3 年时间，就完成第二个 500 万辆汽车的下线。

一汽 - 大众将加速度归功于多年的体系能力建设，包括"全员全过程"的质保体系、质量基本技能培训基地、激励机制改革等。

也是在这一年，速腾深陷"断轴门""召回门"旋涡，一汽－大众面临前所未有的品牌危机和质量考验。

在这样的背景下，一汽－大众理性地将 2015 年企业发展的关键词定为"夯实"，表示要在这一年里苦练内功，全面夯实体系能力，积极求变，主动适应车市新常态。

以"夯实"为核心，一汽－大众 2015 年工作重心也从提升销量，转移到提升客户满意度和企业社会责任等工作上来，将力争销量第一的发展模式调整为控制节奏，倡导健康、可持续发展的模式。这种做法是正确的，一汽－大众更看重整体价值链，更看重与供应商、经销商的共赢。

正是 2015 年有效的"夯实"，让一汽－大众体系能力得到全面提升，也为 2016 年"发轫"打下了坚实基础。"发轫"原意是指古时战车启动之前，要拔出车栓，踏上征程。这个词意味着一汽－大众在 2016 年要扫清障碍，以创业精神开启新征程。

2016 年是一汽－大众合资经营 25 周年。而在这之前的 2014 年，中国一汽和德国大众汽车集团续签了新的 25 年合作协议。也就是说，2016 年也是一汽－大众面向新 25 年的"发轫"之年。

产品覆盖率低于竞争对手是一汽－大众当时不得不解决的现实问题。由于缺少 SUV 和 MPV 产品，一汽－大众在 2015 年痛失了增长最快的这部分市场，全年销量为 163.4 万辆，未完成年初制定的 185 万辆预期目标。

扩充产能，让产品线覆盖更多细分市场，成为一汽－大众第五任总经理张丕杰上任后的重点。

2016 年，一汽－大众陆续推出多款新车，包括全新高尔夫·嘉旅、首次采用大众品牌最新设计语言的全新宝来、全新一代迈腾、高性能车速腾 GLI、捷达大改款等车型，以及全新一代奥迪 A4L、奥迪 Q3 和奥迪 A6L 中期改款、奥迪 A6L e-tron 等。

2017 年是一汽 - 大众新产品、新基地密集启动的重要准备期，一汽 - 大众将之定义为"专注"之年——专注战略导向、专注项目推进、专注用户体验和专注管理提升。在没有 SUV 车型的这一年，一汽 - 大众全年销量（包含奥迪进口车）首次突破 200 万辆。

市场和士气两旺之际，一汽 - 大众乘胜追击。在 2020 战略基础上，2017 年 11 月，一汽 - 大众对外发布"2025 战略"，全面更新企业愿景、使命和口号，制定了一系列战略目标。

这些目标包括：一汽 - 大众在原有大众、奥迪两大品牌基础上，推出第三品牌；大力发展新能源汽车，持续扩大市场份额；保持大众、奥迪品牌力第一，保持所有品牌用户满意度达到第一；进入移动出行领域，在全国一批重点城市达到市场前三；车联网前装率达到 100%。

作为面向未来变革以及 2025 战略实施起步的关键之年，一汽 - 大众将 2018 年定义为"攻坚"之年，确定向 210 万辆销量目标发起挑战。这一年，一汽 - 大众迎来最密集的新车投放，包括两款大众品牌 SUV，全新一代 CC、全新平台上诞生的宝来、奥迪 Q5L、奥迪 Q2L 等，形成了从轿车到 SUV 全覆盖的产品链。

在产能布局方面，一汽 - 大众长春奥迪 Q 工厂、华东基地、华南基地二期以及华北基地在半年时间内密集建成投产，年产能新增 90 万辆。至此，一汽 - 大众全国五大基地战略布局在 2018 年完成。

2019 年，中国乘用车市场出现 29 年来最大幅度下滑。一汽 - 大众则逆势增长，终端累计销量为 212.99 万辆，是当年唯一超过 200 万辆的汽车企业。也是时隔 5 年后，一汽 - 大众再度拿下中国乘用车市场销量冠军。

销量数字背后，是一汽 - 大众的持续进化。2019 年被一汽 - 大众定义为"聚力"之年，通过聚势品牌、创新技术、丰富产品、升级服务等举措，在车市寒冬保持领先。

在产品投放方面，除推出探影、全新奥迪 Q3 等传统车型外，一汽 – 大众也在新能源方面发力，陆续推出宝来·纯电、高尔夫·纯电、奥迪 e-tron 和奥迪 Q2L e-tron、新迈腾 GTE 等新能源车型。

这一年的重要举措之一是，捷达品牌成为一汽 – 大众旗下第三个品牌。2019 年 9 月推出首款车型捷达 VS5，第一个完整月便实现销量过万辆，不到 4 个月里累计销售 4.3 万辆，成为紧凑级 SUV 细分市场的领军车型。

研发创新能力、制造体系进一步增强。这一年，一汽 – 大众建成全亚洲最大汽车试验场。随着总投资 9.6 亿元的新技术开发中心开工建设，业内首创、规模最大的智能网联汽车模拟仿真研发中心一并落成。

作为绿色生产的样板，一汽 – 大众佛山工厂在 2019 年全面升级为 MEB 工厂，可实现年产电动车 60 万辆。2020 年启动生产，新的 MEB 电池车间同步建设。

此时的汽车市场，低增速常态化，新能源双积分等政策压力加大，电动化、智能化、互联化等新技术倒逼产业转型升级。为打赢这场升级战，一汽 – 大众将 2020 年定义为"创变"之年，着力激发大众、奥迪、捷达三大品牌势能，在企业内部经营、战略、体系等多个维度"创变"，提升企业应对时代发展的适应力与竞争力。

在电动化领域，2020 年 9 月，基于 MLB evo 平台打造的奥迪品牌首款 C 级纯电 SUV 奥迪 e-tron 国产版在长春基地下线。又 3 个月后，首款基于 MEB 平台打造的 ID. 家族产品——ID.4 CROZZ 接受预订。这不仅标志着大众和奥迪双品牌电动化战略落地，也意味着一汽 – 大众的电动化攻势迈出关键一步。

面对数字化变革趋势，一汽 – 大众"创变"的背后，就是要以数字化转型为核心。2020 年，一汽 – 大众在生产体系数字化、采购体系数字化、财务体系数字化、营销体系数字化等领域均取得实质性突破。

借此，一汽－大众体系能力得到全方位重塑。

以采购体系数字化为例，一汽－大众紧抓"零件、模具、供应商"三条主线，搭建数字化采购平台，使采购全体系联动，实现精细化管理、工作流程阳光透明及工作效率提升，同时还赋能供应商建立起了数字化管理体系。

这一年，那个梦魇般的阴影一直笼罩着全球。受突如其来的疫情影响，中国大部分汽车品牌销量都出现不同程度下滑，而一汽－大众却在 2020 年再度问鼎销量冠军，累计销量达 216.2 万辆，同比增长 1.5%。

2020 年 3 月 30 日，一汽－大众第 2000 万辆汽车——一辆新迈腾 GTE 在长春基地驶下生产线。自 2014 年 12 月至 2020 年 3 月底，仅用 5 年零 4 个月时间，一汽－大众产量就突破了第二个 1000 万辆大关。

积极"创变"之后，2021 年，在成立 30 周年之际，一汽－大众继续"启新"。面对前所未有的严峻形势和产业巨变，同时受疫情和缺芯等不确定因素的影响，企业转型之路势必布满荆棘与挑战。一汽－大众要始终居安思危，勇于自我创变。

最重要的举措就是启动全体系数字化、智能化转型。一汽－大众数字化转型办公室应运而生，与华为、阿里展开合作培养数字化人才，以用户为中心，重构端到端的业务流程。

在智能生产制造方面，一汽－大众在大众汽车集团内率先启动 Go Digital 项目，注重精益化生产，致力打造智慧工厂，完成了五大基地从传统生产向高度灵活、数字互联、持续学习的智慧生产转变。该项目在 2021 年实现了 700 多个创新案例，为企业节约超过 6000 万元。

2021 年也是一汽－大众的电动元年，共推出 ID.4 CROZZ、ID.6 CROZZ、奥迪 e-tron、奥迪 Q4 e-tron 四款纯电动车。在传统车型方面，大众品牌和奥迪品牌为满足用户消费升级，投放了大众揽境、全新奥迪

Q5L 等高端车型。

一汽 – 大众继续筑实在技术创新领域的优势。2021 年，总投资近 12 亿元的新能源中心和新技术开发中心先后落成并投入使用，使新能源车辆、整车性能等方面的开发和测试能力得到大幅提升。

在 2021 年开启全体系数智化转型的基础上，一汽 – 大众将 2022 年定义为"众志"之年，继续聚焦用户体验变革，深化数字化、智能化转型，以矢志向新的态度，走出舒适区。

一汽 – 大众全面提速数智化转型。已立项并启动的 24 个数字化转型项目，覆盖营销、生产、产品、采购、质保、财务、人事等关键流程。其中，直面客户的 OTD（订单 – 交付）在线定制车项目，已扩展至一汽 – 大众和奥迪品牌全系车型，并将交付周期缩短 30%。

2022 年，一汽 – 大众长春基地将数智化基因全面植入效率、质量、成本等核心业务，打通了数字化"最后一公里"。在工信部举办的"2022 年度国家智能制造示范工厂"评选中，一汽 – 大众成为国家"十四五"首批入选的合资汽车企业之一。

一汽 – 大众一贯严苛的质量管控从过程到手段，也因数字化不断进阶而优化。举个例子，一汽 – 大众佛山分公司已广泛采用在线测量技术，通过在整车下线点配置自动化的光学测量机械手，对用户感知的关键部位开展光学测量。结合强大的数据处理能力，不仅能精确快速识别下线产品的尺寸问题，保障每辆车高品质交付，还能通过数据的自动分析，快速识别上游生产环节的波动，指导生产快速进行优化整改。目前，一汽 – 大众 IT 系统对质量业务的覆盖度已经超过 76%。

2022 年，一汽 – 大众完成 8 款新车上市，进一步提升了产品组合竞争力。其中，旗舰 SUV 车型揽巡进入大五座市场，实现了 SUV 产品细分市场全覆盖。ID.CROZZ 家族仅用 20 个月即实现累计销量突破 10 万辆，成为首家新能源销量达成这一里程碑的合资品牌。奥迪 Q4 e-tron 上市，则拉开了一汽奥迪电动化的大幕。

这一年 10 月 24 日，一汽 – 大众第 2500 万辆整车——一辆揽巡，在长春基地总装车间下线。这时距第 2000 万辆整车下线，仅 2 年零 7 个月。

成立 32 年来，一汽 – 大众已形成五大基地六座工厂布局，最高日产量破万辆，拥有大众、奥迪、捷达 3 大品牌 30 余款车型，且覆盖 A、B、C 级全系列乘用车型。

从成立之初，一汽 – 大众便肩负起领军企业的责任与担当，并于 2014 年率先将企业社会责任上升至战略高度，致力于促进人、车、社会的可持续发展。近些年来，一汽 – 大众每年纳税额约 400 亿元。32 年来，一汽 – 大众实现工业总产值超 3.5 万亿元，上缴税金超 6000 亿元，带动产业上下游创造了近 50 万个工作岗位。

从昔日中国合资企业的"试验田"，到如今新时代下乘用车市场的领导者，一汽 – 大众既见证和参与了中国汽车工业的成长，也有力地推动了中国汽车工业的产业升级。

中国汽车工业协会副总工程师许海东在接受《汽车纵横》采访时，曾用实证性、全方位、系统性、严谨性、带动性五方面详述一汽 – 大众对中国汽车产业的深远影响。

从实证性来看，德国产品高质量在中国人心目中早有基础，捷达的引入证实了这一观点，奥迪在中国则定义了豪华车。

全方位是指一汽 – 大众的发展带动了中国汽车产业的发展，其中包括质量管理、生产线管理、工艺流程、设计开发、供应链管理、零部件验证、4S 店营销模式等。

系统性是指大众将先进的管理模式、培训模式传授给中方，比如供应链上的风险管理，同一个产品对应两到三家供应商就是大众汽车集团带入中国市场的。

严谨性是指德国工程师踏实、严谨的工作态度。

带动性指大众汽车集团带动了博世、大陆、西门子这样的零部件巨头入驻中国，为中国构建完整的汽车产业奠定了基础。

面向未来3000万辆的新目标，一汽－大众整装再出发。

2023年年初，一汽－大众将年度主题词定为"笃行"。其含义为：以确定对抗不确定，做难而正确的事情，坚持以用户为中心和全体系数智化转型升级，加速实现高效益增长，助力一汽－大众在大变革时代"笃行"致远。

一汽丰田二次创业

2023年，一汽丰田成立20周年，这是一汽丰田"十四五"规划的关键之年，也是构建百万能力体系的攻坚之年。

过去20年里，一汽丰田从改造一个"老"工厂起步，从无到有、从有到强，不仅建成集研发、生产、销售、管理于一体的产业集群，还累计完成亚洲狮、亚洲龙等57个车型企划开发，47个车型下线。

从2003年第一代普拉多登场，2004年导入卡罗拉，再到之后的普锐斯、皇冠、皇冠陆放、旗舰轿车亚洲龙、氢能柯斯达……一汽丰田在国内布局的车型，已经涵盖轿车、SUV、MPV等多个领域。

得益于丰富的产品矩阵，一汽丰田累计产销双双突破1000万辆。2022年11月28日，一汽丰田第1000万辆汽车——一辆bZ4X下线，20天后的12月18日，其总销量晋级千万辆，一汽丰田因此成为继南北大众、上汽通用、东风日产和北京现代后，第六家迈入千万俱乐部的合资品牌。

回望一汽丰田发展历程，实现第一个百万辆历时5年，2年又4个月后，于2008年迎来第二个100万辆，此后每一个新百万辆达产时间缩短到1年

10 个月至 1 年之间。

　　每百万辆达成的周期性缩短，印证了一汽丰田稳中求进、厚积薄发的企业实力。特别是最近 10 年，一汽丰田在一系列极端挑战面前，经过艰难调整、改革创新，走出了一条独具特色的发展路径。

　　2012 年前后，由于产品结构、市场环境、中日关系等多重内外因素影响，一汽丰田经历了发展的阵痛期。2013 年，通过全新 RAV4、改款锐志、改款普拉多、全新威驰等车型集中上市，一汽丰田一改此前多年新品匮乏情况，当年实现 56 万辆销量，同比增长 12%。

　　这是一个转折。整体进入复苏节奏后，一汽丰田于 2014 年提出三年构造改革计划，即 2015 年恢复体力、2016 年巩固基盘、2017 年进攻型销售，这三年也被定义为一汽丰田的内部改造期。

　　在年轻化战略、小型车战略、华北战略这三大战略助力下，一汽丰田在三年内完成主力产品全部换代，且连续三年实现销量正增长——从 2015 年的 61.8 万辆，到 2016 年的 65.88 万辆，再到 2017 年的 69.3 万辆，一汽丰田进入良性发展轨道，迎来新一轮快速增长期。

　　2017 年 9 月，在达成 600 万辆下线之际，一汽丰田推出面向下一个三年的全新"安享管家计划"，从客户需求出发，打造全新的人·车·生活全程服务体系。与时俱进打造新车、服务、二手车三部曲，旨在为客户提供全流程、全方位的放心呵护。

　　客户关爱成为一汽丰田下一个三年奋斗期的核心。一汽丰田将其定义为发展调整期，不仅注重量的增长，更注重质的提高，以及体系的良性健康发展。为强化体系力，一汽丰田从 2017 年开始酝酿产销研一体化资源整合，以面对市场的急剧变化和产业转型的挑战。

　　资源整合历经 3 年落地。整合之前，一汽丰田旗下拥有三大整车生产基地、两个发动机生产基地、一个研发中心、一个销售公司和一个物流公司。

这些公司相互独立，导致沟通成本高、运行效率低，无法跟上快速变化的市场需求。

2017 年，天津一汽丰田与四川一汽丰田合并，自此拉开资源整合的序幕。2020 年 4 月 27 日，重组方案出炉，天津一汽丰田成为一汽丰田系的统括企业。其他一汽丰田系的研发、整车及发动机制造企业作为全资子公司纳入旗下，具体包括一汽丰田技术开发有限公司、四川一汽丰田汽车有限公司、长春丰越公司、天津一汽丰田发动机有限公司、一汽丰田（长春）发动机有限公司。

一汽丰田汽车销售有限公司虽在资本上没有变化，但具体业务方面也向天津一汽丰田汇报。如此一来，在产销研一体化组织架构下，一个更高效、更具凝聚力和战斗力的"新一丰"诞生。

同样完成于 2017 年的机制体制改革，给新整合的一汽丰田带来一场自上而下的洗礼。当年 9 月，按照中国一汽"四能"——干部能上能下，薪酬能高能低，员工能进能出，机构能增能减改革要求，一汽丰田打破固化思维模式，重新定岗定编，全员竞聘上岗。

通过这次改革，一汽丰田有 11 名年轻干部脱颖而出，走上高级经理岗位。由于激发了动力、释放了活力，整个经营管理层精神面貌焕然一新。

2018 年，成立 15 周年之际，一汽丰田公布全新品牌口号——"致真至极"，全面推进制造升级、新能源化、智能网联和营销升级四大战略落地。同年 6 月，一汽丰田首款 TNGA（Toyota New Global Architecture）架构车型——奕泽 IZOA 上市，此举标志一汽丰田向 TNGA 架构全面进化。

TNGA 代表"丰田新全球架构"造车理念，是一个涉及研发、设计、生产、采购等全产业链价值的创新体系。它从无到有重塑汽车的基本性能和根本架构，可以实现产品动力性提升 10% 以上，燃油经济性提升 20%，车身刚性提升 30%~65%。

一汽丰田自 2018 年起对原有工厂进行 TNGA 技术改造，截至 2019 年年底，三大基地全部完成了 TNGA 技术升级。

2019 年 3 月 22 日，以一汽丰田 TNGA 新工厂在天津经济技术开发区落成、新旗舰车型亚洲龙下线为标志，一汽丰田开启了二次创业元年。

这是丰田汽车海外首家 TNGA 新工厂，代表丰田全球最先进技术，实现了模块化生产以及多级别车型零件通用化，是丰田汽车对制造、产品、材料等技术创新成果的全面集成和应用。

TNGA 新工厂以零排放为目标，在厂房、设备、工艺、技术等方面均有创新。与普通工厂相比，实现了单辆能耗大幅度降低，水降低 40%，能源降低 15%，VOC（Volatile Organic Compounds，天然气体和挥发性有机化合物）排放量降低 50%。新工厂厂房房顶整体铺设太阳能板，每年减少二氧化碳排放万余吨，是名副其实的绿色工厂。

以 TNGA、新能源、智能网联、移动出行、体系构造改革五大战略为支撑，一汽丰田在 2019 年提出"两阶段、三步走、百万辆、翻一番"飞跃式发展目标。

在 2020 年广州车展上，一汽丰田不仅发布四款全新车型，同时宣布二次创业进入加速阶段——到 2022 年，成为年销百万辆、客户超千万、营业收入过千亿元的汽车企业。

为达成此目标，一汽丰田启动"以用户为中心，数字化为支撑"的企业升级战略，拟从三个方面加速进阶、快速转型：其一，产品层面，计划两年内推出涵盖燃油、混合动力、插电式混合动力、纯电动、氢能源 5 种驱动形式 12 款全新车型；其二，企业层面，融合线上线下业务，加速客户端、渠道端、区域端、本部端这四端数字化转型升级；其三，品牌形象层面，打造有温度、有深度，更年轻、更向上的品牌。

2021 年上海车展，一汽丰田发布"一定四转"数字化转型规划，既定战略、转文化、转组织、转模式和转方法，意在聚焦私域流量的运营和客户生态的构建。

一年后，一汽丰田数智化全面赋能客户端、经销商端、厂家端，实现数字化业务 100% 全覆盖，且持续迭代升级。一汽丰田构建的数字化服务生态，从线索管理、物流管理到生产、销售周计划变更三大系统逐一打通，并在经销商端实现线索引流，加快生产端的订单响应需求，提升销售比例。

为带给用户更便利的数智化体验与服务，一汽丰田还全面打通数智生态，通过超级 App、小程序等平台，实现与用户沟通零距离。通过"一客一群"，随时精准响应用户需求。

与此同时，一汽丰田通过推动皇冠品牌焕新，成为主流合资品牌中为数不多的成功构建高端豪华产品矩阵的汽车制造商。

2022 年 11 月，一汽丰田发布皇冠品牌焕新战略。根据规划，皇冠品牌将集结包括全新皇冠 SportCross、全新皇冠 Sedan、高端 SUV 皇冠陆放，以及高端 MPV 皇冠威尔法等车型在内的产品矩阵，涵盖轿车、跨界车、SUV 和 MPV 等细分市场。

皇冠由一款轿车进化为一个独立豪华品牌，是继雷克萨斯品牌之后，丰田汽车以最高规格重塑品牌形象之举，被外界视作一汽丰田全面推动品牌向上、改写豪华品牌游戏规则的关键一步。

但在全球汽车行业电动化、智能化大变革，以及疫情带来的供应链冲击下，一汽丰田正面临前所未有的挑战。

在 2021 年攀上 84.63 万辆新高峰后，由于芯片供应短缺、疫情导致停工停产严重扰乱了生产节奏，一汽丰田 2022 年冲击年销 100 万辆目标落空，最终以 83.5 万辆销量收官，市场占有率也从 2021 年的 4.2% 下降到 3.9%。

仅 2022 年上半年，一汽丰田因疫情累计减产 18.5 万辆，减产超过 30%。尽管如此，一汽丰田在 2022 年仍然实现整车生产 83.2 万辆，利润同比增长 36.2%，创历史新高。

2023 年伊始，一汽丰田以更快速度在内部展开组织架构变革及干部调整，坚决打好新能源突破、营销强化、收益提升、深化改革四大攻坚战。在战略布局上，混动技术仍是一汽丰田未来技术重点。

5 月 21 日，全新卡罗拉产品上市，该车搭载了丰田第五代智能电混双擎技术。小型化、轻量化、精密化带来高效率电动化，独一无二的行星齿轮技术能实现更迅速的动力响应、更强劲的动力输出、更持续的加速性能，油耗却大幅降低。

智能化技术主张也在全新卡罗拉上得到体现。除第五代智能电混双擎技术外，还包括 T-Pilot 智能驾驶辅助系统、Toyota Connect 智能互联、Toyota Space 智能座舱。

T-Pilot 智能驾驶辅助系统，是丰田汽车在"交通事故零伤亡"终极目标下的最新成果。Toyota Connect 智能互联，为用户提供 365×24 小时全方位车联网服务。Toyota Space 智能座舱，由更懂中国人需求的中国工程师团队研发。

当下是新能源汽车产业的最好时代，汽车企业只有拥抱新能源、拥抱电动化，才能立足当下，决胜未来。在纯电产品领域，一汽丰田也在加大投入和布局。

继 2022 年 10 月 25 日推出首款纯电中型 SUV——bZ4X 后，2023 年 4 月 16 日，一汽丰田 bZ（Beyond Zero）纯电专属系列第二款产品，也是首款纯电轿车 bZ3 面世。bZ3 专为中国用户而来，是站在千万基盘之上的一汽丰田向纯电时代释放的特殊信号，一汽丰田希望将其打造为"纯电卡罗拉"。

这款车至少代表了三重含义：其一，bZ3 是一汽丰田在电动化领域的最新力作，是其面向纯电出行时代交出的新答卷；其二，bZ3 填补了合资汽车企业纯电轿车市场的空白，显示了一汽丰田在电动化领域的技术实力；

其三，bZ3 与 bZ4X 组成一汽丰田纯电轿车和纯电 SUV 双产品布局，成为其逐鹿新能源市场的双先锋。

丰田 bZ 纯电动系列共规划 7 款车型，其中 5 款车型将导入中国市场。除 bZ4X 和 bZ3 外，一汽丰田还将陆续推出纯电跨界轿车和纯电中大型 SUV，逐步完善电动化战略布局。

生产 bZ4X 和 bZ3 的一汽丰田新能源工厂，已于 2022 年年底落成投产。这是一汽丰田第 5 家整车厂，坐落于天津市滨海新区，总投资近 85 亿元，占地面积 197 万平方米，年产能 20 万辆。该工厂也是基于丰田 e-TNGA 架构下全新建成的工厂，搭载了丰田汽车最新的 BEV 平台。

除传统五大工艺外，一汽丰田新能源工厂首次实现在制造工厂内部完成电池包生产与组装，保证产品制造全程品质把控，可同时满足 7 种车型混流生产，能灵活快速应对客户需求及变化。

新技术方面，新能源工厂大量采用智能视觉系统，拥有超过 900 台 AMR（Automatic Mobile Robot，自主移动机器人），实现物流搬运无人化，工程简易化。另外，首次采用丰田专利技术激光螺旋焊接、IX 涂装等先进技术，保证高效高品质的车辆打造。

新能源工厂的建成投产，标志着一汽丰田将进一步深化电动汽车产业布局。在内部，一汽丰田已将传统车和新能源车的营销核心业务进行分离，2023 年年初搭建起一支专业的新能源营销团队，可覆盖 70% 的业务需求。

销售渠道与时俱进。成立 20 年来，一汽丰田不断扩展布局，从一线城市到四五线小镇，目前已开业经销商 760 家，分店 147 家，商圈体验店 6 家，合计网点 913 家。2023 年，一汽丰田优选出 260 家能力较强，且身处主要大市场的经销店，重点拓展新能源业务。同时，在全国培养 300 名 bZ 销售专员，在传统丰田 SSP 销售业务流程基础上，进行新能源销售的强化训练。

根据丰田汽车 QDR（Quality 高品质、Reliability 高可靠性、Durability 高耐久度）全球造车标准，从研发到组装，再到测试，一汽丰田每一款产品都力求精益求精，以为用户打造更高品质、更可靠的产品为使命，这也为一汽丰田在国内用户心中构筑起"开不坏的丰田""一车传三代""车到山前必有路、有路必有丰田车"的良好口碑。

2022 年，在 J. D. Power 公布的"中国车辆可靠性研究（VDS）"主流品牌排名中，一汽丰田以超越平均标准两位数的硬核实力脱颖而出。在中国燃油汽车行业用户满意度指数（CACSI）测评中，一汽丰田再夺合资品牌销售服务满意度和售后服务满意度双料冠军，尤其是售后服务满意度实现了五连冠。

"干好一年，准备两年，谋划五年"，根据一汽丰田面向 2025 发展规划，届时要实现销量 140 万辆、利润挑战 180 亿元，产品线覆盖轿车、SUV、MPV、商用车、新能源车 5 大系列，产品数量达到 22 款。其中，所有在售车型全部推出电动化版本。

从 0 到 1，从 1 到 1000 万辆，展现的是一汽丰田 20 年奋斗史。20 年后，更是一个全新开始。站在千万量级新起点，一汽丰田将抓住中国汽车产业变革的重要关口期，全面进军新能源汽车市场，向全价值链用户运营型企业加速转型，朝着下一个千万辆稳步迈进。

让我们出海吧

中国汽车出口异军突起，成为一道亮丽的风景线。

2012 年，中国汽车出口量首次突破 100 万辆，此后几年，中国汽车出口量一直徘徊在 100 万辆左右。但最近两年，形势发生明显变化。2022 年，我国汽车出口达到 340 万辆，同比增长 55%，首次超过德国，成为全球第二大汽车出口国。而在 2021 年，中国汽车出口突破 200 万辆，达到 201.5 万辆，超越韩国，位居日本和德国之后，成为世界第三大汽车出口国。

中国汽车品牌乘胜追击。据中国汽车工业协会统计，2023 年第一季度，中国汽车出口量达到 107 万辆，同比增长 58.1%，而日本同期汽车出口量为 95 万辆，中国首次超越日本，成为全球汽车出口量最大国家。如果排除不可抗力因素，中国汽车工业协会预测，2023 年中国汽车出口有望达到 400 万辆，届时很有可能超过日本，成为全球最大汽车出口国。

中国一汽也是国际化战略的受益者。新时代 10 年，中国一汽加快海外市场战略布局，在坦桑尼亚、南非、巴基斯坦等国家，先后建成 16 个国际产能合作项目，海外业务覆盖 85 个国家和地区。

值得一提的是，中国一汽南非库哈工厂项目入选中国 2022 "一带一路"企业建设案例。通过深耕 "一带一路"重点市场，红旗品牌先后登陆挪威、阿联酋、沙特等市场，深受当地用户好评。解放品牌在南非、肯尼亚、坦桑尼亚等多个国家和地区的市场，保持行业出口领先地位。

2021 年 9 月，红旗战略车型——纯电动智能 SUV E-HS9 出口挪威。凭借卓越的产品性能和外观设计，红旗 E-HS9 一战成名，2022 年启用终端交付后，仅用半年时间销量便突破千辆，名列挪威大中型豪华 SUV 细分市场前三，成为中国高端民族品牌批量出口欧洲市场的重要里程碑。

挪威第二大电视台 TV2《早安挪威》主持人对红旗 E-HS9 不吝赞美之词："这是那种你随便停在商店外面，都会惹来当地报社报道的车……我认为，'红旗'有一种高格调的感觉，即使你开着它带孩子去幼儿园，都让人觉得需要穿一套正装。"

赵庆玺是奋战在中国一汽海外营销一线 37 年，为出口项目跑遍 100 多个国家和地区的老兵，也是红旗 E-HS9 出口挪威的推动者。他见证了中国汽车出口从无到有、从低端向高端的成长历程："我刚参加工作时，中国汽车只能向发展中国家出口低端产品，赚取外汇，海外高端市场被国际知名品牌占据。当时我就梦想着，有一天能把中国制造的高端汽车卖到欧洲去。"

进军欧洲市场，红旗品牌首先面临严苛的准入标准，以及法律法规、文化差异、市场竞争、品牌认知等挑战。红旗品牌欧洲项目负责人曾帅说："红旗 E-HS9 欧洲版除针对法规标准进行全面改进外，在智慧座舱、云端控车、户外运动等方面也要进行全新系统升级。"

仅用 3 年时间，红旗品牌通过聚焦"一带一路"沿线市场，在欧洲、东南亚和中东三大区域，实现渠道从无到有、从点到面的突破。中国一汽数据显示，截至目前，红旗品牌已在 17 个国家和地区开辟营销渠道，登陆挪威、以色列、阿联酋、沙特阿拉伯等国家和地区的市场，树立了中国品牌开拓海外高端市场标杆。

同样的"旗迹"发生在中东。在这片全球豪华汽车品牌短兵相接之地，红旗品牌以沙特为核心带动周边，先后完成海湾六国渠道全覆盖，多市场联动发力，实现销量翻倍增长。凭借东方美学设计和产品性能，2021 年，红旗 H9 在沙特获创新豪华汽车奖。2022 年，红旗 E-HS9 在卡塔尔获年度电动车奖，红旗 H9 获最具价值豪华车奖。

红旗找回了曾经的荣耀。作为驻外使领馆公务用车，红旗 H9、红旗 HS7 等车型已为 51 个使领馆和地区组织服务，再度树立了红旗国车形象。此外，红旗品牌还多次成为上合峰会、非盟首脑会议、APEC 峰会等重要国际会议用车，其国际知名度和美誉度持续提升。

当仁不让的还有解放品牌。事实上，很多国家对中国汽车的第一印象都是始于解放品牌。

早在 1957 年，解放卡车就代表新中国汽车工业在第二届广交会上获得外商采购订单，3 辆解放卡车驶出国门，实现了中国汽车出口零的突破。1992 年，中国一汽首个海外组装厂——坦桑尼亚工厂的 70 辆解放卡车下线，实现从整车贸易到产能合作的转变，海外生产的解放牌卡车进入人们视野。

近年来，一汽解放加大海外市场力度，取得令人瞩目的业绩。2022 年，解放品牌出口达 2.2 万辆，近 3 年复合增长率达到 90%。

截至目前，解放品牌已出口至东南亚、中亚、非洲、拉美、东欧等地区的 80 个国家和地区，产品涵盖解放 JH6、解放 J6P、悍 V、解放 JK6、解放 J6L 和虎 V 等重、中、轻型车，在南非、墨西哥、坦桑尼亚、肯尼亚、尼日利亚、菲律宾和越南等 14 个国家建有 19 个海外 KD 组装工厂，KD 出口占比超过 60%。

与欧美品牌同台竞技，一直是解放品牌的志愿。要到国际市场闯荡，产品就必须达到欧标。2019 年，一汽解放在第十六次党委会上明确提出：瞄准欧洲，打造有核心竞争力的产品。

干欧标，一汽解放动力总成事业部先行。在 2019 年战略研讨会上，动力总成事业部明确提出，打造欧标发动机产品，奋力"把民族汽车品牌搞上去"。一汽解放动力总成事业部副总经理李欲晓回忆，因为没有经验复制，也没有标准参考，"刚开始时，项目组质保、研发、营销、采购、生产等部门坐下来开会，都在吵架，怎么做？大家意见很不一致"。

项目组用了 30 个月时间，对欧洲品牌匹配的发动机进行全方位调研，范围涉及欧洲法律法规、欧洲相关质量标准等，并从法律法规、产品质量、采购质量、过程质量以及服务质量 5 个方面，逐渐建立了一套欧标发动机质量标准，涉及 36 项标准基线。

据《中国汽车报》报道，3 年内，项目组每月开展 2 次推进会和协调会，先后开展 9 个方面的研究，开展试验近 500 次，产品质量情况跟踪里程数加起来达到 9.28 亿公里……3 年来，项目组对技术、零部件、质控方法、服务全面升级，成功实现了欧标目标——可靠性 12MIS（反应零件耐久性失效模式率，12 个月故障率）为 100，"三漏" B10 寿命达 50 万公里，填补了多项国内空白。

2021 年，解放动力奥威 13 升发动机通过欧 VI-e 认证，成为国内第一家拿到欧盟认证证书的发动机企业，干欧标在两年内达成目标。不仅目标达成，一汽解放动力总成事业部还是第一家瞄准欧标的发动机企业，经此一战，其通过实践构建起企业 know-how，也就是事业部的核心竞争力。

2023 年年初，数百辆解放 J7 牵引车整齐有序地集结在口岸，准备交付海外用户。此举标志解放高端重卡已赢得海外市场认可，一汽解放正在加速驶向世界一流新征程。

奔腾出海也迈出关键性一步。2023 年 3 月，117 辆奔腾 NAT 从连云港启航，发往墨西哥，这是奔腾 NAT 首次批量出口拉美地区。而在 2022 年，奔腾 NAT 就已在墨西哥、多米尼加、巴西、哥斯达黎加等拉美主要国家，完成样车测试和小批量出口及产品认证。

汽车产业是衡量一个国家制造业综合实力的重要指标。党的二十大报告提出，加快构建新发展格局，着力推动高质量发展，并对加快建设制造强国、贸易强国，推动共建"一带一路"高质量发展等提出明确要求，为汽车产业未来发展描绘了宏伟蓝图。

在中国一汽版图上，出海是 2023 年四大攻坚战之一。海外业务加速突破，全年目标实现整车出口 8.6 万辆，同比增长 141%，出口原则是"人才、体系、合作伙伴先行"和"先贸易后投资"。

数据显示，截至 2 月末，中国一汽前两个月出口目标均已超额达成。其中，2 月出口 5129 辆，同比增长 159%。

"红旗"是中国一汽出海战略先锋。2023 年，红旗品牌将开拓海外高端市场作为重大战略选择和重要战略任务。其目标是，到 2025 年，在海外建成超过 700 家红旗体验空间、超过 1000 家服务网络和 60 万个补能终端，实现海外销量占总销量比例超过 10%。2025 年海外销量同比 2022 年增长 20 倍。2030 年实现海外销量占总销量比例达 25%。

在出海物流方面，中国一汽也迎来利好。

2023 年 5 月 4 日，海关总署发布公告称，为落实国家振兴东北老工业基地的战略部署，促进利用境外港口开展内贸货物跨境运输合作，同意在原有吉林省内贸货物跨境运输业务范围的基础上，增加俄罗斯符拉迪沃斯托克港（海参崴港）为内贸货物跨境运输中转口岸，增加浙江省舟山甬舟集装箱码头和嘉兴乍浦港 2 个港口为内贸货物跨境运输入境口岸。公告自 2023 年 6 月 1 日起实施。

也就是说，未来借助海参崴港，中国一汽出口车辆可以直接导入海运系统，而不必再受制于丹东港与大连港的吞吐能力，同时还将极大地节省运输成本和时间。

对于东北老工业基地，除海运外，长春家门口发车的中欧班列也已成为汽车出口的重要通道，它可直通欧洲，售卖全球。2023 年 2 月，一列载着 110 辆红旗 E-HS9 的中欧班列从长春新区国际港务区出发，25 天后，这些新能源车将到达欧洲腹地，比海运提早近一个月，极大地缩短企业订单的交付周期。

成为先锋

党的二十大报告提出，"科技是第一生产力，人才是第一资源，创新是第一动力""全面提高人才自主培养质量，着力造就拔尖创新人才，聚天下英才而用之"。在中国汽车产业正由汽车大国向汽车强国迈进的关键时期，对战略领军人物，对一流科技人才，对优秀管理人才等各类人才的需求，比以往任何时候都更加迫切。

在 70 年发展历程中，中国一汽坚持党管人才原则，做到选有标准、育有模式、用有平台、管有方法、留有政策，坚持人才强企战略。为此，中国一汽主要实施了三个战略。

一是发布中国一汽"擎·才"人才战略，构建"百、千、万"级科技创新人才梯队，集聚 100 名以上汽车行业战略领军人才、1000 名一流顶尖人才和 1 万名卓越工程师人才，着力培养造就"数量翻番、能力过硬、成果倍增"的创新主力军。

二是探索多元化人才引进模式。实施"探针计划"，猎取高精尖人才 1600 余名，储备"新、智、软、材、化、数"专业学生 1900 余人。以"中国一汽 H 计划"为载体，引进海外高层次人才 7 人；借助"1+12+X"高地建设，打造"旗才共通、旗智共用、旗创共享"人才共通共用机制。

三是实施高层次科技人才培养。采取"训+战"结合、联合创建红旗学院、大力推进产学研深度融合、工程硕博士联合培养等方式，加速人才成长和梯队建设。

数字显示，自 2012 年以来，中国一汽共引进各类人才 25787 人，提拔使用干部 667 人，任用首席级及以上专业人才 37 人，首席技能大师 17 人。培养造就了一支规模宏大、结构合理、敢打硬仗、能打胜仗的人才队伍。

中国一汽之所以能集聚数以万计的优秀创新人才，得益于对技术创新的持续投入，得益于对技术人才的充分授权和高度重视，得益于以红旗和解放为标杆的自主事业舞台，更得益于为技术研发人才提供的良好环境。

人才背后是企业精神和企业文化的支撑。

2022 年 1 月 14 日，中国一汽发布先锋文化"FAWS17"。其中，"FAW"代表中国第一汽车集团有限公司；"S"代表精神文化；"1"代表一个文化定位，即中国一汽先锋文化；"7"代表先锋文化的7个支柱，即使命、愿景、价值观、企业精神、经营管理基本准则、形象用语、企业标识（品牌标志）。

中国一汽的使命是掌控关键核心技术、树立民族汽车品牌、强大中国汽车产业、开创新时代汽车产业创新发展的新道路，愿景是建美妙出行美好生活、打造世界一流汽车企业、成为汽车产业的时代先锋。

受先锋文化感召，先锋人物竞相涌现。2021年，中国一汽研发总院党委被授予"全国先进基层党组织"荣誉称号。研发总院杨永修、一汽解放冯斌获得"全国五一劳动奖章"。红旗长青工厂制造部总装车间底盘工段底盘一乙班获"全国工人先锋号"称号。24个集体和个人受到上级"两优一先"表彰。

2022年，杨永修荣获第26届"中国青年五四奖章"，王智获"全国五一劳动奖章"。一汽铸造二厂砂芯车间芯库组、一汽-大众长春生产整车制造一部焊装一车间Audi Q5L区域侧围外板班组2个班组获"全国工人先锋号"称号。

先锋文化发布一个月后，2月15日，中国一汽发布先锋党建品牌，部署"16177"先锋党建计划。中国一汽强调，各级党组织要坚决以先锋党建品牌为统领，以奋发有为的精神状态，以时代先锋的激情豪情，奋力开创中国一汽高质量党建新局面，引领保障中国一汽实现高质量发展，开创新时代中国汽车产业转型发展新道路。

"16177"先锋党建计划中，第一个"1"指锚定一个工作目标，即打造引领保障实现世界一流汽车企业的央企先锋党建。"6"指树牢六大工作思维，分别为政治思维、系统思维、创新思维、群众思维、底线思维、数智思维。第二个"1"指绘制一张数智党建导图。第一个"7"指提升七项核心能力，分别为政治力、吸引力、战斗力、创新力、成长力、关怀力、廉洁力。第二个"7"指夯实七大保障体系，分别为组织领导体系、党建责任体系、制度标准体系、数据指标体系、工作循环体系、考核评价体系、监督保证体系。

党建工作与经营工作同频共振，才能奏出最美的乐章。中国一汽把加强党建融入企业战略制定落地、年度目标任务达成、难点问题攻坚、"四能"改革深化、一流队伍建设和依法合规经营等领域。

人才，还是人才

企业与员工是事业与命运的共同体。中国一汽的改革创新，凝聚着所有员工干事创业的精神。与此同时，中国一汽也不断为员工搭建成长与实现价值的平台，将对员工的关爱体现在职业发展、培养培训、薪酬福利等具体举措中。

为适应产业变革和企业高质量发展要求，中国一汽组建了一汽大学堂，开办 e 汽学，开设更多高水平课程，成立劳模工作室等，为全员提升能力创造条件。

在培训机制上，中国一汽开展"5/6 点"工程，即下午 5 点和周六进行培训，补短板、强专业、上水平。培训机制针对不同岗位人员设置不同课程，领导干部全年必须完成学习 110 学时、授课 40 学时硬任务，全员必须做到应知尽知、应会尽会，而且逢训必考、逢考必闭、认证上岗，打造学习型和进取型组织。

中国一汽高度重视干部梯队建设。通过"双星"（希望之星和成长之星）培育工程，每年选拔百名有信仰、有能力、有潜力的优秀年轻干部，配置到高一格岗位历练，开展伴随式日常考核、期满考核。对工作中表现优秀的其他后备干部大胆提拔使用，充分调动后备干部积极性。

通过"双星"岗位锻炼，在规划业务、搭建体系、培养团队上得到实践，年轻干部管理能力得到大幅提升，快速适应新岗位要求。

中国一汽还通过竞标揭榜、竞聘上岗、代理负责制等方式，破除论资排辈、平衡照顾、求全责备老旧观念，鼓励优秀年轻干部大胆尝试，做到不唯资历唯能力、真有能力真有位。截至目前，已有200多人进入"双星"培育工程。近5年来，中国一汽高级经理平均年龄下降近5岁。

刘帅是质量保证领域刚走上总监岗位的一名年轻高级经理，他从生产一线工艺员干起，经过努力，2021年被选为"双星"工程中的希望之星，配置到总监助理岗位进行锻炼，他很快就脱颖而出，成长为一名高级经理。类似这样的案例不胜枚举。

为激发人才潜力，中国一汽通过实施揭榜挂帅制、项目CEO制等多元化激励，充分授权、放权，锻炼项目负责人用全局视角思考业务规划、关键指标达成路径，实现人才在项目中成长。同时，将奖金挂钩产品项目周期，实施荣誉＋物质双激励，促进企业内生动力。

张红宇是中国一汽研发总院造型设计领域的一名专家，通过项目担纲，他快速成长为一个综合性管理人才。作为项目负责人，张红宇主动承担集团级4个新车型造型项目，保证27个节点均按时交付，实现达成创意设计能力提升16%、自制率提升10%、成本降低18%，团队薪酬收入较以往增长18%。

中国一汽特别是"红旗"事业高质量跃迁式发展，其广阔的事业平台和灵活的引才机制，吸纳了一大批创新人才。

一汽（南京）科技开发有限公司首席科学家陈光是中国一汽从海外引进的人工智能领域资深专家。在海外工作期间，他被一则"汽车产业国家队成立人工智能研发中心"的消息所吸引，能有机会将自己的研发成果转化应用到红旗品牌上，他认为"投身民族汽车产业，建功立业恰逢其时"。

加盟中国一汽后，陈光最大的感受是"企业对技术研发人才的尊重和重视"。他有了自己的专属团队，通过重大项目进行人工智能领域技术攻关，创下多项国内第一。他还组建了国内智能驾驶技术团队、构建全栈自研红旗智能驾驶软件平台，参与到国内首创的车规可量产 L4 级智驾方案中。

中国一汽专门面向专业技术人才搭建 6 级职业发展通道，为热衷科研事业的技术型人才提供路径，最高可成长为首席科学家，薪酬待遇与同层级领导干部相同。

中国一汽坚持构建人才关怀生态，为高端人才设置三级管理服务专员，提供管家化贴心服务。截至 2022 年，已有 3000 余人享受个税返还政策、300 余人次享受子女入学政策、近百人享受吉林省就医和出行政策，真正做到"想人才之所想，急人才之所急，解人才之所忧"。

根与魂

坚持党的领导，加强党的建设，是国有企业的根和魂，是做强做优做大国有资本和国有企业的根本保证和力量所在。

中国一汽严格落实"第一议题"制度，坚决把贯彻落实习近平总书记重要讲话精神和党中央重大决策部署作为首要政治任务。践行中国一汽先锋文化，深化先锋党建品牌建设，为中国一汽的中国式现代化和高质量发展提供坚强保证。

近年来，中国一汽研发总院党委开展"一支部一品牌""党员领航攻关""全员创新创效"等行动，制定担当多一点、攻关高一格、成长快一步党员标准，强力激活党员内生动能。通过建立自检、点检、督导、定期报告循环工作机制，确保各项任务落地落实。其间，累计立项攻关 2800 余项，投放整车产品 35 款，198 项关键核心技术取得突破，多项成果打破国外技术垄断。2021 年，中国一汽研发总院党委获全国"先进基层党组织"

荣誉称号。

在中国一汽，党建引领、党员先行做表率的例子每天都在发生。勇敢试、大胆做、走在前的党员也数不胜数。到处都有好榜样，人人都有值得效仿之处。

2020 年 6 月，距离红旗 E-HS9 上市还剩 3 个月，这时却出现了一个极其偶发的故障——它只在炎热环境或者汽车持续加速的情况下会极小概率发生。负责电机电驱动研究的王斯博想起当时情景仍心有余悸。关键时刻，研究所组织成立一支党员攻关队，轮番到海南采集数据。

王斯博带着团队，连续 20 多天在高温高压环境中，不间断地跟车试验、采集数据、实时分析，最终解决了突发问题。当时正值厂庆假期，"党员们冲在一线，舍弃了和家人团聚的机会，每天高强度工作到深夜，保障了新车型如期上市。"

"大国工匠"杨永修获得"中国青年五四奖章""全国五一劳动奖章""全国青年岗位能手"等 40 余项荣誉。他独创的"三步操作调试法"可提升效率 70% 以上，累计攻克超硬材料加工等 130 多项技术难题，获得技术专利 18 项，节约创造价值千万余元。

作为劳模创新工作室带头人，杨永修做事没有"含糊"二字。以红旗汽车发动机缸体加工为例，虽然允许公差范围 0~0.02 毫米，但他和团队硬是凭着一股钻劲儿，把误差控制在 0.015 毫米以内。0.015 毫米相当于一根头发丝直径的 1/5。杨永修说："中国一汽研发人员的工作目标不是合格，而是力求完美。"

在 2022 年疫情防控的关键时期，中国一汽有 682 个党员突击队冲锋在前，党组织和党员战斗力在大战大考中得到充分检验，党旗在疫情防控和复工复产一线飘扬。

2019—2021 年，中国一汽党委连续三年获评国务院国资委党建考核 A

级评价。

2021 年 7 月 1 日，在中国共产党成立 100 周年之际，千名新党员入党宣誓仪式在中国一汽 5 大生产基地、13 座城市、100 个会场通过视频连线方式同步举行。中国一汽万名党员重温入党誓词，全体员工奋斗奋进的创业激情被点燃。

中国一汽发布先锋文化理念后，以先锋党建引领品牌跃迁，构建形成"1+1+100"党建品牌矩阵，让党旗在中国一汽向世界进军的赛道上高扬。党的二十大精神，更是激励着中国一汽人加速前行。

另一个中国一汽

发展不忘社会责任，前进不负企业担当。当第一锹热土洒向"第一汽车制造厂奠基纪念"汉白玉基石，责任、使命与担当，便一同被深埋进共和国汽车工业"长子"的心底。

半个多世纪前，"三丁抽一""包建二汽"是那个时代跨越半个金鸡版图的家国情怀，也是中国一汽对社会责任极具代表性的解读与行动。70 年前行历程中，中国一汽不断为责任作出新注解。

新时代 10 年，中国一汽坚决贯彻落实党中央、国务院决策部署，将定点帮扶工作提升到"两个维护"高度，聚焦全面建成小康社会，积极履行国资央企社会责任，深入贫困地区持续推进精准扶贫，为经济社会可持续、高质量发展作出了应有的贡献。

2017 年 9 月 21 日，中国一汽设立"红旗扶贫梦想基金"，帮助更多贫困地区的孩子实现梦想。

2018 年 1 月 8 日，中国一汽在红旗品牌战略发布会上承诺，未来 3 年，红旗品牌将投入 1.5 亿元，帮助贫困地区青少年实现学子梦想。

2018 年 4 月 12 日，中国一汽携手中国扶贫基金会、中国扶贫开发协会、中国少年儿童文化艺术基金会，在中央红军长征出发地——江西省于都县，启动"高举红旗，精准扶贫，走好新时代长征路"大型教育扶贫项目，在长征沿线 105 个国家级贫困县开展教育扶贫活动。

2020 年，疫情发生后，中国一汽响应党中央号召，驰援全国，迅速决策捐赠防疫资金 8100 万元，紧急组建应急出行服务车队，投放车辆 500 余辆，免费为医护人员等提供出行保障 40 余万次。扩大应届大学生招聘数量，增加项目资金投入，缓解上下游合作伙伴资金压力。

2022 年，面对新一轮疫情，中国一汽贯彻党中央疫情要防住、经济要稳住、发展要安全的明确要求，捐款 8000 万元支持地方疫情防控，第一时间实现企业复工复产，出台中小企业纾困政策，实施商用车消费贷款延期、小微企业房租减免、供应商加速付款、经销商提速返利等举措，助力用户和产业链企业渡过难关、恢复发展，全力以赴为稳增长做出央企贡献。

在确保企业持续健康发展的同时，中国一汽将碳达峰、碳中和目标愿景贯穿到生产经营全过程中，坚持先立后破，有计划分步骤地实施碳达峰行动。着力构建绿色制造体系，提高资源能源利用效率，推动数字化、智能化、绿色化融合，积极稳妥推进碳达峰各项任务，统筹推动企业绿色低碳转型。

"造血式"扶贫

扶贫扶长远，长远看产业，如何脱贫攻坚、助力乡村振兴？这就需要支援项目不仅要眼下效果好，还要可造血可持续。

聚焦全面建成小康社会，中国一汽坚定地扛起脱贫攻坚重大政治责任，以文化扶贫、基建扶贫、产业扶贫、教育扶贫、消费扶贫等"造血式"扶贫，促进帮扶地区精准脱贫。

2022 年，中国一汽充分结合帮扶地区自然资源、产业基础和发展需要，以生态产业赋能，帮扶地区振兴发展，促进农业增效、农村发展、农民增收。在收获经济效益的同时，保护和改善生态环境，守护绿水青山。

在吉林省白城市镇赉县，中国一汽充分利用当地广袤的草原资源，投入 1500 万元，创新实施肉牛养殖产业扶贫基地建设项目，支持当地畜牧产业发展，帮助改善人居环境。项目分两期建设，总建筑面积 50500 余平方米，预计年产值 7200 万元。

此项目中，有 13871 名建档立卡贫困人口从中获益，"寄母还犊"养殖扶贫项目带动当地经济发展效果明显。

从 2018 年到 2021 年，中国一汽与当地政府密切合作，采取政府＋企业＋合作联社＋合作社＋贫困户运行模式，持续推进镇赉县肉牛产业发展，将资源优势转化为产业优势，探索可造血、可复制、可持续的长效产业扶贫模式。

中国一汽在吉林省延边朝鲜族自治州和龙市南坪镇柳洞村建设金达莱一汽小镇，培育特色旅游。曾经的吉林省东部高寒连片特困地区，如今凭借金达莱一汽小镇，入选 2020 年中国美丽乡村，成为乡村振兴可复制的典型。

在广西河池市凤山县，中国一汽投入 173 万元支持乔音乡文里村桑蚕养殖基地项目，建设标准化蚕房等基础设施，购置机械化养殖器具，以科学化、标准化养殖实现带动示范作用。

2022 年 8 月，第一座 600 平方米大蚕房竣工，随即投入使用，当年即产生效益。文里村党支部书记祁家明算了一笔账：通过桑蚕基地建设，每年可得 3 万斤蚕茧，实现 90 万元收入，创造十几个工作岗位，村集体和村民收入显著提高。

目前，文里村的桑蚕项目已成为凤山县产业样板，有效地促进了当地群众增收。

随着一个个项目步入正轨，乡亲无须再背井离乡，在当地就能找到赚钱、顾家两不误的就业机会。与此同时，为帮助这些产品打开销路，中国一汽开展消费帮扶行动，组织好产销对接，通过线上带货、线下展销等多渠道解决农产品难卖问题，让群众尝到增收甜头，增强生产劲头。

在打造产业帮扶的同时，中国一汽还推进一系列人才培养计划。通过开展职业教育、基础教育、干部赋能培训、创业就业支持等行动，助力乡村人才多层次、立体化发展，为乡村振兴提供引擎。

2021年，中国一汽结合企业优势，在吉林镇赉县、吉林和龙市、广西凤山县、陕西延安市等地建设汽车实训基地，通过深化产教融合、校企合作，着力提升当地职业院校基础能力和办学质量，培养汽车领域专业技能人才。

中国一汽还结合企业用工需求，与当地职业院校签订定向培养、定向招工协议，2021年共吸纳国家级脱贫县学生300余名，做到就业一人、致富一家。

自2002年开始承接定点帮扶、对口支援工作任务以来，中国一汽已先后帮扶西藏左贡县、吉林镇赉县、广西凤山县、吉林和龙市、西藏芒康县。

20年来，中国一汽派出挂职干部43名，累计投入帮扶资金16.9亿元，在基础设施建设、产业发展、教育医疗等领域，开展帮扶项目460余个，超10万名建档立卡贫困群众从中受益。至2020年5月，中国一汽帮扶的5个县全部提前实现脱贫摘帽，圆满完成脱贫攻坚任务。

2022年，中国一汽严格落实"四个不摘"——摘帽不摘责任、摘帽不摘政策、摘帽不摘帮扶、摘帽不摘监管要求，保持主要政策稳定和帮扶力度不减，加大对乡村振兴重点县的支持力度，聚焦乡村产业振兴、人才振兴、文化振兴、生态振兴、组织振兴，持续助力帮扶地区振兴发展。

与此同时，中国一汽持续完善责任管理，建立自上而下的社会责任组织机制。中国一汽党委常委会统筹指导，归口部门及专人具体执行，推动社会责任工作发展。

2022 年，中国一汽完善组织机构，成立营销创新院（品牌公关部），下设社会责任部，统筹集团定点帮扶、对口支援和社会公益工作。

他们更新发布《对外捐赠管理规定》《定点帮扶及对口支援管理规定》《社会责任管理规定》及相应工作流程，提升管理能力和水平。

他们与帮扶地区纪委、监察部门建立联合监督机制，对帮扶资金、项目执行、挂职干部作风等情况进行监督。

他们实现对定点帮扶、公益项目的审计全覆盖，深入帮扶地区开展现场核查，提升针对性和有效性，全方位保障帮扶工作合规开展。

截至目前，中国一汽已连续 5 年获得中央单位定点帮扶工作成效考核"好"的评定，被党中央、国务院授予"全国脱贫攻坚先进集体"荣誉称号。

公益在行动

教育是激发内生发展动力的根本力量，也是乡村振兴的重要部分。中国一汽把阻断贫困代际传递、激发贫困地区内生动力，作为打赢脱贫攻坚战的重要突破口。

广西凤山县只有一所高级中学，在校学生 4000 人，大大超出规划办学规模的 2400 人。"十四五"期间，凤山县每年初中毕业生将达到 4000 人左右，普通高中在校生将达到 8000~10000 人，供需矛盾突出。为此，中国一汽投入 900 万元支持第二高级中学建设，有效缓解当地高中阶段教学资源紧缺、教学条件差的难题，让学生在家门口即可享受良好教育。

除在帮扶地区建立希望小学外，2017 年，中国一汽设立总额 1.5 亿元的"红旗扶贫梦想基金"，发起"高举红旗，精准扶贫，走好新时代长征路"

项目，专项帮扶革命老区教育事业发展，以基础教育筑牢民族复兴之基。

从 2018 年开始，中国一汽以红军长征行进路线为主线，推进教育公益项目。2021 年 10 月，"红旗梦想智慧图书馆"在西柏坡、遵义、延安等革命老区小学揭牌启用。中国一汽从信息化和数字化上改善教学条件，助力优质教育资源共享，促进学子德智体美劳全面发展。

作为"红旗扶贫梦想基金"的代表性落地项目，中国一汽大力推进"红旗梦想自强班"，帮助建档立卡贫困家庭学子实现求学梦。再比如，组织自强班优秀毕业生走进中国一汽社会实践活动，参观"红旗"展馆和工厂，近距离感受红旗品牌的发展历程。对学生开展爱国主义教育，开阔其视野，锻炼其能力。

截至 2022 年，红旗品牌在脱贫地区共开设 251 个"红旗梦想自强班"，助力 12575 名梦想青年奔向理想生活，树立了知识改变命运的当代典范。

中国一汽还建立了 15 所"红旗梦想智慧学校"，于 2022 年将其升级为"红旗梦想智慧领航计划"。引入名师资源与脱贫地区高中教师开展教研交流，推动脱贫地区教育软实力提升，以实际行动帮助改善乡村教学环境和水平，助力乡村教育振兴。

截至 2022 年，中国一汽在基础教育领域累计投入资金超过 1.4 亿元。

中国一汽还投入 1500 万元，帮助红旗品牌开展"星·梦计划"孤独症生命全程关爱项目，守护"星星的孩子"。启动"红旗宝贝回家"项目，促成千余个家庭团圆。

2023 年 4 月 2 日，第 16 个"世界孤独症日"，"不再独自闪烁"红旗孤独症康复训练营，在海口市中国残疾人福利基金会孤独症儿童（南方）康复基地开营。这些在南方基地康复的孩子们有了巨大进步——17 名孩子进入普幼、15 名孩子进入普小，他们较好地融入了社会。曾参加过红旗康复训练营的孤独症儿童，为在场嘉宾表演钢琴演奏、歌曲演唱等节目。

在此之前，中国一汽已支持开展 3 期训练营，共资助 60 余名"星儿"参加训练，已有多人回归社会。

自 2014 年起，中国一汽联合中国残疾人福利基金会在孤独症帮扶领域开展合作，累计投入 2500 万元，资助 900 余人次和十余家科研单位及机构，在小龄孤独症儿童康复、大龄孤独症职业技能培训、孤独症血液 DNA 研究等方面提供支持。

作为"国车长子"，一汽解放也始终牢记汽车强国、产业报国的初心使命。一汽解放将公益事业融入企业经营发展和战略规划中，承诺每卖出一辆解放卡车，就拿出 10 元钱投入公益事业。

依托"解放爱领航"公益品牌，一汽解放通过多元化公益项目，大力推动卡友帮扶、助力乡村振兴、支持教育事业、倡导节能环保、开展弱群关怀、支持疫情防控和灾害救助。

2019 年，一汽解放率先发起"暖心护航计划"。当卡友遇到货车运输、装卸货以及救援过程中的意外情况，"暖心护航计划"将帮助卡友降低损失，渡过难关。3 年来，"暖心护航计划"共帮助困难卡友家庭 1654 个，惠及超百万人，累计动用护航基金达 950 万元。

一汽奔腾也在行动。2019 年 3 月，一汽奔腾发布"奔腾绿动"公益品牌，携手内蒙古阿拉善 SEE 基金会保护生态环境，为品牌注入绿色基因。一汽奔腾"让爱回家 温暖你我"公益活动，通过持续扩散失踪儿童信息，为寻亲之路增添一份希望。

一汽－大众联合多家机构发起"爱佑·一汽－大众奥迪上海宝贝之家""中国新未来行动"等儿童关爱项目，关注儿童成长。他们开展了"迈向生态文明 向环保先锋致敬"环保公益资助计划，助力生态文明建设。一汽丰田紧紧围绕环境保护、交通安全、人才育成、社会救助四大领域，争做负责任企业公民。

中国一汽还将公益实践延伸到海外。比如在南非，支持当地开展教育、医疗、防疫等工作；再比如在沙特和柬埔寨，开展关爱自闭症儿童、关注女性权益等活动，用中国品牌向世界诠释开放诚信共赢的中国形象。

未来势不可当

2020年，中国向世界承诺，2030年前实现"碳达峰"，2060年前实现"碳中和"目标。这是负责任的大国担当，也是中国汽车企业转型的机遇与责任。

在"双碳"目标驱动下，作为能源依赖性强、工业支撑作用明显的汽车产业，亟须走出一条绿色可持续变革之路。

中国一汽作为汽车行业排头兵，在汽车生产制造过程中，对每个工厂、每个工艺环节进行全面排查，积极寻求碳达峰、碳中和的创新技术和管理措施，制定出制造领域的四大降碳策略——低碳技术、效率提升、清洁能源和过程协同。

这四大降碳策略之下，中国一汽从能源入口、能源使用、能源管理三个维度，识别出12类34项低碳技术，累计可降低全价值链碳排放56万吨。2021年，中国一汽应用节能技术开展碳排放治理项目13项，已实现降低二氧化碳排放5万吨/年。

以红旗新能源汽车生产基地——繁荣工厂为例，工厂从再生能源使用、环保工艺应用及污染末端治理等环节入手，实现厂区内全生命周期节能降碳。繁荣工厂厂房屋顶采用光伏发电技术，每年可节约电费100多万元。工厂压缩机热能转化率为85%，可供应全厂的淋浴用水，借助雨水收集系统每年可节省用水上万吨。

通过运用干式漆雾过滤装置，繁荣工厂可将空气中的杂质过滤到0.1毫克/立方米以下，并再次送入空调系统循环利用，使能耗降低 50%。配备沸石转轮 +RTO 焚烧处理装置，厂内 VOC 去除率达 99%，热能回收利用率达 95%。而集成光伏发电和梯次电池技术的应用，每年能节约标准煤 9.4 万吨，减排二氧化碳 23.7 万吨、二氧化硫 864 吨。

一汽 - 大众已在五大基地加速布局一系列绿色减碳项目。各基地污水站均已实施 RO 深度处理，实现对废水的循环再利用。一汽 - 大众还在条件允许的基地布局建设光伏项目，预计未来清洁能源发电量每年可达 7800 万度，减少碳排放约 6.24 万吨。

2022 年年底，中国一汽发布碳达峰行动方案，按照碳排放统计核算相关模型，测算中长期碳排放变化趋势，设定 2028 年为碳达峰年，明确分阶段减排目标。

"十四五"期间，能源结构调整优化取得明显进展，能源资源利用效率持续提高，以新能源为主体的新型电力系统加快构建，绿色低碳技术研发和推广应用取得新进展，绿色生产生活方式得到普遍推行，有利于绿色低碳循环发展的管理体系进一步完善。

"十五五"期间，能源结构调整优化将取得更大进展，重点制造领域低碳发展模式基本形成，清洁低碳安全高效的能源体系初步建立。非化石能源消费占比进一步提高，绿色低碳技术取得关键突破，绿色低碳循环发展管理体系基本健全。

碳排放强度将持续下降。2025 年万元产值二氧化碳排放较 2020 年下降 20%，2028 年万元产值二氧化碳排放较 2020 年下降 27%，2030 年万元产值二氧化碳排放较 2020 年下降 32%。

能源效率将稳步提升。2025 年万元产值综合能耗较 2020 年下降 18%，2028 年万元产值综合能耗较 2020 年下降 22.8%，2030 年万元产值综合能耗较 2020 年下降 26%。

同时，一汽－大众战略性新兴产业营收比重也将进一步提高。到 2025 年战略性新兴产业营收比重占比将达到 35%。在能源消费上，2025 年非化石能源消费比重将达到 17.7%，2028 年非化石能源消费比重将达到 19%，2030 年非化石能源消费比重达到 20%。

中国一汽将围绕 5 大路径——产品电动化、生产低碳化、能源绿色化、供应链可持续管理和回收、绿色金融与投资，聚焦 7 大领域——总体规划、产品管理、技术管理、工程管理、能源管理、供应管理、生态管理，来推进节能降碳工作。

到 2028 年，中国一汽将重点完成碳达峰 11 项重点任务和 5 项重大工程。

11 项重点任务包括：

任务一：产业结构和布局优化。 以绿色工厂、绿色产品、绿色园区、绿色供应链为重点，着力构建高效、清洁、低碳、循环的绿色制造体系；淘汰落后产能，加大绿色低碳投资；构建从基础原材料到终端消费品全链条的绿色产品供给体系，运用绿色设计方法与工具，开发推广高性能、高质量、轻量化、低碳环保车型。到 2025 年，中国一汽新能源汽车销量将超 100 万辆（全集团占比达 25%）。

任务二：能源绿色低碳转型。 大力推进非化石能源应用。以光伏发电为切入点，大力推进风能、生物质能、太阳能等多能并举，推动非化石能源消费比重提升（到 2028 年，绿电年应用约 14 亿度，工厂光伏电站建设规模约 300 兆瓦）。加强储能系统建设。到 2030 年，建成 100 兆瓦时梯次储能利用试点；提高化石能源清洁高效利用水平；推进煤炭消费减量替代，有序推动燃煤机组改燃关停，逐步实现由煤炭向天然气、生物质等低碳能源转型。

任务三：资源节约和高效利用。 包括全面提升节能管理能力、开展节能降碳技术改造、提升重点用能设备能效、积极推动工业废水资源化利用。

任务四：绿色低碳基础设施建设。包括新建厂房采用绿色低碳建材及绿色建造方式；推动实施既有建筑能效提升改造；协助地方推进公共交通服务体系建设，创新"车电分离""电池银行"等商业模式，优化新能源汽车运行环境。

任务五：绿色低碳循环化改造。持续开展循环化改造，优化厂房空间布局，促进产业循环连接，加强污染集中治理；促进废物综合利用；落实生产者责任延伸制度，探索建立逆向物流回收体系，实施废钢铁、废有色金属、废纸、废塑料、废旧轮胎等再生资源回收利用，促进钢铁、铜、铝、铅、锌、镍、钴、锂、钨等高效再生循环利用。

任务六：数字化智能化提升。深入实施智能制造，加快人工智能、物联网、云计算、数字孪生、区块链等新一代信息技术在绿色制造领域的应用，提高绿色转型发展效率和收益；建立数智化碳管理体系，加强信息技术在能源消费、碳排放等领域的开发部署，推动重点用能设备上云上平台。

任务七：绿色低碳科技创新。大力推行绿色设计，强化全生命周期碳排放控制理念，全方位全过程推行汽车产品的低碳设计，运用新材料、新工艺促进低碳技术的产品化应用；开展绿色设计评价，加强产品碳排放核算研究，开展产品碳足迹核算；加强低碳前沿技术研发，围绕新能源、智能网联、新材料等关键技术领域，持续提升低碳技术研发资源投入。

任务八：绿色低碳供应链管理。加强绿色准入管理，将环境管理体系认证作为引入供应商的基本资质要求，建立健全绿色供应链管理机制；鼓励供应商打造绿色供应链，倡导供应商生产绿色产品，创建绿色工厂，打造绿色制造工艺、推行绿色包装、开展绿色运输、做好废弃产品回收处理。

任务九：碳汇能力巩固提升。深入学习研究国家碳排放抵消机制相关政策，积极探索碳汇开发的可行途径；加强碳汇研究和储备，紧密跟踪国家碳市场及 CCER（国家核证自愿减排量）政策动向。

任务十：绿色低碳能力建设。完善企业能源管理系统建设，推进节能管理智能化，建立集团能源智慧管理中心，到 2028 年，基本实现重点用能单位的能源平台联网搭建；强化碳排放核查能力建设，构建碳指标管控体系，创新人才培养模式，从新能源、储能、氢能、碳减排、碳汇、碳排放权交易等方面多元化培养；

任务十一：国际绿色技术和经贸合作。聚焦"一带一路"核心市场，大力发展高质量、高附加值绿色产品贸易；强化对海外机构管理，提升海外研发中心、制造工厂的绿色低碳设计、生产能力。

5 项重大工程包括：

一，太阳能光伏发电项目，涉及一汽解放、一汽 - 大众和一汽丰田。

二，涂装车间技术改造项目，包括蔚山工厂涂装二车间、三车间水性漆改造，天津一汽丰田泰达工厂第 2 涂装车间技术改造。

三，红旗体系能源管控系统建设项目，包括长青工厂、繁荣工厂、蔚山工厂及动力总成工厂等 4 个工厂。

四，余热回收再利用项目，包括一汽 - 大众成都发动机厂余热回收项目、一汽丰田发动机（天津）公司低铸机保持炉隔热强化、散热削减改善项目。

五，中国一汽能源智慧管理平台建设项目，预计 2025 年立项，2028 年年底完成计量采集设施全覆盖、系统搭建及数据接入工作。

中国一汽已将碳达峰行动方案全面融入总体发展战略和中长期发展规划中，且已取得一定进展。

　　"双碳"目标下的新能源革命，正在深刻改变商业社会的经济秩序，也给正在进行新能源转型的汽车产业带来更剧烈的震荡与冲击。碳中和与数字化叠加，智能网联与新能源革命融合，这无疑又将是一场波澜壮阔的新工业革命。

　　未来势不可当。新的序幕已经拉开。

第五部分

70 年成就与经验

时光荏苒。

从 1953 年 7 月 15 日奠基兴建至今，中国一汽走过 70 载春秋。70 年，在浩瀚历史洪流中，或许只是沧海一粟，但对中国一汽而言，却是其在荒原中诞生、在拼搏中成长、在"革命加拼命"中壮大的过程，是从 0 到 1、从 1 到 N，从小江小河汇入大江大河，再到大航海时代的过程。此过程中，中国一汽披荆斩棘、筚路蓝缕，多少人由青丝变华发。

70 年来，作为造车国家队，作为"共和国汽车长子"，作为"中国汽车工业的摇篮"，中国一汽一代又一代建设者承载着国家意志、民族梦想、人民期盼，艰苦创业、前仆后继、永争第一，毫不保留地把自己的沸腾青春贡献给汽车这片热土地。他们创造了历史，书写了历史，推动了历史，现在和未来，他们还将书写新的历史篇章。

历史选择了中国一汽，中国一汽不负众望。从 1953 年建厂到 2023 年 5 月底，中国一汽累计产销汽车 5400 万辆，资产总额达到 6000 亿元，品牌价值超过 4000 亿元，取得了举世瞩目的业绩，完成了党和国家领导人的殷切嘱托。

当今的中国汽车工业，正处于新的历史时期。新时代汽车工业，要实现高水平科技自立自强，深入实施创新驱动发展战略，进一步提升自主创新能力，努力突破关键核心技术。

这个任务比过去更光荣，也更艰巨。中国一汽同样需要与时俱进，适应新汽车游戏规则。接过历史接力棒，年轻的创业者陆续登场，他们扛着使命、责任与担当，带领中国一汽向世界一流企业目标奋进。

2023 年 7 月 15 日，中国一汽奠基 70 周年纪念。第十五届中央政治局常委、国务院原副总理李岚清在发来的寄语中写道：70 年来，在中国共产党的领导下，经过一代又一代汽车人的努力奋斗，我国汽车工业从无到有、从小到大，连续多年成为世界汽车产销第一大国。特别是党的十八大以来，同志们认真落实习近平总书记关于"发展新能源汽车是我国由汽车大国迈向汽车强国的必由之路"的战略指引，我国新能源汽车迅速创新发展，引领了一场全球汽车革命。作为一个老"汽车人"，对此感到无比欣慰和由衷的高兴。

第十四届全国政协常委、经济委员会原副主任苗圩表示，我国汽车工业从一汽建设开始起步，中国一汽 70 年发展在我国汽车工业 70 年发展中具有举足轻重的作用。回顾中国一汽 70 年发展历程，虽经历艰难曲折，也遇到风风雨雨，但是一汽人没有退缩，没有放弃，坚定不移地顽强奋斗，不忘初心，牢记使命，为我国国民经济发展作出了巨大贡献。

70 年来，中国一汽取得巨大辉煌成就，值得总结的成就与经验极其丰富。唯有认真总结中国一汽 70 年的历史贡献和巨大成就，厘清中国一汽为什么能走到今天，以及未来如何继续发展壮大，才能完成新时代的历史重任。

事实上，在建厂初期，中国一汽就承担起"出汽车，出人才，出经验"的战略任务，此后几乎每逢企业重大庆典，都会总结历年发展建设成就和经验，不仅用来指导中国一汽的发展，还用以指导全国汽车工业振兴、改造，推进实现汽车工业现代化的战略目标。

"横看成岭侧成峰，远近高低各不同"。在 70 年发展历程中，中国一汽创造了数个"第一"的成就，也留下值得借鉴的宝贵经验，其中，既有企业共性，也有行业共性经验，还有一些极富个性又带有根本性、指导性的成就与经验。

"共和国长子"的初心使命

中国一汽走过70年历程，企业从无到有，从小到大，从弱到强，从工厂到公司，从公司到集团持续发展，一个根本原因就是坚持党的领导和社会主义制度的优势，始终不忘初心，牢记党中央赋予的发展民族汽车工业的光荣使命，并将之作为矢志不渝的奋斗方向。我们党的几代领导人对我国汽车工业的发展都高度重视，党中央对汽车工业的发展方向和不同时期所采取的重大方针政策都有明确部署。

毛泽东缔造了中国汽车工业和一汽。1949年10月新中国成立，中国人民取得了真正的独立自主。面对国内百业待兴，工业基础薄弱的局面，如何迅速发展，屹立于东方之巅，成为对新生政府和人民的最大考验。毛泽东主席亲自督导关注汽车工业从构思到实践，立志要以汽车工业的建设发展，带动整个国家的工业突飞猛进。

建设一汽，体现了毛泽东的高瞻远瞩。1953年6月9日，他亲自签发《中共中央关于力争三年建设长春汽车厂的指示》，从中可以看出决策初衷："争取缩短长春汽车厂的建设时间，对我国国防建设、经济建设有极其重要的意义。"

在"中国人民站起来了"的自豪中，承载着毛泽东建设社会主义新中国的殷殷重托，一汽应运而生。毛泽东不仅为第一汽车制造厂题名，还钦点"白面书生"饶斌担任厂长。饶斌没有令毛泽东失望，在发展中国汽车工业中作出了突出的贡献，被誉为"中国汽车之父"。

综合一汽史料，毛泽东还圈定"解放"二字，为第一辆国产汽车命名。解放卡车品牌标识中的"解放"二字，用的是毛泽东为《解放日报》题字的手写体。在轿车方面，毛泽东曾经两次提到"什么时候能坐上我们自己生产的小汽车"，这个简单愿望的背后，隐藏的是一个百废待兴的民族的自强尊严，以及对民族轿车的期盼。

解放卡车的贡献有目共睹。在计划经济时代，解放卡车在国防建设、工业建设、经济建设、对外援助中发挥了重要作用；在市场经济时代，解放卡车至今畅销不衰，被誉为"挣钱机器"，荣获"国家科学技术进步一等奖"等多项殊荣。

新时代汽车工业如何发展？习近平总书记在2014年就明确指出，"发展新能源汽车是我国由汽车大国迈向汽车强国的必由之路"。习近平总书记的重要指示为汽车工业发展指明方向，也为统一大家的思想和行动提供了根本遵循。

2023年7月，习近平总书记视察中国一汽研发总院时指出，必须加强关键核心技术和关键零部件的自主研发，实现技术自立自强，做强做大民族品牌。

建设中国一汽，发展民族汽车工业，是国防建设、经济建设的需要，也是与世界沟通的需要。中国一汽把国家领导人的关爱和期望化作前行的不竭动力，当作永恒不变的情感归宿、力量源泉、精神诉求，奋力拼搏、砥砺前行。

在70多年的奋斗历程中，中国一汽始终牢记发展民族汽车工业的使命，勇担责任，自力更生，艰苦奋斗，一步步地将国家领导人的期望变成现实。

支援国防建设

一汽始终把支援国家和国防建设作为自己应尽的责任，研发生产了第一辆国产越野车。

1958 年以前，我国还不具备制造越野车的能力。中国人民解放军各军兵种相继建立，需要大量越野汽车为武器装备配套。但部队装备的越野汽车数量有限，而且多数从苏联进口，约占 60%；还有部分是解放战争中，从国民党军队缴获的破旧超役汽车，约占 20%；其他为普通车辆代用。

这种状况已经严重影响到国防建设。制造越野汽车成为当务之急，这个重担责无旁贷地落到一汽的肩上。一汽生产准备与设计工作平行展开，1959 年年初，用不到两年时间，解放 CA30 样车经短期试验后投入批量生产 200 多辆。但这些车分发到部队进行使用试验，很快暴露出不少质量问题。

1961 年，一汽与军队共同组成试验组，在广州、海南等地试验，确定质量问题性质，将之归纳为驾驶室视野不好、闷热、水箱开锅、转向沉重、冷启动困难、后桥齿轮强度低等七项问题。

1962—1963 年间，一汽集中力量进行质量攻关、改进设计、试制新一轮样车和定型工作。新车型为解放 CA30A，就是后来大批量供应军队的主生产车型。初始设计纲领 3000 辆，1970 年产量翻番，达到 6040 辆。由于援越需要，1971 年创造出 9303 辆历史纪录，正式投入批量生产后，解放 CA30A 型在援越战争中发挥了重要作用。

随着换型工作展开，解放 CA30A 随之改进。1967 年，将解放 CA140 顶置式发动机布置到解放 CA30A 上，1968 年试制出样车，型号为解放 CA30B。1970 年，又将解放 CA140 驾驶室装到解放 CA30B 上，样车型号为解放 CA30C。两种车型越野载重均为 3 吨。

大量生产的军用汽车，除越野车外，更多是高栏板军用运输汽车，型号为解放 CA10BE。1966 年，根据军队实战需要，一汽还开发过 DL510 型机械骡，载重 0.5 吨。这种四轮汽车具有特殊功能，尺寸小，机动灵活，复杂地形也能通过。它没有驾驶室和车厢，整体是一个平台，装载方便。正常状态下四轮驱动，如果遭遇敌方攻击，有一个车轮丧失功能，也不影响使用。

1970 年，根据部队需要，一汽及时开发解放 CA230 型载重 0.8 吨边防巡逻车（俗称中吉普）。试制 40 多辆，做过性能、可靠性和批量使用试验，反映良好。

进入 20 世纪 70 年代中期，二汽建成，产品质量逐步稳定，一机部汽车局制定各汽车厂新分工规划。规划明确：一汽负责 5 吨及以上的载重汽车，军用越野汽车任务全部交给二汽，军用车发展资金全部拨付给二汽。此后，一汽逐步停止军用越野汽车生产。

在国庆 35 周年阅兵式上，解放 CA30A 越野车装载着导弹、火箭等现代化武器接受检阅。从 1958 年到 1985 年，27 年间，一汽累计生产越野车84411 辆，在我国越野车史上写下光辉篇章。2009 年 10 月，中国一汽中标MV3 项目，取得又一里程碑式成就。

支援工业建设

在二汽出车之前，十几年来，解放牌卡车源源不断地运送到祖国各地，承担起支援新中国工业建设的重任。

1956 年 11 月，50 多辆解放牌汽车翻过崇山峻岭，越过戈壁沙漠，经过几千里长途跋涉，顺利到达玉门油矿支援运输任务。

《人民日报》1957 年 9 月 26 日报道，从祖国的南海之滨到油田千里的西北，从重工业中心的东北到西南的青藏高原和绿山林海之间，都有成批的解放牌汽车为国家社会主义建设和人民的经济生活奔忙着。一汽从

1956年下半年投入生产以来，已经有5590多辆载重汽车分配到全国60多个省市。

解放牌汽车还走出了国门。在1957年第二届中国出口商品交易会上，约旦商人经过仔细研究并当场试车后，向中国购买了3辆解放牌汽车，这是我国制造的解放牌汽车第一次出口。

1957年12月27日下午，第"〇〇〇八七七二"号解放牌汽车下线，这是一汽在第一个五年计划期间生产的最后一辆汽车，也是超额生产的第4772辆汽车，积极支援国家工业建设。

一汽积极响应国家号召设计生产矿车。20世纪70年代，钢铁工业的矿石开采跟不上冶炼需求，要增加钢产量，首先得多开采矿石。鞍钢、武钢等派人到美国、加拿大调查后得出结论，采用60~150吨矿用自卸车和8~12立方米电铲等大设备，可在一年内使矿石产量翻番。

为响应毛泽东主席关于"大打矿山之仗"的号召，一机部决定制造大型矿用自卸车。20世纪60年代初，一汽设计处调集80多名工程技术人员，会同长春汽车研究所派调人员，在重庆建立重型汽车研究所及大足汽车厂。但"文革"扰乱了正常建设，到20世纪70年代初，局势仍不稳定。

这种情况下，汽车局副局长胡亮找一汽革委会第一副主任刘守华商谈，要求一汽研制50~60吨矿用自卸车。重型车虽不在计划之列，但一汽积极响应国家号召，1971年开始设计并试制60吨矿用自卸车，编号解放CA390。

解放CA390整车长9.2米、宽4.665米、高4.3米、轮距4.2米，举升后最大高度8.325米，空车自重43.5吨。当年12月31日，完成第一辆解放CA390装配。1972年1月25日，结合实际使用进行试验。

1976年汽车局确定，一汽不再生产矿用车。10月4—5日，解放CA390试制总结在长春进行，试制矿用车工作至此结束。

1986 年 9 月 29 日，最后一辆老解放牌卡车驶下总装线，结束了自己的历史使命。在其 30 年生命周期中。老解放系列共生产 1281502 辆，这个数字几乎占据那些年中国汽车产量的一半，为中国工业建设立下了汗马功劳。

支援农业建设

1957 年 9 月 20 日，根据党中央和国务院精神，一汽党委决定，从人力和物力上积极支援全国，特别是吉林省地方农业生产。尽快试制出优质价廉的煤气发动机 1000 台，拿出其中 500 台连同选派的 800 名煤气机手，奔赴吉林省各地农村第一线，以实际行动支援农业。

全厂团员青年积极响应，纷纷提出申请，一周内有 838 人获批。一汽团委组织成立支农大队，派十多名专职团干部参与。一汽和吉林省工业厅、交通厅、四平农具厂组成两个考察队，分赴北京、天津、延边、沈阳等地考察，制订设计方案，确定生产发动机品种为 3 种。1957 年 12 月，第一台 CA10M4 样机完成，送交吉林省农业展览会展出。该发动机主要适用于传动水泵，为农业灌溉和排涝提供动力。

1958 年 1 月，首批支援农业干部和工人大会及煤气机手训练班开学典礼在一汽汽车工人俱乐部举行。4 月 20—23 日，从 1000 多名申请者中选出 843 名职工，随同 500 台煤气发动机支援农业建设。

这批煤气机手下乡，除自身受到锻炼外，还给当地农民带去另一个重要收获——农业科技的启蒙。1958 年 8 月，一汽组织党、政、工、团共 80 多人，组成 24 个慰问小组，分赴吉林省各市县，对煤气机手们进行慰问。自 10 月起，因工作需要，这批煤气机手陆续抽调回厂。

1958 年年初，为贯彻党的八大和八届三中全会精神，全国掀起支援农业建设热潮。春节前夕，饶斌到省里参加支援农业建设的会议，会议还没开完就打电话回一汽，决定"号召全厂广大职工以毛泽东主席视察一汽为动力，支援农业，过一个革命化的春节"。

2月15日下午，饶斌代表一汽党委就春节期间支援农业兴修水利，向1.8万多名职工作广播动员报告。职工热烈响应，纷纷报名参加。第二天，全厂职工编成1个支农大队，下设15个中队，共7800多人参加。

大年三十，2月17日，支农大队召开誓师大会。第二天清晨，兵分两路。第一路，12个中队6000多人分成两批，乘火车去东大甸子挖排水沟，从初一干到初四。第二路，3个中队1000余人去无名河，修水库、淘洞、打夯，从初一干到初三。这次支农活动，包括饶斌在内的一汽领导全都参加。

在1958年的支援农业热潮中，一汽还组织了两次大规模活动。一次是7月27日，1.5万多人到新开河乡同心农业合作社支援抗旱。另一次是8月3日，组织5000人到团结、日新、双丰3个农业合作社，进行农业抗旱劳动。

一汽还支持农民发家致富。1983年2月13日，实现安徽省六合县农民购买第一辆解放牌汽车。3月5日，开展"滁县日"活动，一汽职工放弃周日休息，义务劳动，为安徽人民生产200辆超产汽车。紧接着，一汽又在安徽省阜阳、灵璧、皖南等地区开辟农村汽车市场，并从安徽扩大到全国其他省市。全国出现一批使用解放牌汽车的"解放"村、"解放"县。

孵化中国汽车产业

历史赋予一汽中国汽车工业摇篮地位，第一汽车制造厂的命名赋予其"共和国长子"责任。

1952年1月，汽车制造厂初步设计批准后，定名为第一汽车制造厂，代号为652厂。第一汽车制造厂包含三层寓意：其一，这座现代化汽车厂结束了中国不能规模制造汽车的历史。其二，今后还将接二连三地建设更好更多的汽车厂。其三，一汽要承担"三出"——出汽车、出人才、出经验的历史责任。

在1956年最早出现"两出"口号。解放牌卡车投产前后，一汽党委书记赵明新在党委会上提出：我们厂应该有个能表达奋斗目标和任务的动员口号，大意是我们不但应该多出汽车、出好车，还应该出人才。一年多后，饶斌提出，"两出"之外，还应该加上"出经验"，这就变成"出汽车、出经验、出人才"的"三出"口号。

一汽是中国汽车工业的摇篮，开创性地批量生产汽车，掀起了新中国工业迅猛发展的时代高潮。

一汽是中国自主品牌的摇篮，解放、东风、红旗、奔腾等民族品牌都在一汽诞生。

一汽是中国汽车工业人才的摇篮，70年来向机械行业输送了数以万计的管理人才、操作人才、技术人才，甚至还从这里走出了国家领导人及省部级领导干部。

一汽是中国汽车工厂设计的摇篮，在国家"一五"至"六五"期间，由一汽设计处孵化而来的设计院，完成了包括一汽、二汽、重汽、北汽、天汽和南汽等我国主要汽车工业基地的规划、设计和改造扩建工作。

汽车是知识密集、技术密集、人才密集型行业，其产业链之长、上下游关联度之高、对就业和消费的拉动作用之大，非其他产业所能比拟。一汽的建设与发展，对产业链产生了积极有效的拉动效应。尤其是新中国成立初期，百业待兴，对钢铁、石化、电力、运输、木材、煤炭、汽车零部件企业发展及解决就业问题等，起到了不可估量的作用。

进入20世纪90年代，汽车被列为国民经济支柱产业。而早在20世纪，汽车工业就被很多西方国家列为支柱产业。支柱产业关系到整个工业体系建设的兴衰，经济建设和国防建设都离不开汽车工业的发展。因此，中国不但要有一汽，也要有二汽、三汽，以至 N 个汽车厂，一汽责无旁贷地要承担起孵化者的责任。

发挥汽车工业摇篮作用

二汽就是一汽的成功孵化。孵化最早始于 1953 年 1 月，一机部汽车局上报《第二汽车厂建设说明书》，设想仿制 2.5 吨嘎斯 51，年产 10 万辆以上。中央同意由时任湖北省委第一书记的刘西尧担任二汽建设筹委会主任，并组织一大批人到正在建设中的一汽实习。1957 年 3 月，因国家经济难以承受，汽车局宣布二汽下马。

1965 年年末，二汽被确定为三线建设重点。孵化二汽建设成为一汽重要任务，主要体现在四个方面：一是 1966 年，在一汽设计处成立二汽设计室，负责设计具有世界先进水平的年产 10 万辆汽车厂，当时年产 10 万辆中吨位载重车规模在世界排名第三。二是给二汽输送技术人员和管理干部1539 人，后又抽调大批技术工人，共支援二汽建设约 4200 人。三是承担二汽产品设计试制工作。四是完成 11 个专业厂和两个系统的包建任务。

对于二汽建设水平，美国人有个中肯评价。1978 年，二汽和美国通用公司讨论合作发展重型车，经李先念批准，由李岚清和陈祖涛陪同，通用公司高层和技术专家来到还没对外国人开放的十堰市，仔细查看二汽每个专业厂和自己制造的生产设备。他们对厂房、设备、产品都很赞赏，但听说这是中国自己设计和建设的工厂时，都非常吃惊。交流时，他们提出的第一个问题是，"在二汽建设过程中，有多少外国人帮助你们？"他们不相信这是中国人自己建设的。

都说"设计是工程的灵魂"，"没有现代化的设计，就没有现代化的工厂；没有现代化的工厂，就制造不出现代化的产品"。

一汽也是中国汽车工厂设计的摇篮。

1958 年，国家根据经济建设需要，撤销主管工厂设计的一机部设计总局第五分局，将汽车工艺人员下放到一汽。5 月 8 日，在陈祖涛带领下，21 名技术人员从北京到长春，会同一汽部分技术人员，成立一汽工艺处工厂设计室。这就是"九院"的前身。

1958 年 12 月，一机部批准组建长春汽车工厂设计处（对内称一汽工厂设计处），受一机部和一汽双重领导，处长是陈祖涛，党支部书记是姚锡宝。

"一五"至"六五"期间，九院完成包括一汽、二汽、济南汽车厂、北京汽车厂、天津汽车厂和南京汽车厂等我国主要汽车工业基地的规划、设计和改造扩建工作，为中国汽车工业发展做出了不可估量的贡献，因此被誉为"中国汽车工厂设计的摇篮"。

二汽是继苏联援建一汽后，第一个完全靠自己的设计力量和技术装备建成的具有先进水平的中型车生产基地。九院承担了整个工程的筹建、规划和设计工作，为二汽建设做出了卓越贡献。

济南汽车厂工程设计由九院总负责。九院主持选厂、规划、可研，以及各阶段设计任务，为项目确定合理规模、专业化协作、消化移植，引进国外先进技术起到重要作用。

四川汽车制造厂（简称川汽）是九院设计的代表作。20 世纪 60 年代，为解决我国军队装备急需的大型载重越野车，九院承担了川汽的设计任务。该厂包括重庆柴油发动机厂、綦江齿轮厂、重庆汽车配件厂、重庆油泵油嘴厂等，年产 1000 多辆。产量虽然不高，但是是一个完整的从零件到总成到整车装配的重型汽车厂。

根据三线建设靠山且隐蔽的原则，第一次选址，定在四川大足县（现重庆市大足区）巴岳山底下，离县城 30 多公里，离重庆 100 多公里，离成都 200 多公里，机械部领导批复道，选的地方"怎么见山不靠山？再往里走，重选"。第二次选址，继续往大山里移。这次领导又说，"靠山不进山，不行，再选。"第三次选址，定在巴岳山下的双路镇，厂址紧靠海拔 500 多米的大山。领导这次说，"进山不进沟，还不行。"

设计干部充分考虑生产需要和地形特点后，做出一个折中方案：车间的小尾巴放在山沟里，把大的总装车间放在山沟外。受限于具体条件，国家建委还专门安排飞机从空中勘查，也没找到更好的地方，一机部终于同意此方案。

由于重型汽车厂为军队急需，中央领导非常重视。1965 年 8 月，段君毅和一机部副部长白坚再次到现场查看厂址，听取建厂汇报，同意选址意见。当年 9 月，一机部下文，决定四川汽车制造厂的厂址定在重庆大足县邮亭区。

另一个代表是一汽 – 大众 15 万辆轿车工程。该项目是一汽上轻轿阶段的关键工程，是国家"八五"重点工程，也是当时我国规模最大、水平最先进的现代化轿车生产基地，九院担任该工程项目设计总负责人和中德联合设计组中方组长。

设计过程中，中方以大量数据说服德国专家，选用先进可靠的国产设备取代进口设备，节约投资 2 亿马克。该工程获得 1998 年"国家优秀设计奖"金奖、"机械工业科技进步奖"一等奖，1999 年"国家科技进步奖"二等奖。

开展联营孵化地方企业

20 世纪 90 年代，一汽集团掀起一股企业兼并和资产联合的热潮。这主要源于当时改革政策的推动：一是 1991 年开展的企业集团试点工作，一汽被列为首批企业集团试点单位之首；二是 1993 年国家国有资产管理局给予一汽国有资产授权经营，明确一汽集团公司与各成员单位之间规范化的资产联结组带关系。

到 1995 年后，兼并工作处于调整稳定阶段。先后有 34 家企业通过资产无偿划转、有偿转让、收购股票、合资经营等多种方式，进入一汽集团，分别重组成为一汽集团的全资子公司、控股子公司、分公司或成本中心，另有 18 个企事业单位成为一汽集团的参股公司。

其实，在兼并联合之前，一汽集团就已经跟一些企业实行紧密联合。比如，1986 年 5 月与"吉长四厂"；同年 8 月与大连柴油机厂；1987 年 4 月与辽阳弹簧厂。实行紧密联合的企业冠以"第一汽车制造厂"或"解放汽车工业企业联营公司"名称，在国家计划中单列，实行"六统一"管理。

但由于财税渠道仍在地方，资产关系松散，故无法真正做到企业集团内部的资产重组、优势互补，也不可能谋求在总体利益基础上的共同发展。因此，开展企业集团试点和国有资产授权管理后，企业兼并、资产重组工作就有理有据。具体来看，有以下方式和案例。

一是中央直属企业资产直接划拨。

1979 年 9 月 21 日，长春汽车研究所与一汽设计处合并。

1986 年 12 月，无锡汽车厂与哈尔滨齿轮厂划归解放汽车工业企业联营公司。

1987 年 3 月 13 日，九院回归一汽。

1995 年 1 月，无锡油泵油嘴研究所划归一汽。

上述企业原来都隶属机械部（或一机部）。1993 年 9 月 10 日，中国航天工业总公司直属企业哈尔滨星光机械厂并入一汽集团，改名哈尔滨轻型车厂。

二是地方企业的有偿转让和无偿转让。

1990 年 7 月，一汽以承担债务方式，兼并东北齿轮厂（专用车厂）。1991 年 3 月，有偿兼并三厂（长轻、长发、长齿）。同年 7 月，有偿兼并吉轻，实行"资产经营一体化"。

1993 年后，由于国家实施税利分开政策，企业兼并一般采用无偿转让方式。按照时间顺序，这期间进入一汽集团的主要单位有：

四川专用车厂，1993 年 7 月。

无锡柴油机厂，1993 年 10 月。

柳州特种汽车厂，1994 年 4 月。

成都汽车厂，1994 年 7 月。

青岛汽车厂，1994 年 9 月。

大连柴油机厂，1996 年 1 月。

辽阳弹簧厂，1998 年 1 月。

海南汽车厂，1998 年 1 月。

通过无偿转让部分资产和合资经营方式，对以下企业进行控股。

山东汽车改装厂，1994 年 11 月。

凌源汽车有限公司，1994 年 5 月。

延边汽车厂，1993 年 8 月。

扬子汽车厂，1993 年 3 月。

九台铸造厂，1993 年 12 月。

顺德汽车厂，1992 年 8 月。

云南红塔汽车制造厂，1997 年 3 月。

成都一汽有限公司，2002 年 10 月。

以及一汽深圳汽车有限公司等单位。

一批以这种方式组建的参股企业：一汽东光离合器厂，参股 28%；一汽淮阴汽车改装厂，参股 25.5%；一汽贵阳汽车配件厂，参股 25%；一汽辽源汽车电器厂，参股 13%；鞍山汽车配件厂，参股 6%；重庆汽车配件厂，参股 5%；一汽集团青海汽车厂，参股 18%；一汽集团新疆汽车公司，参股 18%；南方散热器公司，参股 35%；宝钢联合公司，参股 3.77% 等。

还有的通过收买股票实行控股。1995 年 2 月，一汽集团购买沈阳资产经营公司所持金杯汽车（股份有限公司）49562.38 万国家股，持有后者总股本 51%，处于控股地位。2002 年 6 月，一汽集团重组天汽集团，通过股权转让，取得控股权。

三是股份改制上市。

一汽集团股改的基本思路是先小后大、先局部后整体、先境内后境外。这一模式的典型案例就是一汽四环（一汽四环汽车股份有限公司）。1993 年 4 月，由一汽集团、一汽劳动服务公司、中国汽车工业总公司、长春汽车研究所改装厂共同发起成立。1996 年 8 月挂牌上市。

通过一汽四环，一汽集团积累了经验。1997 年，在 3 万辆奥迪先导工程基础上发展红旗轿车阵地，在股份制改造过程中，将为红旗配套，且盈利性较好的第二发动机厂、长春齿轮厂与第一轿车厂、第二轿车厂相结合，组建为一汽轿车公司，运作上市。一汽轿车（000800.SZ）创下 1997 年最大 A 股额度——3 亿股，一次募集资金 20.4 亿元，有效缓解了一汽集团资金压力，并且还调整了资本结构，其负债率从 62% 降到 36%。

一汽轿车在 2020 年 3 月 25 日完成资产置换。其重组方案是：一汽轿车将拥有的除一汽财务有限公司、鑫安汽车保险股份有限公司之股权及部分保留资产以外的全部资产和负债转入一汽奔腾后，将一汽奔腾 100% 股权作为置出资产，与一汽股份所持一汽解放 100% 股权中的等值部分进行置换。

交易完成后，一汽解放成为上市公司全资子公司，一汽奔腾成为一汽股份的全资子公司。这是一个双赢的结果，对一汽集团而言，困扰多年的同业竞争问题终于得到解决；对上市公司而言，将一汽集团自主板块中最为优质的商用车资源注入，有利于一汽轿车市值提升。

回到股改上市话题，一汽集团以其优质资产，吸引支配控制社会资金，通过对外扩张、兼并重组，促进企业内部改革，走出了一条股份制改组改造的道路。

专业化协作方面，1964 年，一汽集团按照中央指示，试办托拉斯，将占解放牌汽车劳动量 20% 的零部件从汽车厂大院扩散出去，改造和建立一些新的专业厂。试办托拉斯虽然由于"文化大革命"未能全部实现，但为一汽集团走专业化协作和联合道路积累了经验，探索了路子，开启了一条孵化区域地方汽车零配件企业之路。

截至目前，为一汽集团配套的企业已达几千家。在一汽集团孵化带动下，这些零部件企业基本实现长足发展，规模化、集约化程度极大提高，技术水平今非昔比。同时，还很好地解决了数十万人就业问题，促进了地方经济的发展。

经过 70 年探索，一汽集团由最初的一个东北基地，发展成为东北、华北、华东、华南、西南等五大生产基地，构建"1+12+X"全球研发布局，加快建设北京、南京、大湾区等区域创新中心，拥有红旗、解放、奔腾等自主品牌和大众、奥迪、丰田等合资品牌，销量规模位列中国汽车行业第一阵营。

推动轿车战略

改革开放之初，发展轿车具有现实性和紧迫性，原因有以下六个方面。

一是，一汽集团自身发展的需求。需要打破卡车单一品种局面，形成多品种、宽系列产品格局。

二是，市场需求关系发生变化，对轿车有需求。当时国内只有红旗高级轿车、上海中级轿车、北京吉普老三样，且技术落后产量有限，不能满足市场需要。同时，红旗也需要走下神坛，由"贡品"走向商品。

三是，改革开放打开国门，大量进口车涌入国内，让人们在惊叹之余，呼唤发展国内轿车工业。

四是，内部拉动与上级推动相结合，促进轿车工业大发展。

五是，眼睛向外，向西方学习，形成双轨思路，走合资发展道路，实现从小学生向大学生的成长。

六是，"深进去，跳出来"思想政治工作思路为一汽集团创业发展提供了动力保障。

这种背景下，一汽集团把发展轿车作为跨世纪发展战略，按照双轨制道路推进，一条轨道与国外合资发展，一条轨道坚持自主发展。

1987年是中国发展轿车工业的关键转折年，国家与社会形成共识，由企业想上轿车变成国家战略。对于发展轿车，挡住进口，一汽集团有一种强烈的使命感。5月下旬，国务院发展研究中心在十堰召开"中国汽车工业战略讨论会"，耿昭杰作了主题发言，列举一汽干轿车的六大优势。

其一是，具有29年生产轿车的历史和实践，积累了开发和制造轿车的经验。

其二是，拥有全国最大汽车研究所、汽车工厂设计院，集中了一批从事多年轿车开发的技术队伍和装备设计力量。

其三是，具有较强大的技术后方，经历3年换型改造考验，掌握了自主改造老厂、包建新基地的技术和能力。

其四是，具有自筹资金的优势，已用自筹资金完成换型改造任务。

其五是，具有轻轿结合优势。一汽集团在建设轻型车基地中，已从美国克莱斯勒公司引进轻轿通用的488发动机，发展轿车所用的铸件毛坯、车轮、化油器、散热器等零部件，结合上轻型车做了规划布局。

其六是，一汽集团已经开始轿车产品开发和研制工作。

同年6月19日，耿昭杰向中央领导同志汇报上轿车的打算，征得同意后，于7月21日向国家计委上报从3万辆先导工程入手，建设年产15万辆轿车基地的建议方案。

1987年8月，中央财经领导小组在北戴河会议上作出重大决策：要在一汽、二汽、上海市建设三大轿车生产基地。从北戴河会议可以看到，对汽车工业大发展问题，中央领导经过认真研究、深思熟虑，且看法完全一致。事实上，自1986年以来，国家领导先后来一汽视察时，都提到了这个问题。

北戴河会议再次确定汽车工业大发展是必然趋势。中央财经领导小组作出到1990年汽车生产能力80万辆可能不够；要搞好公路运输网，在部分地区发展高速公路，提高公路质量；要大力发展出租小汽车、经济型轿车、8吨载重车等一系列重要指示。这些指示进一步明确汽车工业在整个国民经济中的战略地位和作用，为汽车工业大发展开辟了道路、指明了方向。

对此，一汽集团提出一次总体规划年产30万辆生产纲领，分三步实现。第一步，年产3万辆先导方案，在轿车厂实施，1989年出车，1992年达到设计纲领；第二步，一期工程，生产纲领年产15万辆，在二厂区实施；第三步，二期工程，生产纲领年产 15 万辆，实现年产 30 万辆经济规模。

一汽集团很清楚，要实现这一规划目标，必须走合资合作道路。而"跟资本家打交道，可能会吃点亏，但争取不吃大亏，不长期吃亏，暂时吃点亏，吃点小亏在所难免"。因此，一汽集团积极准备和西德、美国、日本一些厂家沟通，探索合资经营的可能性。

先导工程最终选择了大众汽车集团旗下的奥迪品牌。工程从 1988 年建设，到 1996 年基本竣工，双方合作成果丰硕。到 1997 年年末，一汽集团累计生产奥迪 95502 辆，自主开发红旗系列 27792 辆，两者合计 123294 辆，国产化率分别达到 82% 与 93%。销售 119633 辆，实现销售额 311 亿元，上缴关税 70 亿元，税金 46.5 亿元，附加费 7 亿元，实现净利润 19.5 亿元。利税总和为总投资的 10 倍。

通过引进、消化、吸收奥迪产品技术和制造技术，建设中高级先导工程，使一汽轿车生产从原来作坊式的单件小批量方式，转向现代化的大批量生产，为轿车生产的大发展，积累了经验，培养了人才。同时，带动了一批配套企业的同步发展。

奥迪技术转让项目的成功，促进了一汽集团与大众汽车集团二期合资合作。而一汽 – 大众年产 15 万辆轿车合资项目建设，也在全国三大轿车基地建设中取得了后来者居上的竞争优势。

从 1989 年 11 月到 1990 年 9 月，一汽集团与大众汽车集团经过 11 个月 6 轮商务谈判后，于 11 月 20 日在人民大会堂签约。项目总投资 42 亿元，一汽集团持股 60%，大众汽车集团持股 40%（受汇率变化和物价上涨等因素影响，投资最后调整为 89.6 亿元）。1991 年 2 月 8 日，一汽 – 大众成立。1997 年 8 月，年产 15 万辆轿车项目通过国家验收。

随着一汽 – 大众销量持续上升，产能逐渐紧张，2003 年 7 月，一汽 – 大众第 26 次董事会决定，一汽 – 大众轿车二厂破土动工，翌年 12 月 7 日建成投产。

扩大产能的同时，大众汽车集团还向中国导入动力总成项目。2001 年 7 月，由大众汽车集团、上汽集团、一汽集团分别持股 60%、20%、20% 的大众变速器公司在上海成立，该公司为上海大众和一汽 – 大众提供 MQ200 手动变速器。

合资合作种下的种子成熟了。一汽 – 大众销量、利润迅速攀升，企业的营销能力、生产组织能力、研发能力、成本控制能力同步提升。2006 年，其销量在全国乘用车企业中排名第二，实现利润 20 亿元。2007 年销量跃居全国第一，利润达到 65 亿元。2009—2010 年，连续两年年销量增长超过 30%，利润连续突破 100 亿元和 200 亿元。

此后，一汽 – 大众开始全国战略布局。2009 年 5 月，收购一汽成都汽车厂作为轿车三厂。2010 年 5 月，在广东佛山建设轿车四厂。经过 32 年发展，一汽 – 大众已覆盖东北长春、西南成都、华南佛山、华东青岛和华北天津。从建厂初期的一个品牌 1 款产品，发展到拥有奥迪、大众、捷达 3 大品牌 30 余款产品，累计产销超过 2500 万辆，销量规模位列中国乘用车行业第一阵营。

一汽集团还积极探索多路径合资合作之路，以加快推进产业升级和技术进步，为自主事业提供强大支撑。2002 年 6 月"天一重组"、8 月 29 日与丰田汽车签署战略合作协议、2003 年 9 月成立一汽丰田，就是这一探索路径的成果。

此后 20 年，一汽丰田经历了战略投入期、快速产出期和事业调整期。2008 年，一汽丰田行业排名第四，市场占有率为 6.5%，进入中国乘用车第一阵营。2012 年，其利润接近 110 亿元。后因丰田美国召回事件和中国钓鱼岛事件影响，一汽丰田进入近 6 年调整期，虽然销量逐年增长，但增幅有限，经营压力逐年增大。

2018 年，随着中日两国高层互访，中日经贸合作拉开新序幕。丰田汽车快速调整中国战略，提出"中国最重要"新战略，明确"发展目标提高，产品导入提速，能增改造提前"的战略举措。一汽集团则提出"稳中求快，能快则快，降中求进，能省则省，打造合资企业 2.0"的新战略，明确表示全力支持一汽丰田发展。

经过艰难调整，一汽丰田各事业体从独立经营走向一体化融合，逐步实现管理融合、资产融合及产销研一体化经营。在"面向 2025 发展规划"中，一汽丰田提出实现产销 140 万辆、7 年再造一个一汽丰田的发展新目标，确定"两阶段、三步走、百万辆、翻一番"的发展新路径，全面开启了二次创业新征程。

稳固发展合资的关键，还是要把民族汽车品牌搞上去。一汽集团坚定民族汽车品牌发展决心，坚持以"红旗"发展为标杆、以品牌建设为统领，进一步明晰红旗、解放、奔腾品牌进军世界一流品牌的战略规划，走出了一条新时代中国民族汽车品牌跃迁发展之路。

国车为国争光

红旗轿车诞生在激情澎湃的岁月，作为民族轿车工业的旗帜，它为中国汽车工业的发展抹上了最为浓重的一笔。

当年，红旗轿车独领风骚，名扬四海，成为新中国的骄傲。"中国第一车""国车"等一系列荣耀把红旗推向神坛，使其成为党和国家领导人的专车、国家礼宾用车。今天，当自强进取的"红旗精神"延续着中国轿车发展进程，红旗成为中国车魂和精神图腾。

毛泽东主席赋予了一汽中国汽车工业的旗帜。1956 年 7 月 13 日，解放牌汽车诞生，结束了新中国不能系统生产汽车的历史，当时中国轿车工业还是零。从1956年到1958年，毛泽东主席曾三次提到要"坐我们自己制造的小汽车"。一汽人自然责无旁贷，以"共和国长子"的姿态勇担责任，以争第一的气势率先造出东风CA71小轿车，开创了中国轿车工业的崭新纪元。

紧接着，一汽通过"两参三结合"方式，经过33天艰苦奋战，于1958年8月1日试制出第一辆红旗高级轿车。庄重典雅、充满东方神韵的红旗轿车瞬时轰动京华，震撼世界，被国际著名造型大师评价为"东方艺术与汽车工业技术结合的典范"，成为世界级名车。

红旗轿车诞生后，受到中央领导的青睐。1958年9月，邓小平视察一汽，看到红旗轿车时风趣幽默地说："你们可以多生产，油不够烧酒精，反正做酒精的红薯干有的是，只要不烧茅台酒就行。"

1962年年底，周恩来总理接待锡兰（今斯里兰卡）总理班达拉奈克来访，指定一汽送红旗到北京。看到红旗轿车后，他边试坐边高兴地说："就是'红旗'敞亮嘛！明天就用这辆车接锡兰总理。"在周恩来总理的倡导下，红旗轿车于20世纪60年代初开始，用于接待来访的重要贵宾，并于1964年国庆15周年前夕，被国务院指定为国庆用车和国家礼宾车。

在中央领导的关怀下，20多年间，一汽人先后生产CA72和CA770两代红旗车；先后生产红旗高级检阅车、红旗特种保险车、红旗特种救护车等产品。这些产品直接为中央领导服务，直接为国家政治、外交工作服务，成为共和国的尊严和光荣的象征。红旗轿车不仅红遍祖国大江南北，而且驰名世界五大洲。

年纪稍长的人大都还记得，20世纪六七十年代，在报刊、广播、纪录片里经常能看到庄严的红旗车队，缓缓行进在首都机场—建国门—天安门广场—钓鱼台国宾馆之间，数十万首都群众手举鲜花或旗帜夹道欢呼雀跃。

这是国家领导人一次次迎接来访的外国政要或重要贵宾的壮观场面，也是红旗轿车在首都街头演绎的、代表中国尊严和骄傲的一道亮丽风景线。

第一次迎接来访外宾，红旗圆满完成任务。根据一汽史料，1959 年 9 月 29 日，4 辆第一批生产的红旗 CA72 到北京东郊首都机场迎接前来参加国庆 10 周年庆典活动的苏联科学代表团。当苏联代表团走下飞机看见红旗轿车，惊讶地问："这是哪国的汽车？"司机自豪地回答："是中国制造的红旗轿车。"贵宾竖起拇指表示钦佩和赞扬。当红旗把他们送到宾馆后，他们又非常细致地围着红旗看，代表团团长用俄语连声称赞："非常好！非常好！"

从 1961 年起，刘少奇主席和周恩来总理等国家领导人开始用红旗接待来访的外国元首。比较早期的有印度尼西亚、古巴和坦桑尼亚的总统、朝鲜的最高领导人、尼泊尔的国王等。这些元首级人物到中国后，坐上红旗车，住最高级的宾馆，多数也有机会受到毛泽东主席的接见。久而久之，外国元首访问中国，不约而同都有三大愿望——"见毛泽东、住钓鱼台、坐红旗车"。红旗轿车当年的地位和影响力可见一斑。

1964 年，新中国诞生 15 周年，中央指令一汽生产 20 辆红旗轿车参加国庆 15 周年庆典，并正式确定红旗轿车为国车。对国家交给的任务，一汽义不容辞。但轿车生产历史还很短，自 1958 年起才 6 年时间，而且国家刚刚经过三年困难时期，一汽在这三年仅生产了 18 辆车，没有产量怎能发展轿车？

困难面前，一汽人变压力为动力，向中央表示一定完成任务，并趁势掀起大干红旗轿车新高潮。全厂职工积极性都被调动起来，边改进、边生产，仅用时 4 个月，就生产调试出 20 多辆红旗轿车。

1972 年，美国总统尼克松和夫人访华。美方提出，总统访问期间，要乘坐自己的防弹保险车。周恩来总理当即回绝道，中国有红旗保险车。尼克松偕夫人抵达中国时，周恩来总理率领 50 辆红旗车队到机场迎接，这一壮观画面通过电视转播传到世界各地，红旗轿车成为中国的自豪和骄傲。

当时有消息称，像德国总理科尔等一些政要级人物访华前，甚至提前提出要坐红旗车的要求。历史上，曾有数十位外国元首和政府首脑乘坐过中国红旗轿车。

中共历代领导人都乘坐红旗轿车。

1966 年 5 月后，国务院副总理、人大常委会副委员长以上的中央首长，开始换乘红旗牌高级轿车。1972 年，毛泽东主席坐上红旗 CA772 保险车，该车与其他政治局常委乘坐的保险车一样，车身、底盘和车窗玻璃都防弹，300 匹马力，时速 130 公里，轮胎弹穿后能正常行驶 100 公里，还加装了空调。一汽还为朱德总司令乘坐的红旗更改了门槛结构，增加了一个上下车的台阶。这些都反映出当年一汽人为红旗轿车这些特殊用户服务的理念。

1984 年 10 月 1 日，国庆 35 周年阅兵。一汽研制红旗 CA770TJ 活动篷检阅车，其电动升降脚踏板的特殊设计成为突出特点。邓小平同志乘坐检阅车阅兵的历史画面，吸引了全世界媒体的镜头。

1999 年 10 月 1 日，国庆 50 周年阅兵。一汽研制红旗 CA772TJ 开天窗式检阅车，其滑动式大天窗的设计，以及高新技术采纳成为显著特点。江泽民同志乘坐检阅车检阅三军，在检阅车周围，6 辆全是红旗车。

2009 年 10 月 1 日，国庆 60 周年阅兵。胡锦涛同志乘坐红旗 CA7600J 检阅车检阅三军部队，这辆红旗检阅车既保留红旗的经典元素，体现出中国文化特色，又实现外观、内饰、配置、动力等全新设计，展示了一汽集团自主研发的最高水平。

2019 年 10 月 1 日，国庆 70 周年阅兵，习近平总书记乘坐红旗 T196 检阅车检阅三军部队，大壮国威，大壮军威。这款检阅车是红旗 L5 加长版，与 2009 年国庆、2015 年纪念反法西斯战争胜利 70 周年——这两次阅兵使用的红旗 CA7600J 同属一个设计系列。其姿态比例和曲面语言新颖，传承融合诸多中国文化元素，如寓意"天圆地方"的圆形头灯和方形转向灯、"天安门轮廓"的车头、车尾和内饰主线条，以及宫灯式尾灯等，共同构成了独具特色的东方神韵。

在红旗发展进程中，也曾经历过坎坷和无奈。20 世纪 80 年代红旗被勒令停产，成为一汽人心中的痛，但一汽人坚守阵地，守护红旗，不间断地试制开发，推出新样车。一汽人忠于红旗品牌，不放弃，在坚持中期盼恢复红旗生产的曙光。

中央领导的亲切关怀，加上一汽人锲而不舍的追求，使红旗于 20 世纪 90 年代初走出低谷。随着时代前进，当年的老红旗虽然进入历史，但其魅力和灵魂犹存，还催生出一批痴迷甚至有些"疯狂"的红旗迷，他们争相收藏红旗老爷车。

一汽人将这种红旗精神转换为创业激情。从小红旗轿车挡住进口，到红旗世纪星、红旗盛世掀起红旗浪潮；从引进消化先进技术，到推出自主高端产品，一汽人进取的脚步从未停止。他们在更高层次上书写着自立自强的新篇章。

不仅如此，"红旗"还传承了传统基因。从 1996 年开始，红旗连续十几年被指定为两会服务用车，包括党的十六大和十七大。

在复兴的基础上，"红旗"再创辉煌。从 2017 年 4702 辆到 2020 年 20 万辆，三年迈出三大步，创造了世界豪华汽车发展史奇迹。新红旗突出新高尚、新精致、新情怀的理念，肩负起历史赋予的强大中国汽车产业的重任。

为此，中国一汽汇集来自全世界的技术人才，建立了一支超过 5000 人的全球化优秀研发团队。为适应新红旗品质标准，中国一汽还制定了世界领先的研发体系和开发试验流程。

当下的"红旗"以用户为中心，以产品创新、技术创新为关键，以打造世界一流汽车品牌为目标，以强大中国汽车产业为使命，全心全意、全力以赴、全神贯注，为追求美好生活的广大消费者，真诚贡献至尊、极致的红旗产品和服务。

如今，在世人心目中，红旗已不仅仅是一部车、一个品牌，"红旗"是精神、是力量、是国车之魂。

荣誉铸就辉煌

经过 70 年不懈努力与奋斗，中国一汽取得众多成就，获得了数百个国家级、省、市级荣誉。其中，既有企业层面的综合奖，也有产品层面的科技创新奖，还有劳模工匠等先进人物奖。这些荣誉是中国一汽人为国家发展、民族复兴奉献汗水和智慧的结晶。

中国一汽 70 年历程中，涌现出一大批英雄劳模和先进人物。据不完全统计，先后产生过 36 名"全国劳动模范"、40 名"全国五一劳动奖章"获得者，197 人获得省部级荣誉，另外还有多人获得其他荣誉。

2022 年 2 月，第二届"中国品牌强国"盛典活动发布十大"国之重器"品牌，中国一汽等十家企业获此荣誉。十大"国之重器"品牌都是立国之本、强国之基的企业，他们共同组成了中国经济的基盘。

颁奖词这样写道："这是一个企业，更是一个象征。它曾经用手敲锤打，铸就工业图腾。六十年风雨兼程，在新起点强势起步，血脉涌动的是不变的报国热忱。红旗漫卷，共和国汽车工业长子的新征程。"

2023 年 6 月，世界品牌实验室（World Brand Lab）发布《2023 年中国 500 最具价值品牌》分析报告显示，中国一汽以 4291.57 亿元排名汽车行业第一，其中，红旗品牌以 1155.29 亿元、解放品牌以 1187.76 亿元，分别名列乘用车品牌和商用车品牌榜首。

中国一汽荣获的第一个国家荣誉是一汽基本建设工程验收。1956 年 10 月 6 日，经国务院批准，第一汽车制造厂基本建设工程验收委员会成立，时任国家建设委员会副主任孔祥桢担任主任委员，时任吉林省省长栗又文、建筑工程部副部长宋裕和、一机部副部长曹祥仁担任副主任委员。

当时国家验收委员会对一汽建设工程及生产准备进行全面检查，10 月 14 日，批准一汽基本建设工程鉴定书。验收结论是：整个工程质量良好。经过长期生产准备及临时动用的考验，一汽建设工程已经符合生产要求，可以正式开工生产汽车。

10 月 15 日上午，一汽开工典礼在 1 号门举行。孔祥桢在大会上宣布：第一汽车制造厂正式移交生产。下午 2 时，一汽各车间设备和运输链同时开动，从各条生产线上加工出来的汽车零件和总成，以及各种外协件汇集到装配车间，崭新的解放牌汽车一辆接一辆开出总装线。

我国第一个汽车工业基地建成。在开工典礼上，饶斌赠给苏联代表团一辆第 000002 号解放牌汽车，答谢苏联政府和苏联人民对一汽的支援。至此，中国人民盼望创立民族汽车工业的夙愿变成现实。

第二次是换型改造工程通过国家验收。1987 年 7 月 15 日下午，国家验收委员会在一汽工人文化宫召开一汽产品换型技术改造工程竣工验收总结大会。国家验收团由 35 名委员组成，从 7 月 11 日起，经过 5 天全面细致的检查，在一汽产品换型改造建设工程竣工验收鉴定书上签字。

一汽于 1982 年 1 月成立换型改造指挥部。经过对比、考察和研究，几易换型改造方案，最终采用"单轨制垂直转产"方案。面对严峻形势，一汽党委动员大家积极行动起来，战胜眼前困难，提出"愚公移山、背水一战、万无一失、务求必胜"的口号，进行换型改造大决战。

技术改造历时 3 年。一汽在不停产、不减效益的情况下，借助国家政策和银行贷款，主要依靠自己的力量，仅用 4.4 亿元投资便完成了以产品换型为中心进行企业技术改造的任务，较之国外预计改造 4 个厂的预算少用 20 多亿元。一汽设计制造出具有 20 世纪 80 年代初水平的解放 CA141，使我国汽车水平从老解放向前整整跨越 30 年，走出了老企业改造的新路子。

一汽 – 大众年产 15 万辆轿车工程通过国家验收。年产 15 万辆轿车工程项目历时 5 年全面建成投产，1997 年 8 月 19 日，工程项目通过国家验收。国家验收委员会对项目建设及其对振兴中国轿车工业的影响给予了高度评价。

一汽 – 大众总投资 111.3 亿元，注册资本 37.2 亿元。年产 15 万辆轿车基地占地面积 116 万平方米，建筑面积 43 万平方米，是当时全国最大的轿车生产基地，也是一汽自 1953 年建厂以来第二个大规模建设工程。该工程一次规划、分期实施，第一期工程年产能 15 万辆轿车，27 万台发动机，18 万台变速箱，达产后员工人数 5700 人。

年产 15 万辆轿车工程项目获得"国家科技进步奖"二等奖。

作为"共和国长子"，中国一汽还承载着产业报国、工业强国的初心使命。1984 年，国庆 35 周年庆典，当时已经有 24 年没有在天安门前举行庆典。按照国家要求，接受检阅的部队装备要求全部国产，运载这些发射武器的汽车也必须国产，解放 CA30A 越野车被选中。在庆典现场，54 辆越 CA30A 野车组成三个方队，其中两个方队装载地对空导弹，一个方队装载布雷火箭。

1984 年 6 月，6 人组成的一汽阅兵式服务队，赴北京阅兵村报到。部队要求：经过你们检修的汽车，要做到确保质量，需逐辆逐项签字，如果车辆通过天安门时出了问题，谁也负不起责任。这次国庆大阅兵采用卫星技术，向全世界 40 多个国家实况转播，这些问题必须向你们交代清楚。

为什么对车辆技术要求这么严格？因为通过天安门时，车辆必须保持时速 10 公里，不能快，也不能慢。前进时车辆还必须保持方队队形，前后左右必须成一条线，误差不能超出 20 厘米。

为达此目标，一汽采用特殊技术保障，即安装两套供油系统，一旦一套油路出现问题，安装在驾驶室里的另一套供油系统可以立即供油。此外，电气系统也安装了一套备用线路。为保证车速一致，在油门脚踏板下安装一个定位支架，确保油门被准确控制，使行驶车速达到一致。

一汽还更换了化油器、分动器、油箱等若干部件。当时有 12 台发动机不能保持最好工作状态，经及时协调，不到 3 天，就将精心挑选和试验过的 12 台发动机送到阅兵村。即使这样，方队外还放了两辆备用车备用。

最终，一汽出色完成任务。中央军委和国务院给一汽颁发嘉奖令，阅兵总指挥部发来表扬信："一汽阅兵服务人员为阅兵立功，为国家争得了荣誉。"中汽总公司给每个服务人员都发了立功奖状。所在部队送给一汽三面锦旗。一汽给每位服务人员嘉奖一级工资。北京电影制片厂还将整体服务过程，拍摄成一部大型纪录片《一汽之光》，宣传企业风貌和越野车风采。

在这次国庆 35 周年阅兵式上，中国一汽为阅兵制造的红旗检阅车受到嘉奖。这两辆红旗 CA770JV 检阅车，是一汽经过 250 个日日夜夜的奋战赶制而成，于 1984 年 9 月 5 日凌晨送达北京。

作为中国重型车领域唯一没有外资背景的商用车企业，一汽解放因着对技术的执念，对卓越产品的追求，打造出引领行业甚至对标欧洲的跨世纪产品，且屡获殊荣。

解放 CA141 通过国家鉴定。1983 年 9 月，中汽公司受权主持召开第一个国家级定型技术审查会，即解放 CA141（包括 CA6102）鉴定技术审查会。出席鉴定会的 67 家单位领导和专家一致认为：解放 CA141 燃料经济性和动力性均已达到国内先进水平；平顺性达到或优于三种日本和一种美国同类汽车水平；安全性有了很大提高，部分主要指标达到国际水平；汽车大修里程预计可达 20 万公里。

"由于汽车性能、可靠性和寿命比老产品都有很大提高，并充分考虑了多品种、系列化、通用化和标准化，社会经济效益显著。"解放 CA141（包括 CA6102）通过国家鉴定。同年 10 月 8 日，中汽公司批准定型。

解放 CA141 荣获"国家科技进步奖"一等奖。1991 年，国家委托中国汽车技术研究中心（简称中汽中心）在海南进行中型车创国优试验，解放 CA141 经过严格考验，顺利通过试验，取得了第一名的成绩。

荣获"中国汽车工业科学技术奖"特等奖。2010 年 10 月，由中国汽车工业科技进步奖励基金委员会主办的 2009 年度"中国汽车工业科学技术奖"终选结果揭晓，"一汽解放第六代 J6 重型系列商用车及其重型柴油机自主开发"项目荣获特等奖，这是该奖项自 1990 年设立以来诞生的第一个特等奖项目。

"一汽解放第六代 J6 重型系列商用车及其重型柴油机自主开发"是中国一汽"十五"期间商用车产品换代和技术升级的重大项目。评委专家认为，解放 J6 重型系列商用车各主要关键总成，特别是动力总成和电子系统都属自主研发，具备国内领先和国际先进水平。

"高品质 J6 重型车及重型柴油机自主研发与技术创新"项目还获得了2010 年度国家科学技术进步奖一等奖。这是中国科技奖项的最高荣耀，也是该奖项设立以来首次把最高奖项颁给民用车辆，是国家对一汽解放创造巨大经济价值和社会价值的高度褒奖。

解放 J6 重型车解决了高品质重型车整车、发动机、汽车电子、驾驶室和生产制造五大制约中国汽车业发展的技术难题，填补了国内11升和13升车用柴油机的自主研发与产品空白，满足了高效运营时代用户对产品高品质、高盈利能力和高安全性的要求。

在此基础上，一汽解放承担了"高品质重型商用车集成开发"等3项国家863项目和"一汽汽车发动机和动力总成电子控制器嵌入式软件平台研发及产业化"等国家"核高基"重大专项课题，对我国汽车技术创新做出了重大贡献。

70年来，中国一汽苦苦探索科学管理真谛，给行业留下了可供参考的启示与借鉴。

对中国工业管理法典（鞍钢宪法）的贡献。1958年9月19日，邓小平、李富春、杨尚昆、全国民主妇女联合会主席蔡畅等领导同志视察一汽，认真听取饶斌的汇报，总结一汽"两参（干部参加劳动、工人参加管理）三结合（工人、技术人员、干部）"经验，肯定一汽"两参一改三结合"实践经验，认为这是社会主义企业的根本制度，值得向经济战线和其他战线认真介绍。

1960年3月，毛泽东主席在批转《鞍山市委关于工业战线上的技术革新和技术革命运动开展情况的报告》的批示中，以苏联经济为鉴戒，对我国社会主义企业的管理工作进行科学总结，强调要实行民主管理，实行干部参加劳动，工人参加管理，改革不合理的规章制度，工人群众、领导干部和技术员三结合，即"两参一改三结合"制度。

1961年六七月间，国家制定《国营工业企业工作条例（草案）》（简称"工业七十条"），这是新中国第一部关于企业管理的章程。毛泽东主席把"两参一改三结合"管理制度称为"鞍钢宪法"，使之与苏联的"马钢宪法"（指以马格尼托哥尔斯克冶金联合工厂经验为代表的苏联一长制管理方法）相对立。

1964 年 7 月 10 日，邓小平同志视察一汽，他说："你们厂'两参一改三结合'取得了突出的成绩，特别是'三结合'方面效果更为明显。你们厂开展技术革新、技术革命创造了'三结合'，中央向全国转发你们'双革'报告，反响很大。毛主席十分赞赏'两参一改三结合'的正确方向。"

欧美和日本管理学家认为，"鞍钢宪法"的精神实质是"后福特主义"，即对福特式僵化、以垂直命令为核心的企业内分工理论的挑战。用当下流行术语来说，"两参一改三结合"就是团队合作。美国麻省理工学院管理学教授 L. 托马斯明确指出，"鞍钢宪法"是全面质量和团队合作理论的精髓，其弘扬的经济民主恰是增进企业效率的关键之一。

客观而言，"两参一改三结合"是"大跃进"运动时期的产物，鉴于其时其刻的环境和时代背景，中国一汽在执行过程中既有经验，也有教训。其教训是，"三结合"在实践中产生了一些偏差，相当一段时间内存在以工人为主的做法，技术人员受到排斥。

被国务院命名为"大庆式企业"。1966 年 3 月 5 日，国务院命名一汽为"大庆式企业"，这是全国 70 个"大庆式企业"中唯一一家大型汽车生产企业。《人民日报》当日发布消息和评论。3 月 9 日，中央人民广播电台以《闯中国汽车工业的道路》为题，播放了一汽的事迹。

1978 年，一汽被重新命名为"大庆式企业"。当年 7 月 15 日，党中央和国务院通过新华社转发《人民日报》评论，点了一汽的名，要求当年建成"大庆式企业"。1979 年 1 月 15 日，一汽工业学大庆通过验收。周子建说，一汽是机械工业的骨干企业，是汽车行业的主力部队。一汽建成大庆式企业，不只是关系到一个厂的问题，也不只是关系到汽车工业一个行业的问题，而是关系到整个机械工业的发展，关系到国民经济的全局。

被国务院授予"全国先进企业"奖。1979 年 9 月 28 日，国务院在人民大会堂举行授奖仪式，嘉奖工业、交通、基本建设战线的先进企业和劳动模范。参加大会的有党政军各方面负责人、群众代表以及北京市工交、基建战线的先进单位、模范人物代表共9000多人。在这次大会上，一汽被列为"全国先进企业"，受到嘉奖。

荣获"全国质量效益型先进企业特别奖"。1997年9月12日至15日，在第十次质量管理交流研讨会暨全国质量效益型先进企业表彰大会上，一汽集团被授予"全国质量效益型先进企业特别奖"。这是中国质协对1991年度至1995年度，3次以上获得全国质量效益型先进企业称号的单位作出的特别奖励。

从1987年以来，一汽连续11年进行质量效益总体战，连续7年发布关于质量工作的一号文件。在一汽内部，形成具有特色的"五位一体"质量控制体系，在中、轻、轿整车和总成生产过程中，全部采用奥迪特质量评审方法，把质量工作从企业内部延伸到市场，延伸到用户。

捧回"铜奔马"奖。1985年5月，在中国企业管理协会第六次年会上，中国一汽荣获1984年度企业管理优秀奖——铜奔马奖。全国共有40万个国有企业参与角逐，中国一汽成为10个获奖者之一。

中国一汽推行管理现代化是在两次整顿企业基础上发展起来的。第一次是1977年和1978年，按照一机部下达的企业管理12条验收标准，进行恢复性整顿，使中国一汽走上了正常的管理轨道。第二次是从1982年2月开始，按照《关于国营工业企业进行全面整顿的决定》，进行为期一年半左右的建设性整顿，奠定了迈向企业管理现代化的基础。

推行管理现代化过程中，中国一汽以现代化管理窗口形式，全面巩固和发展国家推荐的18种现代化管理方法，借鉴国外经验，总结自己的45种方法。到1985年，经过各级验收的现代化管理窗口达到2211项。

5次荣获全国"先进基层党组织"荣誉称号。其中，4次授予中国一汽党委，时间分别是1989年、1996年、2001年、2006年；1次授予中国一汽研发总院党委，时间是 2021 年。

2022 年 1 月，中国一汽制定并发布"FAWS17"先锋文化体系，全面推进精神文化提升工程。2 月，创新发布"中国一汽·先锋党建"品牌，引导全员勇当打造世界一流汽车企业、振兴中国汽车产业的时代先锋，为企业高质量发展充分发挥引领保障作用。

当年，中国一汽党委实施"16177"先锋党建计划，打造"1+10+100"党建品牌矩阵。其所属 1378 个党组织全部创建党建品牌，"擎旗""领航""融领""红心向党、旗开得胜"等基层党建品牌内涵在实践中不断丰富，引领党建工作由标准化、规范化向品牌化、数智化转变。2021 年度中央企业党建责任制考核取得 A 级评价。

坚持党建工作与经营发展深度融合。开展党内立功竞赛，评选先锋红榜集体 24 个、个人 45 人。各级党组织书记立项 1625 项，全体党员承诺践诺 27744 项，激励党员拼搏奋斗、克难奋进。统战成员"爱献做"立项攻关 2726 项，员工微店首次留资销售红旗车 15665 辆。

中国一汽研发总院党委以高质量党建引领保障高水平研发，建立"擎旗"党建品牌。制定 100 名领军人物、300 名核心人才、600 名年轻骨干金字塔形人才发展规划，持续深化"四能"改革，实施"U35 计划""U30计划"，进一步激发组织活力，累计立项攻关 2800 余项，投放整车产品 35 款，198 项关键核心技术取得突破，多项成果打破国外技术垄断。

多次被评为全国思想政治工作优秀企业。思想政治工作是中国一汽的特色之一，其最大特色是坚持与企业经营工作紧密结合，为中国一汽发展提供源源不断的精神动力。

1984 年 12 月 5 日，在中国职工思想政治工作研究会第一次年会上，中国一汽首次荣获中宣部、国家经委、全国总工会授予的"全国职工思想政治工作优秀企业"称号。这是中国一汽 30 年思想政治工作与经济工作紧密结合的成果，自此后，中国一汽连续多年被评为全国职工思想政治工作优秀企业。

1996 年，时任一汽总经理兼党委书记耿昭杰被评为《半月谈》思想政治工作创新奖特等奖第一名。

概括起来，这个阶段中国一汽在思想政治工作方面的主要经验有四条：

一是，培育职工的现代意识，比如产品换型改造中的"换型意识"；上轿车、干轿车中的"轿车意识"；拼抢国内市场、开拓国际市场中的"名牌意识"，使 10 万职工树立起富有时代特征的思想观念。

二是，开展"我是一汽人"大讨论，作为"一汽思想政治工作的主旋律，一汽职工队伍建设的思想工程"。大讨论整整持续 3 年，同爱国主义教育、集体主义教育、社会主义教育结合起来，激发了 10 万职工振兴民族汽车工业的责任感和使命感。

三是，探索思想政治工作的新思路"深进去、跳出来"。"深进去"即把思想政治工作深到经济工作中去，形成分不开、离不开的相互格局；"跳出来"即在工厂进行重大抉择时，提供重要决策思想，实现党组织对经济工作的思想领导。

四是，把握思想政治工作和企业管理的结合点——精益生产方式。作为思想政治工作的最佳结合点，从根本上解决"两张皮"的问题。

科技引领产业

汽车历来被喻为"现代工业之花"。在这朵工业之花上，谁占领科技创新制高点，谁就能在强手如林的竞争中立于不败之地。毕竟关键核心技术是买不来的，中国汽车工业要做大做强，就必须靠科技创新自立自强。

从"新中国汽车工业长子"诞生至今，科技创新灯塔就深深地刻在中国一汽基因里。此后70年，中国一汽从无到有、从小到大、从弱到强成长壮大，根本原因在于科技创新推动企业持续发展。现在和未来，中国一汽仍将坚持科技是第一生产力，人才是第一资源，创新是第一动力，实施创新驱动发展战略，打造世界一流企业，为强大中国汽车产业，建设制造强国做出应有贡献。

新中国汽车工业发展始于一汽建设，这已成为中国汽车产业界的共识。同样众所周知的是，一汽建设是在苏联全面援助下进行的——工厂设计任务书、初步设计、技术设计由苏联汽车拖拉机工业部汽车拖拉机设计院设计完成；苏联派遣180名专家支援一汽建设，并接受一汽518名实习生；斯大林汽车厂全面包建一汽，并根据中方要求提供组织设计……从这里可以看出，一汽的科技创新发展之路从引进消化吸收苏联技术开始。

结果有目共睹：3年建成一个高起点的中国汽车工业基地，而且自制率达到75%。一汽不仅全面掌握了生产技术和管理方法，还很好地消化吸收了试验技术、制造工艺、生产准备等产品开发流程和技术。在引进消化吸收的基础上，这些丰硕成果助推一汽乃至中国汽车工业走上自主发展之路，并且成为中国汽车工业的共同财富。

齿轮是最难啃的骨头之一。作为汽车构造中极其重要的关键部件，齿轮加工是汽车零部件加工中难度最大的加工工序之一，尤其在一汽建厂初期，中国零部件基础几乎为零的背景下，更是难上加难。1956年一汽投产时，苏联还无法提供专门用于加工生产汽车后桥齿轮的格里森机床。为此，一汽聚集一批齿轮加工技术人员和工人，将从全国各地调集来的机床安装好后试生产。攻关组夜以继日地实践操作，终于让第一辆国产汽车装上了中国人自己生产出来的齿轮。

突破汽车用钢难题也是一块硬骨头。1956年，解放牌汽车投产之初，大部分生产钢材由苏联供给，国产自给率只有 19%。这种情况不仅制约着汽车生产，而且还要耗费国家本已十分紧缺的外汇资源。为改变这种状况，1957 年，一汽在冶金处金属试验室成立结构钢科研小组，与国内钢厂合作，经反复多次试验试制，终获成功。到 1962 年，汽车用钢国内自给率提高到 98%，基本实现汽车用钢的国内自给，摆脱了依靠进口的局面。

除提高解放牌汽车用钢国产化外，一汽还根据中国资源情况研发新钢种。比如研发热轧低合金高强度钢板，使单车节约钢材 35 公斤。到 1998 年，累计节约钢材 4.5 万吨，节约费用 1.35 亿元。再比如开发低碳轮辋钢，采用 12LM 汽车用钢，使每车减少废品损失 9.3 公斤。从 1988 年投产到 1998 年，10 年间生产汽车 100 万辆，节约钢材 9300 吨，节约费用约 2790 万元。12LM 新钢种轮辋被全国汽车行业采用。

还有开发冷轧含磷深冲压高强度钢板。成立由一汽、鞍山钢铁公司、宝山钢铁公司组成的课题组，研制不同强度级别的含磷钢板系列，并于 1988 年转入生产。这项课题获得国家科技进步二等奖。随后，按照一汽和其他汽车企业的要求，宝钢与武钢分别试制成功不同牌号含磷钢板，使钢材消耗降低 14%。

建厂初期，解放牌汽车所有钢种均为镍钢、铬钢、纯钢，由于外国封锁和国内资源短缺，铬钢供应非常困难，严重影响汽车生产。通过大量研发工作，一汽成功用锰硼钢代替镍铬钢，保证了汽车生产。自投产以来，一汽用 6 年时间实现解放牌汽车用钢材的国产化。后来，一汽陆续研发车轮轮钢和车身零件等汽车部件用钢。这些新钢材的研发和生产，使解放牌汽车用钢情况发生根本变化，一汽建成了载重车用钢体系。

一汽研发"争气炉"填补技术空白。20 世纪 60 年代初，被誉为近代热处理技术三大成就之一的可控气氛在全球推广，但在我国还是一片空白。经过艰苦攻关，1966 年 10 月，一汽自行设计、自行制造的第一台煤气加热可控气氛连续式渗碳炉诞生，达到当代国际水平，填补了我国渗碳炉技术空白。该设备取名为"争气炉"。

随着首套无罐炉在一汽诞生，拉开了我国可控气氛热处理的序幕，创下了好几个全国第一，无论无罐炉还是发生炉、露点仪都是国内第一套。"争气炉"与英国 20 世纪 60 年代生产的无罐炉相比，技术水平大致处于同一档次。这说明经过 4 年半努力，一汽在这一技术领域向前推进 20 多年。为使用方便，一汽决定自己制造电加热无罐炉。1969 年年初设计，10 月下旬制造安装完毕，调整投产不到一年时间，设备取名为"争光炉"，在解放牌汽车生产制造中发挥了重要作用。

在电子计算机应用方面，一汽可谓领行业之先。早在 1968 年，一汽就成立生产控制技术工作队，确定试验技术路线，不再自行制造电子计算机，而是采用国家组织研制的 DJS-C2 机，一汽专注于企业管理数据处理。1972 年，生产控制队进行改组，成立电子计算站，隶属一汽财会处领导。

经过试验，1974 年，中国第一张电子数据处理报表在一汽电子计算站诞生。此后，从工资到生产作业计划与统计，从定额成本计算到有关明细表，从日报到月报，均从这里诞生。

1975 年，钱学森在内参上发表一汽在企业管理中成功应用电子计算机的情况，引起国家机关高度重视。国家计委召集全国几十个大型工业企业和科学院计算所代表，到一汽召开现场会。大家认为，一汽负责的"数据处理中间试验"项目，完成了计划任务书规定的内容，其成果填补了国内空白，具有重大应用价值和广阔发展前景。

改革开放后，一汽通过引进技术，利用外资，来实现汽车工业的现代化。换言之，也就是在引进消化吸收世界先进技术的基础上，迈向独立自主发展之路。这一阶段最突出的表现是奥威 CA6DL 和解放 J6 的诞生，前者让国产载重车有了自己的心脏，后者将中国重卡带进了新时代。

经过多年苦心钻研，2003 年 12 月，一台拥有全部自主知识产权、国际先进水平的柴油发动机奥威 CA6DL 下线。这一成果震惊了世界汽车行业，它不仅将我国重型柴油机与世界先进水平 20 年差距变为零，也一举摆脱过去一味模仿国外产品的尴尬，为中国汽车装上了"澎湃动力的中国心"。

解放 J6 几乎是在一张白纸上画画。当时中国一汽正在跟奔驰公司谈合作，奔驰方面认为，中国一汽不可能在一张白纸上画出一辆车来，而且还要画出整车、底盘、发动机、变速箱、桥等一整套。但最后，一汽却将设计思路通过科技创新变为现实，解放 J6 代表中国一汽人的信心、信念和拼搏精神。

在此基础上，中国一汽科研团队攻克无数技术难题，研发了以解放 J7 为代表的其他产品，为解放品牌实现国内重卡销量六连冠、中重卡销量五连冠，品牌价值连续 10 年国内商用车第一奠定了雄厚的科技根基。

2009 年 10 月，中国一汽中标 MV3 项目。这是中国一汽时隔 30 年后重建越野车平台。虽然前期设计时面临七大技术难点，但中标标志着中国一汽在自主控制技术领域的一次重大胜利。

在发动机共轨技术这个世界性难题面前，中国一汽彻底打破了国际汽车巨头的垄断。早在 1999 年，当时的无锡油泵油嘴研究所（1995 年改制，加入中国一汽，现隶属于一汽解放动力总成事业部）就开始研发电控高压共轨柴油喷射系统，并用 10 年时间攻克了这一世界难题，让柴油发动机拥有"大脑＋心脏"。中国成为继德国、美国和日本之后，第四个攻克这一尖端技术的国家。

2007 年，中国人民解放军原总装备部立项，将高压共轨系统技术进一步升级，应用到新一代中型战术军车上，为高压共轨技术产业化奠定基础。2012 年，30 多辆搭配电控高压共轨系统的军车完成道路试验，2013 年完成生产定型，进行批量供货。之后，中国一汽高压共轨系统还中标军用重型车、高功率密度特种车辆、超重型军车、坦克和舰船等军品开发项目。

紧接着，一汽无油所再用 10 年时间，以电控高压共轨柴油喷射系统产业化为导向，牵头国家 04 重大科技专项——电控共轨柴油喷射系统制造技术与关键装备的研发和应用课题，联合汽车、内燃机、机床三大行业攻关，致力于高档数控机床国产化。

2014 年，04 重大专项课题通过国家验收，包括 12 台超精加工设备、"五轴"加工中心、亚微米精度数控硬切削机床等达到国外同等水平。高压流量试验台、喷油器综合性能试验台打破国外垄断。这些设备造价大都不到同类进口设备的 1/3。专项课题还形成 67 份研究报告、46 项专利技术和 18 项技术规范与标准。

中国一汽自主研发的双电机混合动力系统 FAW-TMH，创造性采用双电机并联强混合动力技术构型，实现节油 42%，达到了国际顶尖水平。通过承担电动汽车重大专项，中国一汽发明电机与发动机及变速器双耦合的强混合动力构型，获中美两国发明专利，研制了国内第一款强混合动力轿车（B70HEV）和插电式混合动力（B50PHEV）轿车，以及 3 款混合动力客车产品。

经技术检验协会 TüV（Technischer überwachungs-Verein）认证，B70HEV 节油率 35.2%、二氧化碳排放 125 克 / 千米，满足欧洲 2015 年法规限值（130 克 / 千米）。整车构型功能和节油效果与丰田 Prius 相当。中国一汽奔腾深混式和插电式混合动力轿车自主创新与产品开发，获 2011 年"中国汽车工业科学技术进步奖"一等奖。

2023 年 1 月，国内首款 V 型 12 缸直喷增压发动机 V12TD 在中国一汽研发总院试制成功。V12TD 发动机基于国内唯一红旗 V12 平台全新升级，最大功率 560 千瓦（762 马力），峰值扭矩 1100 牛·米，性能指标达到国际领先水平。该发动机将搭载混动系统匹配红旗旗舰车型应用，为红旗品牌新能源战略提供支撑。

在国庆 60 周年阅兵仪式上，大气典雅的红旗检阅车吸引了亿万中国人的目光，检阅车搭载的 V12 发动机，不仅填补了国内空白，也使中国成为继德国、日本之后，第三个拥有 V12 平台的国家。

研发过程中，V12TD 发动机项目团队通过对超大功率燃烧系统设计、V 型机两列一致性控制、双 ECU 自主电控系统开发、高精度 3C 件试制等关键核心技术攻关，成功完成燃烧、换气等关键系统技术突破，打破国外制造技术壁垒，攻克了行业制造难题。

进入新汽车时代，中国一汽继续创新前行，绘就"风景这边独好"时代篇章。2019—2021 年，一汽累计申请专利 11192 件，其中发明专利 5587 件，2020 年专利公开量汽车行业第一，2021 年专利授权量汽车行业第一。2022 年，一汽累计申请专利 6487 件，其中发明专利 4869 件，占比约 75%，专利公开量、授权量位居中国汽车行业第一。

顶层设计方面，中国一汽强化技术创新集团管控。自 2020 年发布"阶旗技术发展战略"以来，聚焦"All in"新能源战略，迭代发布技术发展规划和整车关键技术全景图。

重大专项技术攻关方面，通过实施"3310""1025"技术攻关，中国一汽加快突破卡脖子问题。资料显示，2019—2021 年，累计突破关键核心技术 328 项，其中多项成果打破国外技术垄断，红旗超级电动智能平台架构、国内首款高效率氢气缸内直喷发动机等 30 余项技术达到国际先进水平。

科技创新方面，2023 年，中国一汽研发总院重点突破 PB111 电池零下 7 摄氏度可用能量高达 98.5 千瓦·时，实现电池低温能量无衰减；LDU45 混动变速器纵置前驱双电机多档构型及 PHEV 电池复合材料箱体等技术全球首发；20TD 混动发动机热效率达成同级最高的 44.42%；开发完成整车 SOA 中央计算式软硬件架构平台，交付 140 项软件功能；整车芯片国产化率由 4.9% 提升到 11.4%，2023 年年底必达 20%。

接下来的重点任务是，确保"红旗定制电芯、自动驾驶厘米级定位、多模态主动交互"等新技术搭载应用。

尤其是在智能网联方面，重点突破基于 SOA 中央控制的智能网联架构。2023 年年底率先投产集成国产操作系统、国产 SOC 芯片和全自主应用层软件的纯电车型。加速构建互联网特征的软件开发者平台、拉通 ToB+ToC 的生态链，建立面向用户需求的软件可定制、硬件模块化的高性价比、高灵活性的服务化功能迭代模式。

同时，加快大模型技术赋能自动驾驶和用户智慧推荐节奏，快速落地核心电控系统垂直整合的产业化，在自动驾驶、车联网、补能生态方面探索新型产业模式。不断通过科技创新、管理提效、生态赋能，在新能源智能网联汽车主战场获胜、算盈。

这是中国一汽在从汽车大国迈向汽车强国的科技创新大考中交出的答卷。

践行央企责任

从建厂那一天起，中国一汽就承担起"长子"的经济、社会、政治责任，为国分忧，为国担责。这是一份沉甸甸的责任，中国一汽不负重托递交了一份合格的答卷。

计划经济时代，企业要发展，还要办社会，全方位承担职工的生老病死以及子女教育就业问题。一汽职工子女教育事业从 1954 年起步，在南岭成立第一所学校——652 厂子弟小学，到 1961 年成立子弟教育科时，已有职工子弟中学，第一、第二职工子弟小学三所厂办学校。1960 年，一汽创办汽车工业学校，到1969年停办，为一汽培育了一大批中级技术和管理人才。

随着工厂生产发展和职工人数增多，厂办社会服务事业规模日益扩大，项目也不断增多。"文革"以后，大批知识青年返城，职工子弟就业困难。为解广大职工后顾之忧，按照上级指示，从1979年5月起，一汽各单位都办起知青工厂、附属工厂，肩负起安排知青就业的重任。

20世纪80年代初期，一汽主管后勤工作的副厂长被称作"×政府"。虽身为副厂长，却需要肩负起全厂8万多名职工的衣食住行，外加3万多名集体职工、9000多名幼儿，十多万人的生老病死，都要过问，还得管好。

这个副厂长不仅领导集体企业管理处、房产处、生活福利处、厂区管理处、子弟教育处、卫生处等后勤管理部门，还身兼长春市和一汽所在区域的储蓄、保险、爱国卫生、文明建设、计划生育等十多个委员会的主任或副主任职务。

一汽专门设置一个副厂长，主管这些理应由地方政府负责的社会服务事务，旨为汽车生产创造一个良好环境和不断提高职工生活福利水平。这经历了一个逐步发展的过程。

一汽建厂时期，由于地处长春市西南郊区，没有现成的城市服务配套设施可以利用，建设厂区的同时建起职工生活区，号称汽车城，包括100多栋职工宿舍、十多个职工食堂和职工医院、托儿所、理发室、澡堂等生活福利设施。主管部门有房产处、生活福利处、卫生处（职工医院）。在三年困难期间，还一度成立农副业生产处，在长春、大连、查干泡等地建立13个农场和养殖场，耕地4000多亩，为改善职工食堂的副食品供应起到积极作用。

进入20世纪80年代，一汽厂区面积和生活区面积不断扩大，城区建设、环境治理任务日益繁重。1981年10月，吉林省政府批准一汽保卫处改名为公安处，行使公安分局的职能。1986 年 3 月，经长春市政府批准，一汽厂属厂区管理处代表政府行使汽车厂区域城建管理工作的职能。

为解决后备技术人才来源不足的困难，一汽除 1978 年恢复汽车工业学校外，1985 年 4 月 1 日，又成立长春汽车工业高等专科学校，担负起为发展汽车工业培养急需和短缺人才的职能。

一汽对内履行社会责任是从最初的办职工福利、办职工子弟教育逐步发展到办大专学校、办知青就业、办城区建设、办社会治安的。20 世纪 90 年代初，这种情况处于鼎盛时期。一汽承担社会责任的部门或单位的职工，包括在各基层单位从事社会服务工作的人员在内，有 4 万多人，其中全民职工约 1 万人，集体职工约 3 万人。

他们为一汽生产和职工生活创造了安定团结的良好环境，为不断改善和提高职工的生活质量、解决后顾之忧，为积极培育后续人才做出了较大贡献。这是一方面。但另一方面，因其非营利性，比如各单位所办知青工厂中，许多依赖主办厂物资和资金资助维持，因而也给一汽带来沉重的经济负担。据有关部门统计，一汽平均每年在办社会服务事业方面开支 4 亿多元。

从 1993 年下半年开始，根据《公司法》和建立现代企业制度要求，对厂办社会服务事业进行组织结构和经营机制的初步改革。1994 年 4 月 21 日，一汽成立实业总公司，把房产管理处、卫生处、厂区管理处、生活福利处、电信处、子弟教育处等 6 个服务性事业单位划入管理，待条件成熟后，逐步转入经营型单位。

4 月 23 日，一汽决定，在原劳动服务公司基础上成立四环企业总公司，强化集体企业管理职能，对各专业厂所属 95 家知青厂规模效益进行测算，以及企业结构重组和调整。

在新时代，中国一汽全面落实党中央、国务院关于中央企业履行社会责任的精神，对照国务院国资委创建世界一流企业三大标准，以"促进人·车·社会和谐发展"的责任理念为依托，升级社会责任管理，携手客户、伙伴、员工等利益相关方，多维度、全方位践行社会责任。

党的十八大以来，中国一汽先后派出挂职干部33人，实施270多个帮扶项目，近50万贫困人口从中受益。年度扶贫资金从2013年2247万元增加到2019年7730万元，增长240%，目前已累计投入扶贫帮扶资金15.7亿元；支持特色精准扶贫项目300余个，直接帮扶建档立卡群众11.8万人实现脱贫，35.5万贫困人口间接受益。

中国一汽坚决把脱贫攻坚作为重大政治任务，先后承担3省5县7村的帮扶任务。自2002年开始援藏，对口支援西藏昌都市左贡县，2016年起增加昌都市芒康县。一汽2010年开始承接扶贫开发任务，定点帮扶吉林镇赉县，2013年增加广西凤山县，2014年增加吉林省和龙市。

从2021年起，中国一汽在保持主要帮扶政策和资金投入力度不减的基础上，以"五大振兴"为抓手助力定点帮扶对象脱贫。

一是助力产业振兴。发挥镇赉县资源优势，投入897万元建设水产品综合交易市场，带动群众发展稻蟹共作生产模式，农户每公顷实现增收7000~8000元。在凤山县投入700万元，规划建设集蔬菜种植、观光旅游、休闲农业于一体的田园综合体项目，以点带面推动农村新发展。

二是助力人才振兴。启动乡村振兴人才成长计划，初步打造"3+1"人才振兴组合帮扶模式，聚焦基础教育、职业教育、干部赋能培训。建设汽车实训基地，捐赠20辆非商品车作为教学拆解使用。结合中国一汽用工需求，定向培养、定向招工，吸纳职业院校学生实习就业300余人，其中帮扶县68人。

三是助力文化振兴。中国一汽与和龙市共建"一汽农家书屋"，为村民提供书香文化服务。

　　四是助力生态振兴。中国一汽投入313万元，在镇赉县新立村规划建设人畜分离牧业小区，壮大畜牧养殖，改善人居环境，打造生态振兴示范点。

　　五是助力组织振兴。中国一汽及其分子公司7家单位与帮扶地区结对共建，助力基层党组织及党员队伍建设。

　　2019年4月，吉林和龙市、镇赉县脱贫摘帽；同年12月，西藏左贡县、芒康县脱贫摘帽；2020年5月，广西凤山县脱贫摘帽。到2023年5月，5个帮扶地区全部脱贫摘帽。

　　中国一汽充分发挥中央企业顶梁柱作用。汶川特大地震后，迅速组织捐款捐物近7000万元，组建医疗队、技术帮扶队奔赴灾区开展救援和援建，开展"333爱心助学工程"。在支援西南大旱、玉树地震、吉林市和延边洪灾等工作中，先后捐款捐物超过2100万元，派出民兵分队奔赴灾区开展救援工作，支援灾区建设。

　　在使命与责任驱动下，红旗品牌于2017年设立"红旗扶贫梦想基金"。项目启动以来，累计建设"红旗梦想智慧学校"15所，开设"红旗梦想自强班"211个，覆盖15省108县25个民族，受益高中学生10575名。截至目前，已有7000余名学生完成高中学业，多名学生考入北京大学、清华大学等知名学府。"红旗扶贫梦想基金"荣获民政部第11届"中华慈善奖"。2023年高考期间，红旗品牌开展"高考公益送考"活动，累计110家体验中心、346名车主参与，护送考生1751名。

　　在践行央企社会责任方面，中国一汽坚持透明运营，主动披露履责信息。自2008年以来，已累计发布12本年度社会责任/可持续发展报告，内容包括经营活动对经济、环境、社会等领域产生的直接或间接影响，取得的成绩以及不足等信息。迄今，中国一汽已连续5年举办社会责任周活动。

　　成效显著。自2017年国务院扶贫开发领导小组开展中央单位定点扶贫工作考核以来，中国一汽连续5年获得"好"的最高评价。在92家承担定点帮扶任务的国资央企中，仅 16 家连续五年获得该荣誉。中国一汽帮扶案例还多次入选国务院国资委、国家乡村振兴局定点帮扶工作相关典型案例集。

2021 年 2 月 25 日，党中央、国务院授予中国一汽扶贫工作领导小组办公室"全国脱贫攻坚先进集体"荣誉称号。中国一汽坚信，脱贫不是目的，持续共同富裕才是目标，未来将继续秉持"促进人·车·社会和谐发展"理念，助力人们实现美好生活、美妙出行。

铸先锋党建丰碑

70 年奋斗征程中，中国一汽始终坚持把党的政治建设摆在首位，始终做到讲政治、顾大局，坚持以发展为第一要务。中国一汽党建工作的最大特色，是长期坚持与企业发展紧密联系，坚持"深进去、跳出来"，为实现国有资产保值增值，提高国有企业核心竞争力，提供强大的政治动力和组织保证。

建厂时期，一汽紧紧围绕"三年建成汽车厂"中心，在如何把政治工作融入生产建设、学习技术、掌握管理等各项工作方面，进行了大胆的实践，保证了高速度、高质量地完成建厂任务。

1956 年以后，一汽先后实行党委领导下的厂长分工负责制和职工代表大会制，加强党对企业的领导。这个时期，在全面掌握汽车生产的本领，实现设计能力，向科学技术进军方面，一汽党委做了大量工作。

从 1961 年到 1966 年，一汽分别根据党的"八字方针"和《工业七十条》等中央精神，以企业整顿和实现 6 万辆为中心开展扎扎实实的政治工作，首次建成大庆式企业。

改革开放初期，一汽党委组织干部对照工厂实际，从理论和实践的结合上体会到党中央提出改革企业领导制度的问题，不仅符合全国工业战线的实际，也完全符合一汽的实际。特别像一汽这样的老厂、大厂，又是一个产品亟待换型、设备亟待更新和进行全面技术改造的工厂，改革企业的领导制度，更加必要、更加迫切，是工厂各项建设工作中的头等大事。

一汽党委努力探索政治工作和经济工作结合的新途径，"四同时"就是适应形势发展需要创造出来经验：在布置生产任务的时候，同时进行思想发动；在组织实施的时候，同时开展立功竞赛；在检查工作的时候，同时调查职工的思想动向；在总结工作的时候，同时表彰好人好事。

党的十一届三中全会后，中央大力提倡精神文明建设，并把它作为一项战略措施。一汽党委深受启发，1981 年，在全厂广泛开展"创文明工厂、建文明家庭、做文明职工"活动，之后发展到创建文明汽车城。经过 3 年多实践，一汽以"创、建、做"模式为纽带，实现精神文明建设和物质文明的统一。

从此，一汽的党建工作和生产经营管理工作，既不是"两张皮"，也不是一般的"混合"，而是"化合"，通过文明生产这个环节有机地融合在一起。1984 年 12 月 5 日，一汽首次荣获"全国职工思想政治工作优秀企业"光荣称号。

1988 年，为适应厂长负责制的要求，一汽建立党的政治工作新体制，厂和专业厂两级党委书记兼任副厂长，分管思想政治工作。在解放换型改造时期，一汽走出一条政治工作与经济工作相结合的新路子，全体员工达成"厂兴我荣、厂衰我耻"共识。

没有思想上的破冰，就难有行动上的突破。1994 年，中国一汽走到生存与发展的决战关头——年产 15 万辆轿车基地即将建成投产，"三车一机"需要尽快创效益，经济整顿和推行"精益生产方式"迫在眉睫，迫切需要职工有新思想、新观念来适应新形势。一汽党委九届五次全委扩大会议决定，在全公司内开展"我是一汽人"大讨论，培养轿车意识、精益意识、危机意识。

建设"规模百万化、管理数字化、经营国际化"时期，中国一汽围绕"以用户为中心，创建适应入世要求的新一汽"任务，提出"我的用户是谁""我的用户需要什么""我为用户做了什么""我还能为用户做什么"的"4W"理念，开展深入务实的教育实践活动，使用户意识深入到每一名员工心中。

党的十八大以来，中国一汽深入贯彻落实习近平总书记视察一汽重要讲话精神，深化中国一汽先锋党建品牌建设，弘扬中国一汽先锋文化，推动企业高质量发展。

创新发布"中国一汽·先锋党建"品牌，实施"16177"先锋党建计划，打造"1+10+100"党建品牌矩阵，中国一汽党委所属1378个党组织全部创建党建品牌。坚持党建工作与经营发展深度融合，深化"一党委一课题、一支部一品牌、一书记一项目、一党员一旗帜"的"四个一"行动。

将党建融入公司治理结构中——推进党建要求进章程，中国一汽及所属73家全资、控股子公司全部实现党建要求写入公司章程。坚持"双向进入、交叉任职"领导体制，中国一汽所属13家二级子公司，均按要求设置规范化董事会。

中国一汽坚持党管干部原则，坚持事业为要，突出选人用人标准。一方面，采取赛马机制、代理负责制、搭建继任者梯队等方式，让主动挑战、勇于担当的干部干事有平台、作为有空间；另一方面，奖罚分明。坚持干部提拔、退出与工作业绩强相关，班子薪酬与经营业绩强挂钩，完成高目标的薪酬增长20%~40%，承接低目标且未完成的，薪酬下降30%~50%。

抓责任制必须抓考核，坚持党建考核与经营业绩考核有效联动，这是中国一汽党建的经验启示。

中国一汽党建责任制考核结果呈现"两个基本一致"：一是现场考核、满意度测评、日常掌握情况基本一致。考核发现问题与有关方面掌握情况总体吻合，考核结果靠后的单位群众满意度也在后。二是经营业绩考核、党建责任考核结果基本一致。

实践证明，管党治党责任和治企兴企责任有机统一，只有用好考核"指挥棒"，把党的建设考核同单位经营业绩考核衔接起来，才能促进领导干部把两个责任抓在手上、扛在肩上。

新时代的中国一汽，在党的二十大精神指引下，正向世界一流汽车企业愿景加速迈进。

不拘一格降人才

70 年前，中国一汽从一张白纸起步，将孟家屯荒原绘成一幅气象万千的精美画卷。究其根本，主要得益于对人才的重视和培养。

早在 1952 年 1 月，一汽在筹备阶段就成立了训练处，后来改名为技术教育处。十几名大学毕业生（包括清华大学、上海交通大学的毕业生）被充实到技术教育处，技术教育处成为当时一汽三大处之一。

为系统全面提高工人文化和技术理论水平，培养基层骨干，技术教育处开办了一所技术学校，还建立了由业余文化学校、业余中专和业余大学等组成的职工业余教育体系。建厂初期，这几所业余学校都建立起为夜班工人补课开设"倒班课"制度。学习蔚然成风，成为推动一汽建设和发展的巨大动力。

1952 年，郭力到长春后，进一步招兵买马。首先请求中央和东北局选调主要领导干部，建立工厂领导班子框架和精干的办事机构。在汽车工业筹备组基础上，进一步招聘从欧美回国的"海归"专家。通过上级机关由京、津、沪、苏、豫、鄂、川等地选调、招聘过去曾从事过汽车维修和机器制造的工程技术人员和技术工人。派人到北京、天津、上海等地大学，动员应届毕业生成批到一汽参加建设。到1953年建厂前，陆续招集各方面人才逾千人。这些人经过在职学习和培训，组成创建了汽车工业的技术、业务队伍。

接着，又通过上级机关，请各省市抽调从县级到省级的各级党政领导干部，支援一汽建设，有数百人。调来后经过各种渠道培训，组成一汽各个部门领导骨干。对调来的各级党政领导干部，分别送到清华大学、大连工学院（现大连理工大学）、人民大学为转业干部专门开办的速成班补习文化，学习业务。对部分学历较高者，则选送到大连俄语专科学校学俄文，以派送到苏联实习和配合苏联专家来厂工作，他们成为技术业务领导和骨干。还有的派到国内机械行业任职实习，让他们在工作岗位上边干边学，掌握生产技术和管理业务。

3年建厂，一汽从四面八方集结1.5万多人建设队伍。其中工人7515人，有2964人是各兄弟厂矿支援的四级以上技工，有4551人是农村高小、初中毕业的优秀青年，这是后备和突击力量。有技术人员1431人，其中老工程师95人，解放后毕业的大学生585人。

进入20世纪90年代，一汽集团大胆探索干部培养管理的新方法和新机制，持续优化干部队伍结构，建立适应社会主义市场经济体制的人才队伍。

当时企业员工出现老化趋势，一些技术骨干后继无人。1992年统计显示，在一汽集团几百名处级干部中，年龄40岁以下者仅占2%，近40%没有高等学历。为此，一汽集团着手制定"九五"人才工程规划，制定专业技术职务考评办法和专业干部管理办法，下发评选有突出贡献的高级技师、技师、技术能手实施方案。

多渠道、多形式、高层次人才培养提上一汽集团日程，比如选送管理骨干参加吉林工业大学在职业余管理型硕士研究生班深造，委托哈尔滨工业大学代培博士研究生。再比如向国内外有关单位选送人才，参加各类高层次的学习和培训。

围绕"五车一机"，面向技术复杂、科技含量高的岗位，一汽集团选拔各类各层次专家，评定各类高级、中级技术专业职务，建立一支优秀青年干部队伍和各级各类人才预备队。

1994 年，一汽集团实施"801"人才工程，有 64 位 20 世纪 80 年代毕业的大学生走进领导班子，每个专业厂、处室领导班子中都陆续有一名大学本科毕业生担任领导职务。这一举措为一汽集团中层干部增添新鲜血液，年龄和知识结构均发生了变化。当时一汽集团 9 名领导班子中，有 5 位从"801"人才工程中成长起来。

紧接着，一汽集团新领导班子在"801"人才工程基础上，采用国际先进人才资源开发手段，启动"901"人才工程。通过学习和实践，一汽集团构建了一支高级经理人才队伍。从 2001 年 3 月起，一汽集团引入竞争机制，公开选拔高级经理。这种做法在一汽集团内部引起强烈反响，以赛马方式选良驹，一批年轻干部脱颖而出，登上舞台实现自我价值。到 2001 年年末，有 306 名年轻干部充实到生产、经营、管理领导岗位上。

旧的分配制度和大锅饭现象一度造成人才外流。据统计，1993—2000 年间，一汽集团流失人才 370 名，占引进人才的 17%，比如电算处技术人员流失到新加坡就有 30 多人。一汽集团通过改革，寻求适应企业发展的用人机制。2000 年进行了三项制度改革，提出分配凭能力，收入凭贡献，把工资向技术含量高的岗位倾斜，实行岗位贡献工资制，新分配方案更重视知识和技术含量。

2001年，为不担任领导职务的各类人才设立"绿区"。所谓绿区，准确含义是非领导职务、高层次人才评聘办法，这一区域因在电脑上呈现绿色而得名。凡经过考核聘用的管理人员、技术人员、操作工人，都可以进入绿区。只要被评聘进绿区，就能享受同等待遇。

一汽集团的核心人才群体，不仅包括高级经理（领导干部），还包括有突出贡献的技术工人。李黄玺运用机、电、钳、液压、气动和计算机等方面技术，先后攻克国际上刚采用的伺服驱动系统等63项技术难关，成功改进4条具有国际先进水平的造型线，直接节创价值达130多万元。他从一名普通铸造维修工，成长为一名掌握高精尖科技、熟练驾驭精良设备的当代产业工人，2000年获得"全国劳动模范"称号，被中国一汽破格提升为高级工人技师，享受高级经理待遇，进入企业核心人才库。

李凯军技术拔尖，在制造高精尖复杂压铸模具方面，技术风格独特。他加工的铸件模具，要求精度是1道，也就是头发丝细度的1/8，每次产品合格率均达到100%。中国一汽几乎所有自主车型的大型精密高端零部件，都有他的参与，包括换型改造、"红旗"工程等战略中，很多高难度压铸模具的制造。2002年，他获得了技术工人技能水平最高奖。

2017年9月18日，中国一汽启动"四能"改革，以干部能上能下、员工能进能出、薪酬能高能低、机构能增能减为核心，实行优进劣退，打破用人僵化机制。

措施有三：

一是全体起立，公开竞聘。岗位全部重置，人员重新匹配。遵循"事业为上、人岗相适、双向选择、量才录用"原则，雷厉风行，接续进行。

二是畅通渠道，能上能下。改革过程中，不唯资历、不唯年龄，鼓励年轻干部参加竞聘。拓宽通道，采取改任非领导职务、转聘专业序列等多种方式灵活退出。所有上岗高级经理签订市场化承诺书，约定三年任期，打破干部身份铁交椅。这次改革，中高级经理竞聘上岗 353 人，退出 67 人，淘汰率 16.7%。新提拔 147 人，其中 80 后占比 17.7%。中国一汽高级经理平均年龄下降 3 岁、总部下降 5 岁，年轻干部占比由 5% 提升至 18.3%。

三是逐层展开，有序推进。高级经理匹配上岗后，集团总部 5 天内完成所有干部起立竞聘，分子公司全面跟进，完成 2.8 万余名干部起立竞聘，其中进入人岗匹配中心 1714 人，占比 6.2%。

"918" 大改革，改变了中国一汽这家老国企因循守旧的固化思维和陈腐观念，不仅构建起以用户为中心、以产品为主线的管理架构和研发体制，还实现了集团总部直接运营红旗的创造性变革，建立起不养懒人、闲人、庸人，取酬凭贡献、晋升看业绩的市场化激励机制。

中国一汽将"科技是第一生产力、人才是第一资源、创新是第一动力"作为根本遵循，推进"擎·才"人才战略落地，实施"百千万人才工程"，探索立体化多元化人才引进模式，以及高层次科技人才培养计划。

2023 年，中国一汽打造事业发展命运共同体，发布"中国一汽人才政策 3.0"，推进"双百"（百人接力奋斗，百年基业长青）顶尖人才培养计划，强化班子建设、梯队建设、年轻干部队伍建设。实施高层次人才引进 High 计划，精准引进科技领军人才、强国紧缺人才和优秀青年人才。实施成熟人才"集聚计划"和校园人才"青苗计划"。实施"焕新 365"赋能计划，深耕"红旗学院"布局。

站在山巅看世界

学习是中国一汽精神的基石。

一汽创业始于学习造汽车，一汽发展靠学习世界先进造车经验、消化吸收再创造。为实现坐上中国人自己制造汽车的梦想，一汽人奋发图强、不甘人后、不懈学习，最终让民族汽车遍布全国、走向世界。

建厂初期，一汽人面临的最大困难是不会造汽车，但一种民族的责任感和使命感，使一汽人面对困难时，在学习中创新，在抗争中发展，只用3年时间，就建成第一汽车制造厂。如果问是什么造就了一汽，那就是全员性的学习。

学习使新中国汽车工业在一穷二白情况下实现从无到有，也奠定了中国汽车工业持续发展的根基。

分配去砌砖的战士，开始技术不熟练，每天只能砌五六百块砖。他们虚心学习，刻苦钻研，抓紧晚上空隙时间，摸黑反复练习反转调头，锻炼用手识别砖头好坏，创造了双手砌砖、小铁桶灌浆的操作方法，使砌砖速度由每天五六百块提高到一天砌两三千以至4000块砖的高纪录。

分配去当油漆工的战士，有的开始不会刷，就拜老工人为师，恭恭敬敬地学。为了不浪费国家财产，开始时提个桶用刷子蘸水练习，熟练一点后用刷子蘸石灰水练习。就这样，学会油漆技术，担负起主厂房的油漆工作。

在锻工场担任吊装任务的战士，过去连什么是吊车、屋架都不认识，怎么能爬到几十米的高空进行吊装作业？他们推选出小时候会爬树的战士当指导，在宿舍附近练习爬烟囱。经过几十次练习，终于学会攀登技术。

吊装屋架时，原来在窄窄的大梁上不敢走，他们坐在上面一点一点地挪，有的把裤子都磨破了。利用午休和下班时间，他们三三五五地在屋架上穿来穿去，练习高空行走，很快就熟练掌握了高空作业技术，提前一个月完成锻工场全部吊装任务。

他们向苏联专家学习。一汽实习生赴苏实习的同时，苏联也从1953年6月至1957年年底，向一汽派出188名从土建到汽车生产全套优秀人才，帮助一汽建厂投产。当时，在全厂各个关键部门、要害岗位，都有苏联专家把关。

苏联专家向一汽提合理化建议 2 万多件，进行专题报告、系统讲课 1300 多次。一汽不仅设有专家提案办公室，还多次开展"学习苏联、贯彻苏联专家建议运动句""贯彻苏联专家建议不过夜"等活动，让对方的宝贵经验很快在一汽生产中开花结果。

一汽领导带头学习。在奠基典礼大会上，时任一机部部长黄敬的讲话题目就是"加强学习，按期完成建厂任务"。他提出要好好学习："我们的工地不仅是施工的地方，而且是学校，在工程进行中不仅要努力地工作，亦要努力学习。汽车厂工程规模非常之大，用新式工厂化、机械化施工方法，我们是缺乏经验的，所以必须一面工作，一面学习。参加汽车厂建设，必须在施工过程中把自己培养成为能掌握现代工程技术的人。"

一汽为此开办了领导干部进修班。100 多名干部按文化水平分班，包括正、副厂长和书记，都放下架子，甘当小学生。工厂从多方面为学习创造条件，住长春市内的同志，每天早上 6 时有班车接，7 时上课，9 时下课后赶去上班。星期日上午，借用长春市托儿所进行补习，由老师解答疑难问题或做实验，做到学习工作两不误。

一批技术人员和老师被抽调来从事教育工作，任教的有杨汝楷、杨稚竹、郭士炎、王凤山、李荫寰、许家驹等。领导干部进修班是正规的技术学校，选用苏联中等专业学校课本。通过教育，培养出一批具有中等技术文化水平的基层干部，这也是当时技术教育要达到的初步目标。

各级领导带头学习。1954 年 3 月，一汽作出决定，要求 6 个月内，厂级、处级和部分科级干部，学习《汽车构造》《金属材料》《汽车制造工艺》《技术设计》《生产组织与管理》等方面基本知识。

1954 年下半年，一汽掀起学习高潮。文化低的，除在工作中学习技术外，还要补习文化。为此，一汽成立学习委员会，加强技术教育处的指导作用。每个人都要定学习计划、接受考核检查。车间把学习生产技术资料当作生产任务一样完成。安装设备前，必须完成生产技术资料的学习。这样，职工很快提高了业务知识和生产技术知识水平。

根据当时所需和长远规划，一汽所办业余文化学校、中技夜校、夜大学，基本采用正规学校计划和教学大纲，建立起组织管理、学习进度、教师聘请、课堂秩序、教育制度、图书教材供应、教师报酬等一系列制度，使职工教育有序进行。

以下这些现象不胜枚举——当时条件艰苦，很多人住临时工棚，一个房间十几人睡一个大铺。没有教室，简易工棚、饭厅、墙角、走廊就是学习场地。没有桌子，把本子放膝上做记录。学习时间排得很满，星期天至少也有半天学习。晚上做作业，常常到深夜。这样刻苦学习，从高小、初中，一直补到中等技校水平。

数九寒天，清晨外面漆黑一片，刺骨寒风卷着漫天大雪，吹到脸上像刀子割，但通向教室的雪地上，早印上学员们的脚印。三伏酷暑夜，人们还在灯下苦读。夏天床铺下长了青苔，时而有蛤蟆跳出，学员拼命学好本领，为生产汽车贡献力量。无论白天还是黑夜，无论高空还是地下，无论建筑工地还是机床旁边，都有一汽人学习的身影。

面对万余名建设大军，饶斌提出，必须掌握建设本领，必须有文化，有技术知识，提出"一方面建设，一方面学习，摘掉'白帽子'，变外行为内行"口号。他亲自组建各种专业和业余学校，一汽迅速掀起学习热潮，有5000多名职工受到专业知识教育。

对工人的培养，分别按照工序工和调整工，以及一些特殊工种（如热电站、氧气站等）应掌握的技术目标，进行基础知识学习和工作锻炼两个阶段的培养提高。

从 1953 年到 1956 年上半年，按专业和成套原则，从干部、工人、技术人员中选出 518 人，赴苏联汽车工厂学习，以培养生产骨干。

在一汽建厂 30 年大会上，时任中汽公司董事长饶斌总结了 15 条经验。最后一条提到"学习是成功的动力"，他说："这样高的学习热潮，影响了一个年轻人的一生，这一代人影响了一汽的历史，又影响到二汽和其他汽车厂的面貌……一汽的学习精神，是可贵的精神文明。他们都是出于工人阶级历史责任感去学习，是为了社会主义建设的需要。为了汽车工业发展的需要去学习，艰苦地学，扎实地学，持久地学，学了就出成果，出贡献……这正是出汽车、出人才、出经验，还有出优良作风的伟大动力。"

饶斌因此建议，把学习精神作为一汽精神的代表继续发扬光大，在全汽车行业发扬光大，让它成为实现汽车行业现代化的伟大动力，成为实现"六五""七五"长远规划的伟大动力。

改革开放后，一汽人面临如何实现产品换型、工厂改造的困难。这段时间主要向日本汽车企业，重点是向丰田汽车学习，随后利用改革开放的有利时机，向更多西方国家学习。

1978 年 5 月，一汽赴日考察团历时半年考察多家日本汽车制造厂，并对丰田 TPS 进行深入学习。他们结合本职工作，按产品设计、工艺和质量、辅助后方、生产管理四大方面，成立了四个专业小组，每组事先准备好在技术改造中需要解决的相关问题，做好针对性学习计划。学习成果显著，自 1991 年后，陆续出版发行《生产管理实践》《现代管理 18 法》等书籍。

正因为善于学习，善于结合实际进行应用，一汽才创造出奇迹和经验，用系统工程原理和方法组织换型改造。换型改造是个庞大复杂的系统工程，其工作量不亚于建设一座新厂。事实证明，东渡日本考察学习，使长期封闭的一汽人大开眼界，找到了差距，明确了方向。这个过程，被人们称为一汽的"明治维新"。

20世纪90年代，面对"缺重少轻，轿车近乎空白"现状，一汽人面临如何学会批量干轿车的困难。他们以开放的胸怀，在学习中完成了由"小学生"到"大学生"的素质提升。

为学会造轿车，一方面，一汽派人出国考察学习，先后派出300多批、1000多人次分赴20多个国家学习，把功夫下在博采、消化、吸收上。另一方面，一汽积极聘请外国管理专家、汽车专家600多批、1700多人次来一汽交流、讲学、咨询。交流使一汽人开阔了视野，看到了世界汽车工业发展趋势，明确了努力方向。

20世纪90年代末，一汽组织领导干部参加"过四关"——汽车构造、企业管理、计算机和外语学习。明确规定考核干部时要"考学"，领导干部述职时要"述学"，评议干部时要"评学"。对学习好、工作成绩显著的干部，给以表彰和重用。把经济指标、精神文明建设指标都纳入干部考核指标中，突出用经济工作成果检验干部业绩，强化系统考核。

一汽职工队伍敢打硬仗，也善于学习。通过学文化、学技术、学管理，成为新中国第一代汽车工业专家。通过学习，工人岗位练兵，干部过"四关"，在消化吸收国外先进技术基础上，开始造自己的轿车，一汽这所大学培养出了一大批技术专家、业务骨干和管理人才。

时代车轮滚滚向前。眼下，我们正在经历一场伟大的汽车革命。汽车百年未有之大变局和动力技术变革给中国汽车工业带来新机遇。因历史原因，中国遗憾地错过第一次工业革命和第二次工业革命时机，经过蓄势待发和60多年市场培育，在迎接新汽车革命的机遇与挑战中，中国汽车工业最终被时代选中。

被新时代选中的中国汽车工业正在重构市场秩序。一方面，那些曾经在中国攻城略地所向披靡的跨国公司，都不得不严肃面对新一轮周期，在大变局时代重新寻找自己的定位与坐标；另一方面，身处变革中心的中国汽车企业都需要适应新的游戏规则，要适应从跟随者到被跟随者的角色转变，要把握好从站在山底看世界到站在山巅看世界的难得机遇。

形势环境变化之快，改革发展任务之重，都对中国一汽提出更大考验。为此，中国一汽按照产业大势和企业战略要求，聚焦新技术、新模式、新业态、新生态，聚焦高精尖缺，特别是卡脖子技术，进行脱胎换骨式学习。他们统筹推进集体讨论学、系统培训学、自发主动学、结合实际学，以此提升把握汽车行业发展规律，以及新技术、新消费、新业态、新模式能力。

以 2022 年为例，中国一汽分层分类实施职工教育培训赋能工作，开展各级各类培训 5758 期，累计使用教育经费 1.8 亿元。

针对高级经营人才及管理人才队伍，一是遵循 FAWL11339 卓越领导力模型，明确以政治力为核心的 13 项能力、39 项要素培训重点；二是创新开发领导力线上测评系统，实时、准确掌握领导干部能力痛点；三是针对各层级 TOP3 能力短板，实施 19 期领导力训战项目，强化岗位实践锻炼。数智化转型实战实训，严格考核，2022 年组织 7 期考试，以考促战。

中国一汽各分子公司因地制宜开展培训，比如一汽解放开展领航者发展计划、领创者发展计划、登峰者培育计划等领导力系列培训。再比如一汽 – 大众以领导力模型为标准，聚焦各层级重点能力，识别典型问题和实际业务场景，开展高级经理培训。

针对专业技术人才队伍，一是构建"1+13"工程硕博士管理制度体系，深化校企融合，围绕智慧能源、半导体等 8 个核心专业领域，联合南京大学、复旦大学、吉林大学，培养 51 名工程硕博士；二是首次开展国际化储备人才"砺剑计划"培训，聚焦海外视野、综合素养、专业基础，通过实战化场景演练，首批培养 25 名国际化储备人才；三是开展软件开发能力转型培训，紧密结合集团战略对软件能力要求，面向全集团严选 65 名学员，全程脱产培训，加速软件开发能力转型。

中国一汽各分子公司聚焦关键人才开展系列创新实践，比如一汽奔腾策划实施新能源、智能网联等专题培训。再比如一汽丰田聚焦数字化、变革企划等主题开展系列培训。

数智化训战方面，体系数字化部组织 60 名战队骨干，联合华为公司开展数智化转型训战，聚焦 IPD、OTD 等主价值链形成 6 项重点课题报告，助力解决战队痛点问题。中国一汽各分子公司结合年度重点任务同步开展系列培训，比如启明信息组织产品经理训练营等培训，中国一汽进出口公司组织全员数智化转型认证及国际化人才培养。

针对技能技工人才队伍，一是面向转型重点工种，采取双导师、双基地培养模式，开展新能源汽车、工业机器人等 15 期企业新型学徒制培训；二是面向首席技能大师和高级技能师 50 人，组织实施思想引领、团队引领、创新引领、专业引领四个主题的"金匠计划"培训；三是面向新晋技师，聚焦创新、技艺传承、问题解决等能力短板，开展"铸匠工程"培训；其中，中国一汽铸造公司结合单位特点开展了转型工种企业新型学徒制等培训，中国一汽模具公司组织开展了大师讲堂等培训。

数字化转型是值得研究的一个学习样本。中国一汽认为，数字化转型本质是新一代数字技术驱动下的一场业务、管理和商业模式的全面变革与深刻重构，关乎企业全局的战略考量，这场革新必然面临战略、组织、数据、技术、人才、文化等各方面挑战。因此，数字化转型是"一把手工程"，必须有顶层设计，做到统一思想、统一目标、统一语言、统一行动，否则就没有成功的可能。

为建立与数字化转型匹配的组织和运行机制，中国一汽要求业务、组织和人员都必须向数字化转型。"数字化建设是部门建设的重要内容，每个部门、每位员工都要把数字化能力作为自身能力建设的核心能力之一，各部门要考虑配备专攻数字化转型的人员，各分子公司班子成员要有专职人员，人事部门要考虑建立数字化建设工作配套的考核和激励机制。"

从2020年起，中国一汽开展了一系列数字化活动和数字化培训，在各领域掀起数字化浪潮。上自一把手，下到一线员工，均进行数字化学习和考试，持证上岗，确保具有必备的数字化技能。

经过近3年探索与实践，中国一汽在研发、制造、营销等领域的数字化转型取得明显成效。比如数字化研发打造了更为敏捷的汽车开发模式，使开发效率提升了40%以上，产品研发周期缩减了6个月以上。通过数字建模、虚拟现实、虚拟仿真等手段，中国一汽研发团队打通从概念设计到创意实现，再到造型评审的全流程，打破时间和空间限制，提升了设计的效率、质量和速度。

2022年5月，中国一汽召开数智化转型升级攻坚战工作部署会，要求按照"1164"总体战法，全面强化战队管理，以业务数智化为突破，敏捷迭代；全力推进4大工程、24项任务，夯实转型基础；全面提升数智化能力，全员培训和精英培养相结合。

攻坚战从五方面着手：其一，锚定目标不放松，坚决达成"100%业务数字化孪生，运营效能最低提升100%"目标；其二，着力提升数智化能力，尤其是运用数智化手段驱动业务变革和发展的能力；其三，聚焦实际工作场景抓转型，从日常工作入手做实数智化工作，做到无数智化不工作；其四，配齐、用好战队，从领导干部到数智化人员都要深入业务、合力攻坚；其五，强化激励约束，充分运用"6645"工作法、工作循环机制、红蓝榜制度等，加强管理、从严考核，大幅提升管理效能和工作效率，坚决夺取数智化转型升级攻坚战全面胜利。

这场攻坚战还在持续中。

基业长青的密码

回首中国一汽 70 年发展历程，刻在中国一汽人骨子里的不只是 1 号门前历史的回响，也不只是用 5400 万辆汽车长城和解放、红旗等自主品牌向党和国家递交的那份沉甸甸的创业答卷——这些都囊括其中，但又不止于此——而且还包括中国汽车工业"长子"产业报国的初心、抗争自强的意识和拼搏进取的精神。

历史因铭记而永恒。这些富有特色的一汽文化和一汽精神，是一汽人心中的灯塔和心灵的归宿，更是指引一汽持续发展的强大动力。精神因传承而不朽。用一汽文化和一汽精神培育一汽集体人格，是一汽事业发展壮大之根本，也是一汽基业长青之密码。

70 年来，中国一汽文化大致历经三次迭代。

初创年代，一汽最重要的精神就是创业精神，这是中国一汽文化 1.0。今天一汽的发展，得益于一代又一代建设者产业报国的初心，得益于他们自力更生、艰苦创业的精神。这时候的一汽文化可以浓缩为三句话：传统文化为根，红色文化为魂，西学为用。

中国传统文化博大精深，使一汽领导人形成了既善于一分为二辩证地分析问题，又能恰到好处合二为一地处理事情的工作哲学。红色文化是一汽人的精神灵魂，激励他们不畏艰难险阻、勇于挑战、勇往直前。西学为用则让一汽人在面对问题和困难时，寻找最佳路径实现突破。

亦因此，传统文化是一汽人骨子里固有的民族情感，是一汽人做人做事遵循的根本原则；红色文化是一汽人干事创业的精神状态，是使命感和责任感的集中体现，是以国家利益、民族利益为重的政治责任、经济责任和社会责任的集中体现；西学为用，是一汽人以开放包容的胸怀学习西方先进的产品设计理念、工业技术和企业管理为我所用，在模仿中创新，在创新中发展。

中国一汽文化 1.0 最鲜明的特征是，以毛泽东为代表的老一辈革命家缔造了一汽，也缔造了新中国汽车工业。参加一汽建设的第一代创业者，上自厂长，下到工人，甚至包括建筑队伍，其身上都有鲜明的红色基因。以饶斌、郭力、孟少农为代表的建厂领导班子，青年时期就参加了革命，是优秀的共产党员和领导干部。

一汽建设者中拥有一支红色队伍。1952 年春天，重工业部汽车工业筹备组开始着手一汽建设准备工作。当时，从上海、南京、镇江、安徽、张家口等地的部队和部队院校，比如华东军大、高级步校、军干校等抽调了500 多名现役军人，在极短时间内集合到长春参加建设。

1953 年 9 月，在建设大军云集的辽阔土地上，抗美援朝归来的中国人民解放军建筑 5 师加入一汽建设中。这支部队参加过孟良崮战役、淮海战役，立过战功的战斗英雄有 2000 多人，是一支充满了革命干劲儿的队伍。

综合一汽建厂初期的各种资料可以看到，在方法上对外国理论尊重但不迷信，其中的代表是郭力和孟少农。郭力说，苏联专家的规定，我们都要坚决执行，这体现一种尊重。但是，学习要结合中国的实际情况，我们党的传统决不能丢。正确的态度是把苏联的先进技术和管理与中国的好传统结合起来。有的要学，有的不学。要用脑子分析，不能照搬照套。孟少农说，学习苏联不能一面倒。回想起来，在当时情况下说出这些话来，需要很大的勇气和担当。

后来在实际工作中，一汽也没有搞绝对化，大部分坚决执行，有的说明情况后，不予执行。典型例子就是木材。苏联木材多，对车厢零件的结疤多少和大小有过分的限制挑剔，一汽如果照此办理，势必造成很大浪费，无法保证供应与生产，因此，完全仿照苏联就不可行。

第一辆红旗车的诞生是一个奇迹，一汽人用 33 天便试制成功。是什么精神激励一汽人创造奇迹？战天斗地的创业精神。当时最响亮的一句口号是，"乘东风，展红旗，八一拿出高级轿车去见毛泽东主席！"

第一次造红旗车是动员全厂的力量，集全体的智慧造出来的，那时没有轿车生产基地，但又处处是基地。直到 1960 年，一汽成立轿车车间，中国从此才有了正式的高端轿车生产基地。生产基地有形，红色创业精神无形，一汽人在有形的基地里创造了中国轿车工业的奇迹，谱写了一曲曲光辉的创业史。

今天的一汽人不会忘记，第一代建设者从四面八方云集到孟家屯，建设新中国第一座汽车城的艰难历程。一汽人也不会忘记，当年的建设者为了掌握解放卡车的生产工艺技术，为了建成红旗和越野车生产阵地，为了实现解放卡车产能翻番，所展现出来的艰苦创业、奋斗奋进精神。

历史是映照未来的一盏明灯。唯有深刻把握和理解历史，才能更好地走进未来，赢得未来。中国一汽文化 1.0 回答了一个根本问题：一汽是谁，一汽从哪里来，以及是什么造就了一汽？在这个基础上，诞生了中国一汽文化 2.0。

中国一汽文化 2.0 核心理念概括起来就是争第一、创新业、担责任。这是中国一汽第一次比较系统地总结企业文化，提出学习、创新、抗争、自强的企业精神，和出汽车、出人才、出经验，促进人·车·社会和谐发展的企业使命。

争第一毋庸多言。毛泽东主席亲笔题名"第一汽车制造厂"，这是中央第一代领导集体对一汽的期望，中国一汽的目标就是争第一。无论是过去、现在，还是对未来的规划，争第一都表现得淋漓尽致，不仅体现在企业发展战略上，也体现在具体战术之中。

来看看当年一汽人的解读——争第一，是一汽人矢志不移的坚定信念。

就是要"争"字当头，永求第一。创新业，是一汽人自强不息的永恒追求。创新业，就是要弘扬创业精神，传承创业品格。担责任，是一汽人与生俱来的"长子"情怀。担责任，就是要担起自主发展的责任。

换型改造精神是中国一汽文化 2.0 的最佳体现之一。1980 年 5 月，针对产品 30 年一贯制现状，一汽人作出"增产增收、自筹资金、换型改造"这一改变命运的关键决策。

1983 年 7 月 15 日，一汽人打响意义深远的换型改造攻坚战。他们卧薪尝胆、艰苦奋斗，用自筹的 4.4 亿元资金，完成了日本汽车专家断言要 20 多亿元才能换型的改造工程，走出了一条"自主开发、自筹资金、自主建设，不停产改造老企业，发展新产品"的路子。

3 年后，在换型改造的决战关头，一汽人发出"愚公移山、背水一战、万无一失、务求必胜"的誓言。1987 年 1 月 1 日，解放 CA141 垂直转产，一汽人以"争第一、创新业、担责任"的精神再次挑战不可能，创造了可歌可泣的业绩。但在这个过程中，有人却长眠在换型改造的前线，长眠在用自己的双手建设起来的这片土地上。

上轻轿是一汽人孜孜以求的另一个产业梦想，这是一场比换型改造更为宏伟壮观的战役。唯有在轻轿上有所突破，才能为一汽赢得长盛不衰的未来。相较于其他汽车企业，一汽拥有得天独厚的优势——不仅可以在中型车上发展，而且可以在轻型车和轿车上发展，而在轿车上，不仅可以生产中高级车，还可以生产普及型轿车。

竞争同样惨烈。因为一时的优势并不是长久的优势，面对同样雄心勃勃的跟随者，如果把握得好，一汽可能先发制人，否则就是挑战大于机遇。在这场战役中，一汽要赢得时间，要争取大干快上，还要解决最突出的资金短缺问题。

但在诸多难题面前，他们并没有退缩，因为一汽上轻轿不仅仅是关乎企业自身发展的经济问题，而且还是一个政治问题，是关乎民族情感的问题——要用国产轿车挡住蜂拥而至的外国品牌，这是一汽的责任与使命。怀着"车到山前必有路，我们是造汽车的，难道还怕没有路吗？"的壮志雄心，一汽人打赢了这场战役。

从"六五"到"七五"，再到"八五"，三个五年计划中，一汽人圆了两个梦，一个梦是解放换型改造，一个梦是上轻轿。梦圆终有时，创业无尽时。

一汽人经常讲一个狮子与羚羊的故事：在国内市场，一汽是头狮子，跑不快就有被饿死的危险；在国际市场，一汽是只羚羊，跑不快就有被吃掉的可能。随着市场竞争日趋激烈和高科技、新技术含量不断增加，生产力有了新的内涵。对一汽而言，体系能力也是生产力，加快生产力的发展，就要抓住体系、品牌、标准三个竞争新要素，用不断的创新去增强企业的竞争实力。

这时候的创新业含义有三：一是融入国际市场，迎接 WTO 挑战；二是在开放合作中取得成果；三是实现自主创新。做强研发，做大自主，做圆合作，旨在实现规模百万化、管理数字化、经营国际化"三化"新一汽。

核心是自主创新，这一准则贯穿在一汽 70 年的发展历程中。作为汽车工业"长子"，一汽诞生于自主，成长于自主，拥有自主创新的基因，也具有特殊的汽车文化情怀。因此，更应率先担起自主的责任，举起自主的旗帜，做自主创新的排头兵。

2022 年 1 月 14 日，中国一汽发布先锋文化 FAWS17，这是中国一汽文化 3.0。

中国一汽的使命：掌控关键核心技术，树立民族汽车品牌，强大中国汽车产业，开创新时代汽车产业创新发展的新道路。

中国一汽的愿景：创建美妙出行、美好生活，打造世界一流、绿色智能、消费者热爱的移动出行服务公司（可简称为世界一流汽车企业），成为汽车产业的时代先锋。

中国一汽的企业精神：勇立潮头、永争第一，胸怀梦想、志存高远，满腔热情、恪尽职守，改革创新、奋斗奋进，追求卓越、做到极致，勤学博识、穷理致知。

中国一汽表示，先锋文化阐明了中国一汽把握新规律、直面新挑战、抢抓新机遇、实现新发展的精神文化理念和基本工作准则，是坚决掌控关键核心技术、树立民族汽车品牌、打造世界一流汽车企业的冲锋号，也是开创新时代汽车产业创新发展新道路、强大中国汽车产业的集结号。

薪火相传，方能基业长青。在一汽 70 年发展历程上，耸立最高的，不是厂房和烟囱，而是 70 年积累下来的一汽文化。时代在变，市场在变，需求在变，用户在变，因而汽车产品在不停地变化，各种技术在不停地变化，企业组织形式也在不停地变化，但那种产业报国的初心、那种永争第一的艰苦创业精神，却代代相传，未来也将继续传承。

"红旗"让梦想成真，"红旗"让理想飞扬。这两句深入中国一汽人骨髓的 SLOGAN，就是这种精神的真实背书。

唯有精神不朽，一汽魂才永存。

第六部分

时代先锋

时代变了。

过去一个多世纪，内燃机汽车是改变世界的机器，这已成为全球商业常识。历经百年激荡后，那些长年累月吵闹不休的跨国公司终于在一个问题上达成共识：全球汽车产业的场景和跑道已经改变，中国则是未来所在。

第一个说出这句话的是宝马集团董事长齐普策（Oliver Zipse）。2023 年 4 月 17 日晚，在上海张江科学会堂举行的宝马 BMW 创想未来之夜活动中，这位工程师出身、精通生产、最近一个月内两次造访中国的掌门人由衷地感叹："今日中国之动向，将引领明天世界之方向。"只是当时谁都不曾预料，3 天后，宝马 MINI 展台会因"冰激凌"事件而引发舆论风波。

另一个德国豪华品牌梅赛德斯 – 奔驰也不甘示弱，其董事会主席康林松（Ola Källenius）提前一周抵达中国。他还玩起了中国微信，甫一落地就在朋友圈写道："人已落地，即刻奔驰。你好，北京。我又回来了！"并立此存照。

已跟中国一汽携手 33 年的大众汽车集团带着董事会成员和管理层 100 多人，包下两架专机飞抵上海。大众汽车集团董事会主席奥博穆（Oliver Blume）自 2022 年 8 月上任以来，已三次前来中国。他在接受新华社记者采访时说："此前，汽车工业很多技术标准都是在德国建立的，但未来，我们可以把面向中国的解决方案推广到全球。"

这也是奥迪首席执行官杜斯曼（Markus Duesmann）2023 年第二次访华。他 3 月 6 日拿到签证，3 天后便出现在中国，第一站就选择正在建设中的奥迪一汽新能源工厂。此工厂基于奥迪与保时捷合作的 PPE 豪华电动平台生产车型，现已确定量产奥迪 Q6L e-tron、奥迪 Q6L e-tron sportback 和奥迪 A6 e-tron 三款车型。

只是世事难料，6 月 29 日，杜斯曼被免职，接替者是大众汽车集团产品与战略主管 Gernot Döllner，新任命于 2023 年 9 月 1 日生效。

该来的都来了。日系主流汽车制造商几乎悉数到场。丰田汽车 CTO（首席技术官）兼副社长中岛裕树（Hiroki Nakajima）在 4 月 18 日晚的沟通会上称，针对中国消费者进行研发已经迫在眉睫，中国事务不必事事都与日本总部商量，丰田中国可以自主决策。

日产汽车首席执行官内田诚（Makoto Uchida）自 16 日起便开启了中国之行，通过走访市场和合作伙伴，以及中日双方董事展开对话，他对中国市场有了新思考。

本田技研副社长青山真二（AOYAMA SHINJI）宣布，2027 年后，本田在中国推出的所有车型均为混合动力车型和纯电动车型，不再投放新的燃油车型，到 2035 年，本田在中国将实现纯电动车销售占比 100%。

种种迹象表明，2023 年的上海车展是一个具有标志性意义的新汽车时代分水岭。

作为中国疫情防控政策调整后的首个国际 A 级车展，在超过 36 万平方米的展馆总面积上，此次共展出整车 1413 辆——全球首发 93 辆，包括跨国公司 28 辆，概念车 64 辆；新能源车型 271 个，其中中国品牌 186 个，新能源展车 513 辆。展会共接待海内外观众 90.6 万人次，有 1.3 万余名中外媒体记者参与报道。

中国汽车制造商成为这场盛宴当之无愧的主角。

中国一汽升级红旗品牌架构，携其旗下三大子品牌——红旗金葵花、红旗新能源、红旗节能车亮相。

在中国一汽总经理、党委副书记（现任中国一汽董事长、党委书记）邱现东的陪同下，中岛裕树坐上红旗 L5 后排体验；一位日本工程师跪地测量红旗 HQ9 的尺寸。东风公司挟猛士 917 勇闯豪华电动越野车市场，该车采用 MORA 猛士滑板越野平台、MEGA POWER 猛士动力和猛士越野全地形智能解决方案 MATS 三大行业领先技术。此外，比亚迪、广汽埃安、奇瑞汽车、吉利汽车、领克汽车以及蔚来和理想等展台，亦里三层外三层被参观者围得水泄不通。

中国主角赢得全球舆论界的广泛关注。英国《金融时报》称，这些外国高管对中国汽车制造商取得的快速进展感到震惊。法国《回声报》写道，他们全都睁大了眼睛，因为中国市场涌现了一些他们不知道的品牌。德国媒体则发出警告，德国汽车制造商正面临前所未有的挑战。

"世界汽车工业发展了百年，属于中国汽车工业的故事才刚刚开始。"这句话被新华社新媒体拿来用作车展报道的副标题。但这句话只讲对了前半段。追溯中国汽车工业最近十余年发展历程，至少有两个转折时刻值得被铭记。

第一次是 2009 年。受益于 4 万亿元投资和刺激汽车消费政策拉动，中国汽车产销量分别达到 1379.1 万辆和 1364.5 万辆，同比分别增长 48.3% 和 46.15%。这是一个里程碑，中国一举超越美国成为全球最大汽车市场，并自此雄踞世界汽车工业之首十余年。仅一年后，中国将电动汽车提升为国家战略。

第二次是 2015 年，中国新能源汽车发展的标志性之年。中国汽车工业协会数据显示，当年中国新能源汽车生产 34 万辆，销售 33 万辆，同比分别增长 3.3 倍和 3.4 倍。这又是一个里程碑，中国成为全球最大新能源汽车市场，自此后，中国新能源汽车产销量已连续 8 年位居世界第一。

这是一个令人无限感慨的时刻。在迎接全球汽车百年未有之大变局的机遇与挑战中，中国汽车产业最终被时代选中。

新能源汽车进入中国时代。

2022 年 6 月 14 日，在国务院新闻办公室举行的"中国这十年"系列主题发布会上，工信部副部长辛国斌为这个中国时代做了生动画像。他表示，党的十八大以来，中国深入推进实施新能源汽车国家战略，强化顶层设计和创新驱动，产业发展从小到大、从弱到强，成为引领全球汽车产业转型升级的重要力量。

就产销规模而言，新能源汽车累计销量从 2012 年年底的 2 万辆，大幅攀升到 2022 年 5 月底的 1108 万辆。就技术水平而言，行业企业掌握了基于正向开发的底层控制技术，动力电池单体能量密度相比 2012 年提高 1.3 倍，但价格却下降 80%。

就企业品牌而言，2021 年全球十大新能源汽车畅销车型中，中国品牌占据 6 款；动力电池出货量前十企业中，中国企业占据 6 席。就配套环境而言，截至 2021 年年底，中国累计建成充电桩 261.7 万个，换电站 1298 座，形成了全球最大充换电网络。

2023 年 5 月，中共中央政治局召开会议，分析研究当前经济形势和经济工作，其中提到，要巩固和扩大新能源汽车发展优势，加快推进充电桩、储能等设施建设和配套电网改造。国家能源局数据显示，2022 年我国充电基础设施年增长数量达 260 万台左右，累计数量约 520 万台。

"汽车工业历史的下一个阶段，将是一个技术型企业和中国人崭露头角的时代。"就在 2023 年上海车展如火如荼举办之际，《经济学人》在其4 月刊中这样预言新汽车的未来，"一个更为乐观的预测是，初创企业和中国新进入者，将迫使其他所有汽车制造商加快电气化进程，推出让出行更美好的软件，提供更多使用和支付汽车旅行的方式。"

紧接着，话锋一转道，正是在这个意义上，"人类可能会与汽车建立一种新的关系，将其作为一个愉快的工作和娱乐场所，以及从 A 地到 B 地的方式。对一些人来说，未来可能是艰难的，但对另一些人来说，未来可能像一辆闪亮的新车一样光明。"

新汽车时代已呼啸而至。

"All in" 新能源

直到 2023 年 1 月 8 日晚，中国一汽才在广州亚运城综合体育馆发布红旗新能源汽车全球战略，表示要以"All in 新能源，全域推动所有车型电动化"之态，开启第二阶段跃迁发展。

这是时隔 5 年后红旗品牌又一次重大战略发布。2018 年 1 月 8 日，新红旗品牌战略发布会在人民大会堂举行，中国一汽借此打响红旗品牌复兴战役。时移世易，5 年早已沧海桑田，红旗品牌希望站在第一阶段跃迁发展——65 倍增幅、超过 100 万全球用户，以及第一个价值突破千亿元的中国乘用车品牌——成果基础上，真正实现红旗新能源的崛起。

发布会上，中国一汽对红旗新能源汽车战略愿景、目标规划、品牌架构、技术平台、创新举措和实施计划等进行详细阐释，明确新十年宏伟目标——到 2025 年，总销量达到 100 万辆级，其中，新能源汽车销量超过 50 万辆，同比 2022 年增长 12.5 倍；到 2030 年，销量突破 150 万辆，新能源汽车成为销售主体。

目标一如既往地宏伟且极具挑战，但已经没有人敢轻易对此表示质疑，毕竟再次出发的红旗品牌不再是空空的行囊，也毕竟它已经在不可能中创造过集中力量放手一搏的奇迹。从"高大尚"的国事活动到"新锐美"的寻常百姓出行生活，处处皆风景，处处飘荡着"红旗"的身影，这些既是"红旗"振兴崛起的荣耀和财富，也是助推其持续发展的信心和底气所在。

"中国一汽要将'红旗'打造成行业的标杆，中国自主品牌高质量发展的标杆，奋力开创'红旗'第二阶段跃迁成长的新局面。"红旗新能源全球战略发布第二天，中国一汽总经理、党委副书记（现任中国一汽董事长、党委书记）邱现东在 2023 年中国一汽暨红旗品牌新闻年会上如是强调。

不管以何角度视之，在中国新能源市场风起云涌，新造车势力前仆后继，跨国汽车巨头信誓旦旦夺回荣光与城池——就在各种势力相互缠斗，贴身肉搏大战一触即发之际，中国一汽此时此刻才发布红旗品牌新能源战略，看起来已经行之迟迟，这甚至也是中国一汽人自己承认的事实。

中国一汽亦因此饱受诟病。但另一个事实是，其管理层焉有不知新能源转型的重要程度之道理？只不过在选择是先做大规模做强品牌，还是强势推进新能源战略转型方面，我们看到中国一汽选择了前者。其实不难理解，如果没有实现企业基本盘稳定，没有"风景这边独好"的当期经营业绩作为支撑前提，就来奢谈红旗品牌第二阶段发展，无异于无源之水、无本之木。

就这样，中国一汽怀揣"All in"新能源的雄心壮志走上角斗场，与重新调整战略且蓄势待发的跨国公司，与风头正健的以比亚迪为代表的中国品牌，与咄咄逼人的新造车势力正面相搏，可谓前路漫漫，道阻且长。

未来已来。"All in"新能源是中国一汽针对新汽车时代而制订的未来行动纲领，也是新航海时代中国一汽的航海图和指南针。"All in"新能源指从战略到执行，从品牌到理念，从产品到技术，从生产到供应链，从渠道到服务，从组织人员到管理，全面、全方位、全系统（All in）向新能源智能汽车转型，旨在将中国一汽打造成为中国和世界新能源汽车领军企业。

新能源竞争正在重塑中国汽车产业格局，而市场留给汽车制造商的时间已不多，中国一汽对此有着清晰的认知："新能源汽车仍处于也许是最后的关键窗口期，我们必须用顽强的意志、决战的精神、坚定扎实的行动、冲锋陷阵的作风，彻底改变起步晚、积累少、市场表现落后于行业的被动局面，做到集中所有重要资源绝地反击、饱和攻击、全力拼抢、强势崛起，加速走到舞台中央、行业前列。"

他们较量的舞台是一个仍在不断成长的市场。有专家预测，就全球汽车产业形势看，预计 2023 年规模将达到 8530 万辆左右，同比增长 4.2% 左右。其中，新能源汽车仍将成为一个重要增长极，销量有望达到 1247 万辆，同比增长 23% 左右。

尽管中国汽车产业形势相对复杂，但几乎可以肯定的是：一方面，中国将继续保持自 2009 年以来的全球最大规模汽车市场地位不会改变；另一方面，新能源汽车和智能网联汽车将成为市场增量的主力军，且新能源汽车渗透率将进一步提升的事实也不会改变。

综合这些因素考量，预计 2023 年，中国汽车市场规模将达 2730 万辆左右，同比增长 1.9% 左右。其中，乘用车约 2330 万辆，同比增长 0.6%。乘用车中豪华车市场潜力不容低估，其规模有望达 410 万辆左右，同比增长 6.5%。新能源汽车约 840 万辆，同比增长 22.6%，渗透率将超过32%。

竞争的结果无非就是优胜劣汰。市场必然向优秀企业绽放笑脸，谁能表现优秀，谁就能继续留在牌桌上。作为新能源领域的追赶者和挑战者，中国一汽在其 2023 年总体经营目标是：销售整车 400 万辆，同比增长24.8%；营业收入 7500 亿元，同比增长 19%；研发占收入比率大于 3%；

全员劳动生产率提升 15% 的基础上，将新能源汽车销售目标定为 38.4 万辆，同比增长 113.3%。

数字背后隐藏着中国一汽在新能源汽车领域的雄心：1 年见效、3 年前茅、5 年领先。倘若从这个角度来理解 "All in" 新能源，其要义有四：一是市场增长高于行业；二是渗透率快速提升；三是技术、产品、渠道的创新和落地取得巨大进步；四是品牌、形象和传播大幅改善。

中国一汽已为此备好弹药，确保 "大强度、高精准、能持续的充足优质资源供给，尤其是资金、人员和管理方面"。就具体策略而言，加强顶层设计、系统谋划、资源协同、全价值链建设，做好新能源汽车与传统燃油车的综合统筹、消长平衡。

2023 年年初，在中国一汽经营工作会上，中国一汽将新能源汽车转型与全面质量提升、大营销创新提能、海外业务加速突破作为全年重点工作中的四大攻坚战。

为加快 "All in" 新能源转型步伐，中国一汽整车品牌联动发力。其中，红旗品牌强化品牌向上传播、加速产品布局推出、创新产品营销模式；解放品牌加大资源投入，完善新能源产品矩阵，加速打造新能源商用车领航标杆。奔腾品牌深耕细分市场，坚持一车多做、一车双能，以爆款产品拉动全价值链转型；一汽－大众、一汽丰田则要挖掘现有车型潜力，同时强化新增新能源车型导入，深化营销创新，平衡好利润与销量，最大化改善经济性，快速实现新能源转型突破。

又一场攻坚战

中国一汽向新能源汽车的转型实践并不比其他汽车制造商晚。

如外界所见，东风公司推出高端新能源品牌——岚图汽车还要追溯到2020年5月，东风高层写给 h 事业部（岚图汽车前身）那封信时起，两个月后，岚图汽车品牌战略发布，自此开启了"中国造车新实力"模式。长安汽车自2017年启动第三次创业，先后发布新能源"香格里拉"计划、智能化"北斗天枢"计划和"纵横万象"设计理念，坚定不移地向智能低碳出行科技公司转型。

上汽集团在新能源方面的表现有些乏善可陈。其采用市场化模式运作的飞凡汽车（前身为 R 品牌）成立于2020年5月，智己汽车2020年12月才成立。在2023年上海车展上，上汽集团发布新能源汽车发展三年行动计划，明确到2025年，上汽新能源车年销量达到350万辆，基本完成新老赛道的发展动力切换。

早在2018年1月8日新红旗品牌战略发布时，中国一汽就确立新红旗产品家族覆盖从轿车到 SUV、从汽油车到电动车全面布局。此后，在新能源领域，红旗品牌先后推出红旗 E-HS3、红旗 E-QM5 和红旗 E-HS9 等车型。

从2022年下半年开始，除特殊用途车型外，红旗品牌悄然做到"两个全部、一个停止"——技术创新投入全部用于新能源汽车，新增产能全部用于新能源汽车，停止传统燃油车技术和产能的新增投入。

亦因此，也有观点认为，红旗品牌新能源战略水到渠成。按照中国一汽的规划，在红旗主品牌下，构建新能源汽车、节能汽车、红旗顶级车、超级跑车4个子品牌。各子品牌在主品牌和总理念的统括下，拥有相对独立的理念、标识和设计语言。其中，红旗新能源品牌主标识是"旗妙双翼"，寓意着苞蕾绽放、焕新奔涌，犹如新芽破土、生命激发，又似雏鹰展翅、擎旗而起。

支撑红旗新能源品牌发展的核心，一是技术，二是产品。技术方面，红旗品牌投入巨资构建高端电动智能超级架构 FMEs，即旗帜超级架构。该架构自 2019 年下半年开始研发，集中国一汽 8 大技术领域群和 115 项关键技术领域的重大突破和最新成果于一身，2023 年上半年所有开发工作完成后，拥有近 1 万项专利和软件著作权等知识产权。

旗帜超级架构旗下两大技术平台同步揭晓。一个是旗羿电动化、智驾化集成平台（HME），主要包括高能安全电池、高效电驱、高功智慧补能和智驾安全底盘四大系统；二是旗偲智能化、体验化集成平台（HIS），主要包括先进电子电气、自动驾驶、舒享座舱三大系统。

不仅如此，红旗品牌在芯片和操作系统这两项核心基础技术领域也有所斩获。经过 3 年多技术攻坚和多方筹集资源，算力超 800 Tops 的旗智芯片，和时延达 30 微秒极的整车操作系统 FAW.OS，都已搭载在红旗品牌新研发产品上试用，分别将于 2023 年下半年和 2024 年逐步推向市场。

产品方面，基于旗帜超级架构打造的 3 款红旗新能源产品首次亮相。第一款产品代号 E001，定位 B 级纯电动高级轿车，其主力续航达 600~1000 公里，电池可充可换可升级，电耗每百公里 12.9 千瓦·时，2023 年 11 月上市。

第二款产品代号 E202，定位 B 级纯电动 SUV。装备 800V 超级快充，充电 5 分钟可续航 300 公里，2024 年 2 月上市。第三款产品代号 E702，定位 C+ 级旗舰高级纯电动轿车，2024 年上半年面世。

更长远的目标是，未来 3 年，红旗新能源将推出 15 款产品，分别覆盖 A、B、C、D 级轿车，以及 SUV 和 MPV 细分市场。

红旗新能源继续补齐平台架构还要等到 3 个月后。2023 年 4 月 8 日，中国一汽在 NBD 旗境空间发布旗帜超级架构下第三大平台——混动平台 HMP（HQ Modular Power）。

混动平台 HMP 历时 5 年研发，突破 526 项关键核心技术，具有安全、低碳、愉悦、强劲的平台特征。该平台包含混动变速器、混动发动机、智能电驱和安全电池四大核心系统，和一个专属的智慧能量管理算法，可兼顾横置、纵置两大构型。

中国一汽这样解释布局混动平台 HMP 的原因——其一，国家新能源战略中，插电式混合动力是一条与纯电动路线平行发展、融合促进的技术路线；其二，持续发展插电式混动产品，不但符合国家"双碳"目标要求，而且有利于促进传统汽车产业有序升级，缓解电动车大规模普及带来的充电课题，助力国家能源结构平稳转型。

至此，红旗新能源"一架构三平台"布局完成。10 天后，中国一汽总经理、党委副书记（现任中国一汽董事长、党委书记）邱现东在上海车展上发布红旗金葵花、红旗新能源和红旗节能车三大子品牌，这是红旗品牌首次以全新品牌架构亮相，15 款参展车型包括 4 款红旗金葵花系列、4 款红旗新能源系列和 7 款红旗节能车系列。红旗吹响迈向第二阶段跃迁成长的冲锋号。

以纯电产品为例，红旗品牌规划了 9 款全新产品，包括 4 款轿车和 5 款 SUV，它们风格迥异，涵盖精致商务、潮流时尚、舒享家用、乐趣越野等。再加上系列插电混动产品，2023 年有 2 款搭载 HMP 整车实现量产——这些红旗新能源产品至 2025 年将全部亮相。

如何升级红旗品牌架构，中国一汽有着系统性思考。中国一汽董事、党委副书记王国强解释道，首先是国家高质量发展的需要，党的二十大报告对新型工业化，加快建设制造强国、质量强国、网络强国、数字中国等工作进行了重大部署，而红旗品牌凝聚着强烈的民族责任感，在这样的关键节点，理应勇做民族品牌建设的参与者，争当行业发展的推动者。

其次是行业高质量发展的需要。中国汽车产业正站在引领全球汽车产业发展的全新背景下，中国汽车人面临全新挑战的同时，也迎来了更大发展机遇。红旗品牌理当顺应产业发展之势，加快掌握关键核心技术，全力打造民族汽车品牌新名片。

再次是红旗品牌自身高质量发展的需求。红旗品牌 5 年实现销量 65 倍增长之后，正在全速全域推动电动化进程，需要开创全新局面。

红旗品牌建设方面，中国一汽党委常委、副总经理周治平表示，未来将突出"两个始终"和"三个特色"。

"两个始终"分别为：其一，始终坚持以品牌建设为统领，坚决把品牌建设作为一把手工程，巩固自主乘用车品牌价值第一位的优势，对内牵引并充分发挥各业务板块支撑作用，构建全域共建共享的红旗品牌体系；其二，始终以用户为中心，坚持一切为了用户、一切服务于用户、一切谦敬于用户的理念。

"三个特色"分别为：一是，产品设计各有特色。节能车子品牌突显昂扬、精致、品质的内涵；新能源子品牌重点诠释新锐、科技、时尚的核心特征；金葵花子品牌集顶级技术、中式豪华和匠心工艺于一体；二是，技术标签各有特色；三是，传播方向各有特色。

产品为王，技术为本，研发体系能力将为红旗新能源提供源源不断的弹药。中国一汽党委常委、副总经理梁贵友称，中国一汽"已布局 41 个重点技术方向和 115 项关键技术攻关，为技术创新明确了战略路径"。当前，已形成"五院、八部"的一体化、高效化、数智化大研发格局，中国一汽有科技人员 2 万多人，高层次专业技术人才近 800 人。

唯有破釜沉舟，才有可能开启一个新世界，中国一汽人深谙其中道理。过去几年红旗强势崛起表明，只要战略正确，守正创新、奋斗奋进，就一定能成功，并且是巨大的令人难以置信的成功。

红旗模式可以被复制吗？

在 2023 年年初中国一汽经营工作会上，一汽把"以红旗发展为标杆"

置于全年工作之首。究其根本任务，一是从 30 万辆跃上 50 万辆以上台阶，进入高端豪华品牌第一阵营，努力形成"BBAH（宝马、奔驰、奥迪、红旗）"格局；二是加快向新能源汽车转型，将新能源汽车打造成为红旗品牌强势增长的新动能和品牌强大的新内涵；三是在品牌高端化、顶级化和新锐化上取得明显进步；四是成长成功不仅具有标志性、导向性意义，而且具有极其重要的可复制性、可推广价值。

答案不言自明。但无疑，这又是一场艰难的攻坚战。

"解放"新征途

按照中国一汽"十四五"发展规划纲要，其整体战略目标是，营收过万亿元、红旗品牌销量超过百万辆、自主品牌超过 200 万辆、新能源汽车超过 100 万辆。创新体系和生态实现行业一流，打造世界一流汽车企业。

而在实现自主品牌跃迁成长方面，红旗、解放和奔腾品牌各负其职。其中，红旗品牌完成世界一流主体发展格局构建，2025 年销售规模力争超过百万辆，树立自主高端品牌标杆；解放品牌销量继续保持稳定增长，在载重汽车领域保持国内领先优势，实现世界一流；奔腾品牌加速调整，开创一条主流乘用车新型发展道路，2025 年销量超过 60 万辆。

新能源转型是一汽解放迈向世界一流的重大战略机遇。

追踪一汽解放近几年发展轨迹不难发现，其雄心壮志有二：其一，将解放品牌打造成世界一流的百年民族汽车品牌；其二，成为中国第一、世界一流的智慧交通运输解决方案提供者。

解放品牌新能源战略（即解放蓝途新能源战略）构想始于 2018 年 10 月，一汽解放发布"信而有征、智能双全、益行天下"全新品牌理念，确立"中国第一、世界一流"智慧交通运输解决方案提供者战略目标，解放蓝途新能源事业构想呼之欲出。

各项工作推进速度很快。2020 年 9 月，一汽解放发布解放创领技术品牌，制定解放蓝途新能源技术创新路线。又一年后，2021 年 9 月 29 日，一汽解放新能源战略发布，新能源事业部同步成立，解放品牌全系新能源产品启用蓝色解放和星空鹰标专属标识——解放蓝途战略结出了阶段性的果实。

"汽车四化发展是必答题，而非选择题。从能源角度，能源转型是核心。"中国一汽总经理助理、一汽解放董事长、党委书记胡汉杰解释道，"我们预计，传统能源车向新能源车转型会在 2030 年实现交叉，这是一个标志性时刻。按照这个节点加速布局，加速推进，是一汽解放成立新能源事业部的重要考量。"

解放新能源战略——"15333"战略瓜熟蒂落。

具体来看，"1"代表 1 个愿景，一汽解放致力于成为 E 时代全球商用车技术引领者、标准制定者、价值创造者，为广大客户提供中国第一、世界一流的新能源智慧交通运输解决方案。

新能源将成为一汽解放事业发展的主要增长极，逐步实现新能源市场份额高于传统车，新能源销量占比高于全行业的目标。预计 2025 年、2030 年和 2035 年，其新能源整车销量分别为 12 万辆、32 万辆和 50 万辆，在总销量中的占比分别为 20%、50% 和 70%，收入分别达到 500 亿元、1500 亿元和 2500 亿元。

"5"代表重、中、轻、微、客 5 大整车平台产品，涵盖牵引、载货、自卸、专用、客车五大品系，全面覆盖典型应用场景。通过"传统车电动化""核心总成数智化""整车平台专属化"三步走，实现新能源整车产品力中国第一、世界一流。

传统车电动化方面，一汽解放已完成包括解放 J7、解放 JH6、解放 J6L、解放 J6F 等全系列 141 款新能源产品投放。核心总成数智化方面，拟在 2025 年前完成智能化整车控制、电驱化、动力电池和燃料电池等系统开发。整车平台专属化方面，拟在 2030 年前完成搭载模块化底盘、智能化总成、超低风阻驾驶室、中央集中式 EE 架构等全新平台开发。

第一个"3"代表纯电动、混合动力、燃料电池 3 条技术路线。

其中，纯电动技术方面，聚焦纯电 E 智慧动力域、智能线控底盘、高压超级快充、敏捷智能换电、智能移动储能五大方向，重点掌控 121 项关键核心技术。2025 年前实现全谱系重型超集电驱桥、智能电动化线控底盘等关键核心技术的产品化应用。2030 年前实现先进超集轮毂电机、全固态电池等关键核心技术全球领先。

混合动力技术方面，聚焦混动 H 智慧动力域、智慧能量管理两大方向，重点掌控 57 项关键核心技术。2025 年前实现轻型双电机构型、重型 P2 构型等关键核心技术中国第一。2030 年前实现专用混动发动机、DHT 混动变速器等关键核心技术全球领先。

燃料电池技术方面，聚焦燃电 F 智慧动力域、便捷高密安全储氢两大方向，重点掌控 63 项关键核心技术。2025 年前在国内投产 200kW 大功率集成式电堆及 70MPa 高压储氢等关键核心技术产品化应用。2030 年前实现膜电极、双极板全自主制备等关键核心技术全球领先。

第二个"3"代表研发、产能和生态领域 3 大布局。研发方面，"十四五"期间，一汽解放拟投入超过 200 亿元打造"四国九地"全球化新能源创新基地。产能方面，拟投入超过 100 亿元打造以零碳工厂为标准，以氢能产业集群为特色的燃料电池整车与系统专属基地。生态布局方面，全面启动"哥伦布智慧物流"开放计划 4 条航线中的 B 航线，打造新能源生态圈。

第三个"3"代表 3 项新能源专属服务，包括精准识别客户全生命周期关键交叉点，创新商业模式，设计并提供车电分离、整车租赁及运力承接、二手车及电池回收。

作为新能源阵营里坚定不移的践行者，在中国一汽"All in"新能源的战略背景下，以"15333"战略为指引，解放品牌持续加大在新能源方面的投入。

截至 2022 年年底，在"1"个愿景方面，一汽解放在行业标准制定、技术创新方面成绩突出，彰显出行业领头羊的担当。在"5"大整车平台方面，一汽解放投放市场的新能源产品达到 163 款，构筑起了覆盖短驳运输、城建渣土、混凝土搅拌、城市环卫、城市物流、城市公交等场景的产品矩阵。

在"3"条技术路线方面，一汽解放迄今已掌握 39 项新能源汽车领域的核心技术。电池方面，完成了自主电池的技术开发，其中，混动电池已投入使用。电驱方面，已完成轻卡电驱桥技术的市场投放，中型和重型电驱桥 2023 年 6 月投放市场。整车控制方面，从整车控制 1.0 升级到了 2.0，所有控制技术完全自主。

在"3"大布局方面，结合产业政策趋势，在全国 9 个城市设有五大整车基地、四大总成基地、三大研发基地和两大新业态基地，打造了新能源生态圈。整车基地包括长春、青岛、成都、佛山和郑州，其中，佛山基地规划年产新能源车 5000 辆，2023 年投入试运营，中部郑州基地 2023 年年底投入使用。

在"3"项服务方面，一汽解放与宁德时代组建的合资公司——解放时代新能源科技有限公司于 2022 年 8 月 18 日挂牌成立，承接车电分离、绿电交易、整车租赁、二手车交易及电池回收等解决方案。重点布局新能源后市场运营业务，打造辐射全国的新能源商用车运营中心。

在一汽解放看来，目前新能源重卡销量主要呈现两大特点，一是场景集中，以短驱运输、市场工程、市政环卫和城市物流四大场景为主。二是购买团体集中，主要为大客户购买，续航里程集中在 200 公里左右。但这并不妨碍一汽解放对新能源重卡发展长期看好，不管是国家能源战略和"双碳"目标要求，还是技术和成本角度，重卡向新能源转型势不可当，未来几年，随着三电技术不断突破，适用场景覆盖面越来越广，势必迎来销量爆发期。

另一方面，新能源重卡仍处于传统车电动化阶段，各企业产品同质化严重，尚未形成专属竞争力。2023—2025 年是"核心总成数智化"阶段，重卡产品差异化愈发明显，不同品牌在经济性、安全性和可靠性等关键指标上逐步拉开距离。

预计到 2030 年左右，新能源重卡 TCO（Total Cost of Ownershi，物流车辆的全生命周期成本）将与传统车持平，重卡行业进入整车平台专属化竞争阶段。谁能将新能源车辆布置得更合理，谁能将整车控制得更精细，谁就有可能在这场变革中胜出。

这正是解放品牌孜孜以求的目标。重卡中国第一的目标自 2016 年已经达成，下一步就是通过国际化，让解放成为世界品牌，让中国卡车行驶在全球道路上。从中国第一到世界一流，解放品牌正在践行这个并不遥远的承诺。

历史在这里回响。

2023 年 6 月 26 日，解放七代卡车巡游活动在长春举行，以此拉开一汽建厂奠基纪念 70 年系列活动序幕。车队由 17 辆解放卡车组成，载着情怀用户、先进劳模、退休员工等，从中国一汽 1 号门广场出发，途经文化广场、人民广场、卫星广场、NBD 等城市坐标，沿着长春市主干道环游一周，重走 1956 年第一辆解放牌报捷路，全程约 45 公里。

中国一汽党委常委、副总经理刘亦功在致辞中说，作为中国一汽最具代表性、最具历史积淀的品牌，辉煌与荣誉始终与解放相伴。这次巡游活动，是对过去 70 年中国一汽发展历程的回顾和致敬，作为一汽的根，一汽解放要牢记汽车强国、产业报国的初心使命，朝着"世界一流企业、百年民族品牌"目标而奋斗。

越过数智那道门槛

"数智化正如工业一样是一道文明的门槛，要想生存发展、世界一流，必须要越过这个文明的门槛，舍此别无他途。"

"要切实把数智化转型作为当前所有业务工作的基石，把数智化建设业务作为一切工作的主体，真正实现业务和数智化的完全融合，彻底改变就数智化论数智化，业务和数智化两张皮的问题。"

"要认知到数智化是一个由量变到质变而且永无止境的过程，必须也只有持续奋斗、不断创新，才能登上发展的高峰。"

这几段话被写进了中国一汽 2022 年数智化工作要点里。随着新一代信息技术蓬勃发展，传统汽车制造正在被新能源智能网联重构，中国一汽于 2021 年提出全面数字化建设，后根据企业实际需求，将推动数智化转型提上重要议事日程。

项目牵头部门是中国一汽体系数字化部，该部门直接向集团分管领导汇报。

跟人们想象的相反，数智化转型并不只是做做系统或者将业务委托外包那么简单。其核心目标围绕效率和效益展开：一是通过推进业务变革点落地，实现效能 100%；二是通过上线云化工作台和能力中心，实现业务 100% 孪生，即"双 100"目标。数字化发展的总体趋势是云原生、服务化，这个架构理念简而言之就是，让每个人都能知道什么时候做什么事情、达到什么标准。

中国企业数字化转型的领头羊是华为，但中国一汽并不是完全套用华为数字化转型模式，而是在其方法论和实践的基础上，充分结合中国一汽实际情况，建立起一套自己的数智化理论体系。这套体系的最终目标是，通过推动以数智化为支撑的管理变革，建设数字一汽，打造具有全球竞争力的精准管理型公司。

立足当下的阶段性目标包括三个方面。

其一，按照云原生思路和 TOGAF（开放企业架构框架）方法，推进产品诞生、订单交付、研发管理等 6 条业务主线的数智化转型，用两到三年时间，打造产品 / 服务、经营 / 管理的数字孪生体，提升企业运营效能。

其二，持续加速业务单元的迭代运营。研发领域加速推进以业务单元为基础的项目，推进自动化，大幅优化产品诞生周期。制造领域建立智能产销模式，聚焦物流、辅材、备件、工位绿化等，全面降低成本，提升制造质量。营销领域以用户为中心，构建用户运营的数智化平台，聚焦能力提升，全面提升客户和销售服务满意度。

其三，打造以企业一体化管理为核心的数据平台，推动业务对象、标准、规则数字化、模型化，加速业务数字孪生，实现业务运营数据赋能企业发展。

长达万余字的体系数字化部门工作法，详细解释了如何通过 DIOS（Digital Intelligence Operation System）数智化运营管理系统，将"红旗"插遍全中国的构想。DIOS 系统的核心是两个工作台，一个是基于角色的在线作业平台，即员工作台，另一个是基于模型的在线管理平台，即管理者工作台。以这两个工作台为抓手，使用统一的语言体系和数据源，将企业运行在统一的数字环境下。

数智化转型的最先试点单位是中国一汽研发总院。中国一汽提出 24 个月产品开发极限周期后,研发总院按照仿真数字化、管理数字化和流程数字化技术路线层层落实推进。"我们从 2018 年起车身结构碰撞失效仿真、整车安全集成仿真、车身耐久仿真等 13 项关键数字仿真技术精度达到 90% 以上,实现了取消上部车身试制的开发模式,通过数字仿真直接到样车阶段,缩短产品开发周期 3 个月,减少开发费用上千万元。"中国一汽研发总院党委副书记、常务副院长王德平说。

2022 年年底,整车开发系统上线。2023 年 2 月,总成开发系统上线。紧接着,管理模块上线……2023 年 6 月,在梳理 1.7 万个业务单元,定义 17 类角色的基础上,研发总院 DIOS 系统上线。打个比方,DIOS 系统相当于将一颗颗精美的珍珠,通过数字系统串联成一个精美的手链,这套系统将成为未来设计师的工作平台,所有业务都将在这个平台上进行处理。站在中国一汽角度,就是一切皆可视,不存在孤岛。

数智化转型效果初现。最直观的效果是,协同开发效率提升了一倍。以开发一个车型为例,原来需要 3 万人 / 日(相当于 3 万人干一天),现在则可减少 9600 人,而且管理更规范,准确率提高,研发费用至少节省 20% 以上。

中国一汽党委常委、副总经理雷平表示,除产品研发外,在 2022 年抗疫复产中,数智化亦展现出强大生命力,支撑中国一汽做到停产不停研、停产不停销、停产不停工的状态。

以红旗繁荣工厂为例,其焊装车间有 680 多台焊接机器人,遍布着 3000 多个数据采集点。数字化智能系统通过采集分析机器人的焊接数据,可以实时判断焊接的温度等条件是否达到最佳状态。"繁荣工厂引入智能中控系统,接入上百万个数据采集点,实时采集、监控设备数据,生产效率和产品质量大幅提升。"

2022 年 5 月,中国一汽发布数智化转型升级攻坚战"1164"总体战法,重点任务包括三方面：一是，全面强化战队管理，以业务数智化为突破，敏捷迭代；二是，全力推进 4 大工程、24 项任务，夯实转型基础；三是，全面提升数智化能力，全员培训和精英培养相结合。确保大幅提高效率、降低成本和创造价值效果达成。

中国一汽的目标是，坚持数智化是通往成功彼岸的理念，把数智化作为争创一流的加速器，狠抓传统产业与数智技术深度融合，狠抓传统制造业改造提升，创新数智研发、实施数智制造、精准数智营销、推进数智经营，加快新兴业务集群发展，以建成数字一汽。截至 2023 年上半年，"1164"数智化战法已完成 57 个角色工作台及能力中心上线，"红旗"所有车型研发工作实现业务孪生、工作在线化。

就像中国一汽 70 年里所面临的无数个"战役"一样，数智化转型同样是一场没有硝烟的鏖战。在这场与未来的较量中，中国一汽正在跟时间赛跑。

奋斗者仍在改革路上

1953 年，荒原启大幕。

1978 年，万象绘新局。

2012 年，激荡新十年。

2023 年，一汽再出发。

没有人能赢得过时间，但可以赢得战役。时光再回到 70 年前，新中国百业待兴，荒原上大幕渐起，一群来自五湖四海的奋斗者，以工业报国之志勇闯无人区，用解放、东风、红旗等品牌擦亮民族汽车工业的光荣与梦想。

1978 年，时代大潮涌动，中国开始以全新姿态拥抱世界。新时代的奋斗者抓住改革开放的契机，以学习、创新，抗争、自强之态实现产业突围。他们运筹帷幄解放品牌垂直换型转产，联手大众汽车集团和丰田汽车合资造车，通过正向开发实现解放 J6 升级换代等，商用车领域坚持自主，再次夺回市场领导者地位；乘用车领域通过向合资企业学习和借鉴，为做强自主红旗和奔腾蓄根夯基。中国一汽迎来发展的黄金时期。

最近 10 年，在这场轰轰烈烈又波澜壮阔的新汽车革命中，中国汽车产业依托"换道超车"的战略决策，在发展新能源汽车道路上笃定前行，创造了从无到有、从小到大、从弱到强的业绩。新汽车时代的奋斗者，自制航海图和指南针在茫茫大海上求索。他们以掌控关键核心技术，树立民族汽车品牌，打造世界一流企业为己任，奋力打破原有机制，集中精力运营红旗品牌，蹚出了一条自主创新创业发展道路。

2020 年 7 月，习近平总书记在中国一汽研发总院强调："我们发展自己的汽车制造业，像一汽这样的企业要当先锋。一定要把关键核心技术掌握在自己手里，要立这个志向，把民族汽车品牌搞上去。"

党的十八大以来，习近平总书记多次赴国有汽车企业考察，针对推进科技创新，打造自主品牌提出明确要求。

2014 年 5 月，习近平总书记赴上海考察期间来到上汽集团技术中心，针对发展新能源汽车，强调"要加大研发力度，认真研究市场，用好用活政策，开发适应各种需求的产品，使之成为一个强劲的增长点"。

最近一次是 2022 年 4 月，习近平总书记到广汽埃安新能源（股份有限公司）考察时指出，汽车行业是市场很大、技术含量和管理精细化程度很高的行业，发展新能源汽车是我国从汽车大国迈向汽车强国的必由之路。

2023 年 7 月 15 日，第十四届全国政协常委、经济委员会副主任苗圩在"中国汽车 T10 特别峰会"上表示，燃油汽车连续几年负增长、新能源汽车成倍增长，这已经成为不可逆转之势，汽车企业一定要看清楚这种大势。

他还说，当前和今后一段时间，全球汽车行业正在经历百年未有之大变局。这场大变局，与我国汽车强国建设形成历史性交汇。在未来新能源汽车发展中，中国汽车业要充分发挥大市场的优势和新型举国体制的优势，在已经取得领先优势的基础上乘胜前进，在智能汽车发展方面再展雄姿、再创辉煌。

中国一汽在竞技场上交出了阶段性成绩单。

在传统燃油机领域，中国一汽已自主掌控排量覆盖 1.0 升至 6.0 升的乘用车高效节能动力平台，发动机热效率达 39% 以上。在混合动力领域，中国一汽突破超高压缩比米勒循环、低压 EGR（废气再循环系统）等 6 项核心技术，发动机热效率达 44% 以上。在新能源领域，中国一汽突破高功率电机、高能量密度电池、热失控预警等 9 项关键技术，正在进行固态电池、氢燃料发动机等技术研发。

2023 年上半年，中国一汽销售整车 153.9 万辆，同比增长 2%；营业收入 2880 亿元，同比增长 2.1%；利润 212.4 亿元，同比增长 5.9%。

企业经营呈现 3 个特点。

一是，主要指标实现"两个超过"，收入增幅超过销量增幅、利润增幅超过收入增幅。

二是，重点业务创出"两个新高"，新能源汽车增长强劲，销量 10.9 万辆，同比增长 82%，是行业增速的 1.8 倍；海外市场快速突破，出口 3.6 万辆，同比增长 176.5%，是行业增速的 2.3 倍，两项业务均创历史新高。

三是，整车板块实现"两个提升"。自主品牌销量大幅提升，增速明显优于行业。其中红旗品牌销量 14.1 万辆，同比增长 8.8%；奔腾品牌销量 5.7 万辆，同比增长 113.3%；解放品牌销量 12.6 万辆，同比增长

26%。合资品牌利润承压提升，高效益升级增长成效扎实，一汽－大众实现利润185.4亿元，同比增长2.5%；一汽丰田实现利润75亿元，同比增长3.2%。

实现高质量发展是党中央的重大战略部署，也是建设世界一流企业的必然要求。对中国一汽而言，高质量发展的主要标志就是，服务国家战略坚定有力，民族汽车品牌世界一流，科技创新实力国际先进，转型发展速度行业领先，企业运营管理业界前茅，员工全面发展更加充分，"一利五率"指标优化增长，实现量的合理增长和质的有效提升，充分发挥在建设现代化产业体系、构建新发展格局中的科技创新、产业控制、安全支撑作用。

坚定不移全面从严治党，企业风清气正的良好政治生态，为中国一汽高质量发展保驾护航。中国一汽党委常委、纪委书记、国家监委驻中国一汽监察专员董云鹏总结说，一汽主要采取了以下措施：

其一，监督治理效能持续提升。重点开展贯彻落实习近平总书记视察一汽重要讲话精神监督；深入开展安全生产、质量责任落实专项监督；加强"一把手"和领导班子监督。

其二，正风肃纪反腐效能不断提高。发挥不敢腐的强大震慑效能，严肃查处腐败问题；突出不能腐的刚性制度约束，深化"一案三查五促改"；巩固不想腐的思想教育优势，开展立体式个性化警示教育。

其三，作风建设成果不断巩固拓展。坚决整治形式主义、官僚主义；严肃查处享乐主义、奢靡之风；深化整治群众身边腐败和不正之风，聚焦年轻干部和工段班（组）长群体；持续释放越往后越严格的强烈信号。

其四，制度优势转化为治理效能成果丰硕。全面深化纪检监察体制改革，深入开展靠企吃企"一问责七整治"；中国一汽党委常委牵头负责分管领域治理；统筹纪检与巡视、党建责任、组织、审计、财务、风控等领域联合监督，实现各项改革系统集成、协同高效。

其五，巡视巡察利剑作用有效发挥。中央巡视反馈问题 100% 整改完成。扎实开展政治巡视监督，对 21 家基层党组织开展巡视；强化巡视巡察上下联动，创新循环交叉巡察、片区巡视巡察，实现一届任期巡视全覆盖；制定巡视整改和成果运用责任清单、任务清单，有效做好巡视"后半篇文章"。

追溯中国一汽 70 年创业史，中国一汽之所以成为"共和国的长子""中国汽车工业的摇篮"，中国一汽之所以能成为"中国一汽"，因为它有一群可敬可爱的永远的奋斗者。

这些奋斗者是中国一汽安身立命之本。

其一，中国一汽人敢于啃硬骨头，攻坚克难、不怕困难，集体荣誉感强，以厂为家，他们深信：只要上下一致齐心，就能创造出奇迹。

其二，中国一汽人才济济，员工素质居于中国汽车行业前列，无论是技术、生产制造，还是经验管理、营销人才等，均活跃在中国汽车行业里。

其三，中国一汽人组织纪律性强，服从力强，顾全大局，而且拥有一个专业可靠的"黄金中层"。这可以从中国一汽 70 年来的多次改革中窥见一二，每次改革，这群稳定可靠的中间管理层均阵型不乱，各司其职，他们是中国一汽这艘大船保持稳定前行的压舱石。

百年风云激荡，中国汽车业已然开始引领风骚。眼下，中国一汽正在向世界一流汽车企业奋进。其目标是，到 2025 年，实现收入过万亿元、年销量 650 万辆、利润 700 亿元，基本建成世界一流企业主体工程。到 2030 年，实现建成世界一流企业的目标。这个世界一流，不仅是规模的一流，而且是质量效益的一流，更是创新能力、核心竞争能力、可持续发展能力的一流。

奋进之际，仍有一些课题待解。经过几年跃迁式增长，如何对红旗品牌产品定义进行升级和创新？更长远来看，管与干的切割，全局与局部的均衡，发展动力的可持续性，以及新能源业务和国际化业务的开拓等；从产品创新到工艺创新，从成本控制到质量管理，从供应链管理到关键零部件垂直一体化，从跨产业联盟生态圈到战略布局，这些都事关中国一汽百年发展大计，都是中国一汽必须要去征服的未来。

70 年后，奋斗者依然在改革路上。

后记

这本书是集体创作的结晶。

中国一汽博大精深，70年激情燃烧创业，可供参考的资料很多，有公开出版的书籍、纪念文集和回忆录，也有近20年口述历史的积累，以及为写作本书进行的个人访谈。在此，对所有提供无私帮助的"你们"致以最真诚的致谢。

但因个人能力、视野和水平有限，加之时间过于仓促，本书肯定存在这样或那样的不足。文字永远是遗憾的艺术，对书中存在的纰漏与不足之处，恳请各界人士批评指正，联系邮箱gbngbn@126.com，我将不胜感谢。

感谢一如既往关注我、支持我的老一辈汽车人，因为你们的包容与厚爱，才让我得以按照自己的方式成长。

感谢中国一汽历代建设者与参与者，因为你们敞开心扉讲述，才让本书生动呈现中国一汽70年发展路径。

感谢中国一汽党群部及各相关部门、各分子公司，因为你们的鼎力支持，才使本书高质量落地。

感谢国际文化出版公司的专业支持，你们认真审核的态度，让人心生敬意。

感谢沃仲声、党伟光、张超、马富文、张学东、潘成、张硕等对本书的辛勤付出。

　　感谢我的团队，能在这个喧嚣时代，坚持以敬畏之心观察和记录，坚持文字的力量，这本身是一件不容易的事情。

葛帮宁

2023 年 6 月

参考文献

1.《一汽创建发展历程》，全国政协文史和学习委员会编，中国文史出版社，2007 年。

2.《江泽民在一汽的岁月》，一汽档案馆编，人民出版社，2006 年。

3.《汽车强国之路》，瞭望智库编著，新华出版社，2019 年。

4.《风华正茂的岁月——在莫斯科李哈乔夫汽车厂实习的日子》，中国第一汽车集团公司编，人民出版社，2020 年。

5.《第一汽车》，中国第一汽车集团公司编，新华出版社，2003 年。

6.《解放——中国第一个汽车品牌的前世今生》，中国汽车工业咨询委员会指导，葛帮宁著，中国工人出版社，2019 年。

7.《拓荒：中国汽车人口述历史》，葛帮宁撰写，中国工人出版社，2015 年。

8.《红旗》，葛帮宁撰写，中国工人出版社，2017 年。

9.《新征途——解放研发70周年》，中国汽车工业咨询委员会指导，葛帮宁编著，中国工人出版社，2020 年。

10.《新红旗》，贾可著，中国工人出版社，2018 年。

11. "中国一汽——创新擦亮自主品牌"，《人民日报》，2020 年 12 月 27 日。

12. "把民族汽车品牌搞上去"，《求是》，2023 年 12 月。

13. "跟着总书记走进一汽"，新华社，2020年7月24日。

14.《郭力纪念文集》，一汽集团公司编，人民出版社，2001年。

15.《饶斌传记》，张矛著，华文出版社，2003年。

16.《孟少农纪念文集》，陈家彬编，吉林科学技术出版社，2005年。

17.《徐元存纪念文集》，中国第一汽车集团公司编，人民出版社，2008年。

18.《永恒的记忆》，刘人伟著，世界知识出版社，2010年。

19.《中共长春党史人物传1—10卷》，中共长春市委党史研究室编，长春出版社，1994年。

20.《一汽创业之路》，曹麟编，一汽档案馆，2009年。

21.《一汽创业五十年》，一汽集团公司编，2003年。

22.《中国汽车工业史》，中国汽车工业协会、中国汽车工业咨询委员会主编，机械工业出版社，2014年。

23.《研发者足迹》，一汽技术中心编，2005年。

24.《跨越时空三十年》，李治国著，中国工人出版社，1992年。

25.《一汽职业教育五十年》，一汽教培中心编，一汽档案馆，2006年。

26.《一汽春秋》，一汽史志编纂室编纂，吉林科学出版社，1991年。

27.《第一汽车五十年大事记》，一汽档案馆编，2003年。

28.《中国一汽志》，一汽档案馆编，2013年。

29.《中国一汽年鉴》，一汽档案馆编。

30.《赴日研修》，一汽集团公司史志编纂室编纂，1998年。

31.《风华正茂的岁月》，中国第一汽车集团公司编，人民出版社，2002年。

作者简介

葛帮宁

独立媒体人，从事汽车行业深度报道 20 余年，擅长企业历史、品牌发展、人物故事等特写，立志做专业、有深度、独特的非虚构作品生产者。

- 2015 年出版《拓荒》
- 2017 年出版《红旗》《东风》
- 2019 年出版《解放：中国第一个汽车品牌的前世今生》
- 2020 年出版《新征途：解放研发 70 年》
- 2021 年出版《汽车安全的中国实践》《至精至善：探寻一汽 – 大众 15 位工匠成长密码》